Joseph Aymeric, Theodore de Beaux

Elementargrammatik der französischen Sprache

Mit besonderer Berücksichtigung der Phonetik

Joseph Aymeric, Theodore de Beaux

Elementargrammatik der französischen Sprache
Mit besonderer Berücksichtigung der Phonetik

ISBN/EAN: 9783743650756

Hergestellt in Europa, USA, Kanada, Australien, Japan

Cover: Foto ©Paul-Georg Meister /pixelio.de

Weitere Bücher finden Sie auf **www.hansebooks.com**

Elementar-Grammatik

der

französischen Sprache.

Mit besonderer Berücksichtigung der

Phonetik

von

Dr. J. Aymeric   und   Th. de Beaux,
Lehrern an der Öffentl. Handelslehranstalt in Leipzig.

→ ※ ←   — ‥

Leipzig.
Verlag von Gustav Fock.
1887.

Vorwort.

Unser Bestreben bei Abfassung der vorliegenden Elementargrammatik ging vor allem dahin, die Hauptforderung der Phonetiker — **Erlernung der Sprache an französischem Texte**, — zu erfüllen, ohne darüber diejenige der Grammatiker — **planmäßiges, stufenweises Einüben der Formenlehre und Syntax** — zu vernachlässigen.

Eine gute Aussprache — die unabweisliche Forderung jedes neusprachlichen Unterrichts — wird für das Französische erzielt:

durch Einübung der demselben eigentümlichen Laute: j, gn, ill, am, on etc.,

durch französische Artikulation der dem Deutschen und Französischen gemeinschaftlichen Laute: b, p; v, f; d, t; etc.,

durch richtige Betonung der Lautgruppen, wie sie sich im Worte oder im Satze darstellen.

Bei unbewußtem Nachsprechen wird der Anfänger die Einzellaute nie ganz beherrschen: er muß deshalb befähigt werden, sie willkürlich und bewußt zu bilden. Der vom pädagogischen Standpunkte aus erhobene Vorwurf der Schwierigkeit ist unberechtigt: die in Frage kommenden Lautgesetze sind so einfach, daß es nur geringe Mühe und sehr kurze Zeit erfordert, das, was der Schüler davon wissen muß, im Unterrichte zu erklären; im Gegenteile wird ein gründliches Eingehen auf die Lautbildung die Aufgabe des Lehrers wesentlich erleichtern, und ihm viel Ärger und Zeit ersparen.

Die richtige und fließende Aussprache größerer Lautgruppen wird gleichzeitig mit der Grammatik eingeübt. Diesen doppelten Zweck erreichen wir durch Umformungen französischer Übungsstücke, auf die wir besonders aufmerksam machen. Der Schüler ist hierbei der Mühe des Übersetzens enthoben und kann seine Aufmerksamkeit hauptsächlich der Aussprache zuwenden. Denn, da diese Umformungen seine Denkkraft nur auf einzelne Satzglieder lenken, und er nicht bei jedem Worte zu überlegen braucht, so wird er die Lautgruppen nicht — wie dies beim Übersetzen unvermeidlich — in einzelne Wörter und Silben zerreißen. Zugleich aber wird er die Formenlehre an gutem Französisch statt an seinen eigenen oft von Fehlern strotzenden Übersetzungen üben.

Die Gründlichkeit des Unterrichts wird durch Vervielfältigung dieser Umformungen, von denen wir einige an der Spitze jeder Aufgabe angegeben haben, nur gefördert werden; dieselben werden zugleich ein willkommenes Material für Haus- und Klassenarbeiten sowie für Diktate bieten. Die deutschen Übungsstücke werden dem Lehrer weiteren genügenden Stoff liefern, sich davon zu überzeugen, daß die betreffende Lektion dem Schüler in Fleisch und Blut übergegangen.

Wir behalten uns vor, im zweiten Teile unserer Arbeit, die im Laufe des Schuljahres erscheinen soll, unsere Auffassungen grammatischer Begriffe, insofern sie von der herkömmlichen Darstellung abweichen, näher zu begründen und die Vorteile, die wir uns davon versprechen, ausführlich darzulegen. In der „Elementargrammatik" ist nur die Lehre vom Artikel wesentlich dadurch beeinflußt worden. Besonders bedauern wir hierbei den Umstand, daß wir (um einige grammatische Grundbegriffe zu bezeichnen) zu Neubildungen unsere Zuflucht nehmen mußten (Gesamtname, Artbegriff, Bestimmungswort). Wir machen darauf aufmerksam, daß unsere Auffassung sich durchaus an diejenige französischer Grammatiker wie: **de Lévizac, Bescherelle** frères, **E. Galtier, Larousse, Poitevin, Brachet** anlehnt.

Bezüglich der Einteilung unseres Buches bemerken wir, daß der bedeutende Umfang, den unsere Lautlehre einnimmt, sich hauptsächlich durch die zahlreichen Wiederholungen erklärt, zu denen wir gezwungen waren, weil dieselbe ein zuverlässiges Nachschlagebuch für jeden einzelnen Laut sein sollte. Silbenlänge und Wortaccent haben wir zu unserer phonetischen Umschrift nicht berücksichtigt, um den Anfänger nicht durch zu viele Zeichen zu beirren, und weil wir überzeugt sind, daß die mündliche Überlieferung seitens des Lehrers durch keine phonetischen Erklärungen oder Zeichen zu ersetzen ist.

Die Lektionen 1—9 sind dazu bestimmt, mit den französischen Lauten und der dafür üblichen Schreibung vertraut zu machen. Auf Seite 82 geben wir einen zusammenhängenden französischen Text mit nebenan gestellter phonetischer Umschreibung, welche hauptsächlich die Trennung in Wortgruppen erläutern soll.

Mit Lektion 10 beginnt der methodische, grammatische Unterricht, bezüglich dessen wir hervorheben:

daß die zu erlernenden Wörter planmäßig geordnet sind:

daß von Lektion 19 an die ausgewählten Stücke zusammenhängenden Inhalt haben;

daß die grammatischen Bezeichnungen nur deutsch oder französisch sind;

daß unregelmäßige Zeitwörter nur im infinitif oder participe vorkommen.

Wir müssen es dem Urteile unserer Herren Fachgenossen anheimstellen, inwieweit es uns gelungen ist, unsere Aufgabe zu lösen. Besonders ermutigt hat uns der Umstand, daß ein Franzose und ein Deutscher gemeinschaftlich an derselben gearbeitet haben, so daß jede der beiden Sprachen als Muttersprache empfunden worden ist.

Außer den oben angeführten französischen Grammatikern benützten wir: **Lücking, Plattner, Kühn**; für die Lautlehre die Arbeiten von **C. L. Merkel, L. Hermann, Funke** (bearbeitet von **Grünhagen**), **Helmholtz, Techmer, Victor, Trautmann**.

Zu ganz besonderem Danke fühlen wir uns, bezüglich dieses Teiles, unserem Kollegen Herrn Professor Dr. **Arendt** für die freundliche Durchsicht desselben verpflichtet.

Herrn Professor Dr. **Trautmann** in Bonn, durch dessen: „Die Sprachlaute im allgemeinen und die Laute des Englischen, Französischen und Deutschen im besondern" wir vielfache Anregung empfingen, sei auch an dieser Stelle nochmals gedankt. Die auf

Seite 5 befindliche Abbildung der menschlichen Sprachorgane entnahmen wir, mit gütiger Zustimmung des Herrn Verfassers, seinem oben genannten Werke.

Die den Vokalen a, i, u beigegebenen Abbildungen über Zungenstellung wurden, unter Benutzung von Prof. Dr. **C. L. Merkels** „Physiologie des menschlichen Stimm- und Sprachorgans" und Dr. **F. Techmers** „Vergleichende Physiologie der Stimme und Sprache" eigens für unsere Lautlehre gezeichnet und geschnitten.

Noch erübrigt uns, unserem Kollegen Herrn Dr. **Buß** sowie Herrn stud. phil. **Kluge** für ihre freundliche Unterstützung bei der Durchsicht der Druckbogen unsern verbindlichen Dank auszusprechen.

Leipzig, im März 1887.

J. Aymeric. Th. de Beaux.

Inhalt.

I. Lautlehre und Rechtschreibung.

	Seite
Übersicht der französischen Laute und der dafür verwendeten phonetischen Zeichen	1
Über Entstehung und Artikulation der Laute	3
Atmungs- und Sprechorgane des Menschen	5
Einteilung und Artikulation der Einzellaute	6
Artikulation von Lautgruppen. Betonung	19
Orthographische Hilfszeichen und Interpunktion	21
Silbentrennung und Bindung	22

II. Elementargrammatik und Formenlehre.

Das Hauptwort und die Bestimmungswörter	25
Das Eigenschaftswort	30
Das Zahlwort	32
Die unbetonten persönlichen Fürwörter	36
Die betonten persönlichen Fürwörter	38
Die besitzanzeigenden Fürwörter	38
Die hinweisenden Fürwörter	39
Die fragenden Fürwörter	39
Die unbestimmten Fürwörter	40
Die bezüglichen Fürwörter	41
Die Konjugation der Hilfszeitwörter	42
Die Konjugation der regelmäßigen Zeitwörter	46
Das Umstandswort	57
Das Verhältniswort	58
Das Bindewort	58
Das Empfindungswort	59

III. Methodisches Übungsbuch.

I. Teil. Aussprache.

Aussprache der Vokale a, i, u, ü und des flüchtigen e	60
„ des offenen und geschlossenen e	62
„ des offenen und geschlossenen o und der Diphthonge	64
„ der nasalierten Vokale und Diphthonge	66
„ der erweichten n- und l-Laute	68
„ der mit h beginnenden Wörter	71

	Seite
Aussprache der Konjonanten c und g	74
„ der Buchstabengruppen: ch, ti, sti, xti, thi	77
„ von: qu. um. Silbentrennung. Bindung	80

II. Teil. Formenlehre.

Geschlecht und Zahl des Hauptwortes und Artikels	83
Satzbau und Satzglieder	86
Veränderlichkeit des Eigenschaftswortes	89
Der Artikel in Verbindung mit de und à	92
Verwendung des Artikels mit und ohne de	96
Verwendung von de ohne Artikel	101
Stellung der unbetonten persönlichen Fürwörter	104
Stellung der sujets (substantifs und pronoms) im Fragesatze	108
Stellung und Verwendung der Fürwörter y und en	111
Présent de l'indicatif der regelmäßigen Konjugationen	116
Impératif, participe présent, imparfait de l'indicatif	119
Passé défini. Steigerung des Eigenschaftswortes	122
Futur simple, conditionnel présent	126
Umschreibende Zeiten der regelmäßigen Konjugationen	131
Leidende Formen des Zeitwortes	134
Reflexive Formen des Zeitwortes	137
Veränderlichkeit des participe passé mit être	141
Veränderlichkeit des participe passé mit avoir	145
Orthographische Eigentümlichkeiten bei Konjugationen einzelner regelmäßiger Zeitwörter	148
IV. Französisch-deutsches Wörterverzeichnis	153
V. Alphabetisches Wörterverzeichnis	170

Einleitung.

Notwendigkeit der Einführung besonderer phonetischer Schriftzeichen. Da einerseits die heutige französische Rechtschreibung, obwohl sie sprachgeschichtlich vollkommen begründet ist, eine Menge Schriftzeichen aufweist, die im Laufe der Zeiten vollständig oder teilweise verstummt sind, und andrerseits eine große Anzahl der nicht verstummten Schriftzeichen zwar sowohl dem deutschen als auch dem französischen Alphabet angehören, aber nur ähnlichen, nicht gleichen Lautwert haben, so wird eine wirklich korrekte Aussprache der französischen Laute dem Anfänger sehr schwer fallen, so lange er nicht Lautzeichen vor sich sieht, deren Lautwert fest steht, und mit deren Hülfe er sich die Aussprache klar machen kann.

Die in vorliegendem Elementarbuche angewendete phonetische Umschrift hat so wenig als möglich neue Lautzeichen verwendet, sie setzt aber voraus, daß die in den §§ 12—41 näher erörterten Abweichungen in der Aussprache der beiden Sprachen gemeinschaftlichen Schriftzeichen (Buchstaben) sorgfältig beachtet werden: nur dann wird sie ihren Zweck: zur Verbreitung einer besseren französischen Aussprache mitzuwirken, erfüllen können, zu welcher vor allem erforderlich ist:

1. Sorgfältige Artikulation der Vokale (§§ 10—18).
2. Gründliche Einübung der dem Deutschen fremden Laute (§§ 19—23).
3. Scharfe Unterscheidung der stimmhaften von den stimmlosen Konsonanten (§§ 28—39).

Übersicht der Laute und der dafür üblichen Schriftzeichen.

I. Stimmlaute (Vokale).

Phonetisches Zeichen.

á, à (§ 12): a, â, à, é, e, oi: la, âme, là, poêle, femme, roi.
é, è (§ 13): é, ai, ei, ay, ey, è, ê: blé, gai, peine, père, frêle.
i (§ 14): i, î, y (ee, ea): lit, île, hyène (spleen, Shakespeare).
ó, ò (§ 15): o, ô, au, eau (o): rose, or, aussi, eau, rhum.
u (§ 16): ou, où, aoû (u): trou, où, août, roi.
ó, ò. (§ 17): eu, eû, œu, œ, ue (e): feu, cœur, œil, jeûne, cueillir, le.
ü (§ 18): u, eu, û, eû: vertu, eus, eûmes, fût.

Phonetisches Zeichen. II. **Nasalierte Stimmlaute.**

ą (§ 19): an, am, en, em, aon: enfant, camp, taon, tremblement.
ę (§ 19): en, in, im, ain, aim, ein, eim, ym: examen, fin, pain, sein, thym.
ǫ (§ 19): on, om: nation, trompette.
ǫ̈ (§ 19): un, um, eun: brun, parfum, jeun.

III. **Geräuschlaute (Konsonanten).**

ł (§ 22): il, ill: babil, fille, bouteille.
ń (§ 23): gne: campagne, peigne, rognon.
r (§ 24): r, rr: par, terre.
l (§ 25): lit, aller.
m (§ 26): m, mm: ma, flamme.
n (§ 27): n, nn: nez, nid, anneau.
b (§ 28): b: bâton, barbe.
p (§ 29): p, pp: père, application, appel.
d (§ 30): d, dd: David, addition.
t (§ 31): t, th: trou, thème.
g (§ 32): g, gg, gh, gu: gant, Righi, agglomérer, longue.
k (§ 33): c, cc, ch, g, q, qu, k, x: corde, accord, chœur, cinq, kilo, excellent.
v (§ 34): v, w, f: vapeur, Worms, neuf heures.
f (§ 35): f, ph: feu, phare.
z (§ 36): s, z, x: voisin, zèle, deuxième.
s (§ 37): s, ss, sc, x, c, ç, t: sol, assez, science, reçu, dix, nation.
ž (§ 38): j, g: jeune, gentil.
š (§ 39): ch (sch, sh): chef, acheter (Schiller, Shakespeare).

Erklärung.

1. Besondere Beachtung bezüglich ihres Lautwertes erfordern die Lautzeichen g, v, z und die neu eingeführten Zeichen ą, ǫ, ę, ǫ̈, ł, ń, ž, š.

2. Der Buchstabe h ist ohne Lautwert; homme = òm; x ist ein konsonantischer Diphthong = ks oder gz. fixer = fiksé.

3. ` ist stets Zeichen für offenen, ´ Zeichen für geschlossenen Vokallaut: dais = dè, jeune = žòn, fer = fèr, somme = sòm.

4. Bei vokalischen Diphthongen ist der Nebenvokal stets hoch gestellt (verflüchtigt): roi = rᵘa, nation = nasⁱǫ, vieux = vⁱó.

5. ˎ (unter dem Vokal) ist Zeichen für Nasalierung: enfant = ąfą. Da sämtliche nasalierte Vokale offen sind, war es überflüssig, das Zeichen für den offenen Laut ` zu setzen: entin = ąfę.

6. ¨ über n (ń) und durch l (ł) ist Zeichen, daß diese beiden Konsonanten erweichten Laut haben: campagne = kąpań, fille = fił.

I. Lautlehre und Rechtschreibung.
(Phonétique et Orthographe.)

1. Entstehung der Sprachlaute. Sprachlaute sind mit Hilfe der Atmungswerkzeuge und der Sprechorgane erzeugte Schallgebilde, welche zu Silben und Worten verbunden, den mündlichen Gedankenaustausch vermitteln.

Anm. Der Gedankenaustausch kann entweder ein mündlicher oder ein schriftlicher sein. Die kleinste Einheit des gesprochenen Wortes heißt Laut, die kleinste Einheit des geschriebenen Wortes heißt Buchstabe.

2. Artikulation der Laute. Die Erzeugung der Sprachlaute erfolgt an einem bestimmten Punkte der Sprechorgane, Artikulationsstelle genannt, oder an mehreren Artikulationsstellen zugleich, nach bestimmten mechanischen und akustischen Gesetzen.

Anm. Eine möglichst genaue Kenntnis dieser Gesetze wird naturgemäß nicht nur dazu beitragen, die Laute der Muttersprache sicherer und richtiger (weil bewußt) vorzubringen, sondern sie wird vor allen Dingen, bei Erlernung fremder Sprachen, die Nachahmung solcher Laute erleichtern, die der Muttersprache fehlen. Da nun die französischen Laute insbesondere sich durch Reinheit und Deutlichkeit der Artikulation auszeichnen, so wird sorgfältige Erlernung und Nachahmung derselben nicht ohne günstige Rückwirkung auf die deutsche Aussprache bleiben können.

3. Lautbestand der französischen Sprache. Die verschiedenen, einer Sprache gemeinschaftlichen Laute bilden den Lautbestand derselben, derselbe ist in den verschiedenen Sprachen ein verschiedener.

Anm. Abgesehen von zahlreichen Lautschattierungen unterscheidet sich der französische Lautbestand vom deutschen in folgenden, wesentlichen Punkten:

   a. der französischen Sprache fremde deutsche Laute:
      1. die nordd. h-Laute in Haus ꝛc., obwohl das Schriftzeichen dafür vorhanden ist.
      2. die nordd. ch-Laute in: Bach, Buch ꝛc.
      3. die nordd. j-Laute in: ja, ich, leicht ꝛc.
   b. der deutschen Sprache fremde französische Laute:
      1. die nasalen Vokale a, e, o in: enfant, pain, bon, un etc.
      2. der erweichte l-Laut in: fille, bataille etc.
      3. der erweichte ñ-Laut in: campagne, peigne, signe etc.

4. Thätigkeit der Atmungswerkzeuge bei der Lautbildung. Die Atmungswerkzeuge: die Lunge, das Zwerchfell und die Brustmuskeln, dienen dazu, den zur Lautbildung erforderlichen, verstärkten Luftstrom, Ausatmungsstrom, zu erzeugen.

Anm. Die Lunge ist ein aus zwei Hälften, rechtem (Abb. I. *FF*) und linkem Lungenflügel bestehendes, den größten Teil der Brusthöhle ausfüllendes, höchst elastisches Organ, welches sich, infolge der Erweiterung des Brustkastens und der Zusammenziehung des Zwerchfells beim Einatmen mit Luft füllt, dadurch ausgedehnt wird, und sich dann beim ruhigen Ausatmen infolge der eigenen Elasticität wieder zusammenzieht. Die Brustmuskeln und das Zwerchfell (Abb. I. *DD*) unterstützen die Lungenthätigkeit beim Ausatmen. Letzteres ist eine teils fleischige, teils häutige, nach der Brusthöhle zu gewölbte Scheidewand, die den Brustkasten von der Bauchhöhle abschließt. Beim Einatmen zieht sich das Zwerchfell zusammen, wobei es sich abplattet, die Brusthöhle wird weiter, die Bauchhöhle enger. Beim Ausatmen erschlafft es wieder, wobei es sich nach oben zu wölbt.

5. Thätigkeit der Sprechorgane bei der Lautbildung. Von den Sprechorganen dienen der Kehlkopf mit der Luftröhre zur Erzeugung des Tones, während Rachen-, Mund- und Nasenhöhle, sowie die Organe des Mundes, die aus dem Kehlkopfe aufsteigende Luftsäule, Ausatmungsstrom genannt, artikulieren, d. h. denselben einengen, zur Reibung zwingen, und dadurch irgend ein Geräusch erzeugen.

Anm. I. Der Kehlkopf ist ein nach unten in die Luftröhre übergehender, nach oben in die Rachenhöhle mündender, aus vier durch Gelenke, Bänder und Muskeln mit einander verbundenen Knorpeln (Ring-, Schild-, rechter und linker Gießbecken knorpel) bestehender, hohler Körper, dessen inneres, Kehlkopfhöhle, mit einer Schleim haut ausgekleidet ist, die, etwa in halber Höhe des Schildknorpels, sich zu zwei, rechts und links vorspringenden Falten, Stimmbänder genannt, verdickt. Die zwischen den Stimmbändern befindliche Spalte heißt Stimmritze. Durch Anspannung können die Stimmbänder einander so genähert werden, daß ihre Ränder sich berühren und die Spalte geschlossen erscheint. Bei geschlossener Stimmritze werden die Stimmbänder durch den Ausatmungsstrom in akustische Schwingungen versetzt, also tonerzeugend, bei geöffneter Stimmritze entweicht die Luft ohne Tonerzeugung.

Anm. II. Die Luftröhre (Abb. I. *Tr*) ist ein häutiger, nach vorn gewölbter, durch 18—20 bogenförmige knorpelige Ringe verstärkter Schlauch, der von der Rachenhöhle in die Lungen führt. Hinter dem Brustbein teilt sich die Luftröhre gabelförmig in zwei Äste, Bronchien genannt. Diese Bronchien (Abb. I. *Br*) teilen sich wiederum in zahlreiche, immer dünner werdende Verzweigungen, deren äußerste Spitzen in den Lungenbläschen enden, die an ihnen ansitzen wie die Beeren am Stiele der Traube.

Anm. III. Die Rachenhöhle (Abb. I. *B*) ist der Kanal, in welchen die Mund- und die Nasenhöhle einmünden. Die hintere Wand derselben, Rachenwand genannt, ist gewölbt. Nach vorn mündet die Rachenhöhle in die Mundhöhle, von der sie durch den Gaumenvorhang (Abb. I. *gs*) und die Gaumenbögen abgegrenzt ist, nach oben steht sie mit der Nasenhöhle (Abb. I. *N*) in unmittelbarer Verbindung.

Anm. IV. Die Mundhöhle wird vorn von der Mundspalte, hinten vom Gaumensegel, an beiden Seiten von den Wangen, oben vom Gaumen und unten durch die Zungenmuskeln eingeschlossen. Durch den Ober und Unterkiefer mit den

I. Lautlehre und Rechtschreibung. (Phonétique et Orthographe.)

Abb. I.

A. Bauch-
höhle.
B. Brust-
bein.
Br. Bronchie
(rechte).
C. kleines
Gehirn.
DD. Zwerch-
fell.
FF. Lungen-
flügel (rechter)
H. großes
Gehirn.
L. Kehlkopf.
N. Nasen-
höhle.
Oe. Schlund.
P. Rachen-
höhle.
R. Rücken-
mark.
SS. Schädel.
Tr. Luft-
röhre.
V. Ver-
längertes
Rückenmark.
Z. Zunge.
a. Zäpfchen
gh. harter
Gaumen.
gs. Gaumen-
segel.
1—7. Hals-
wirbel.
1—12. Brust-
wirbel.
1" erster Len-
denwirbel.

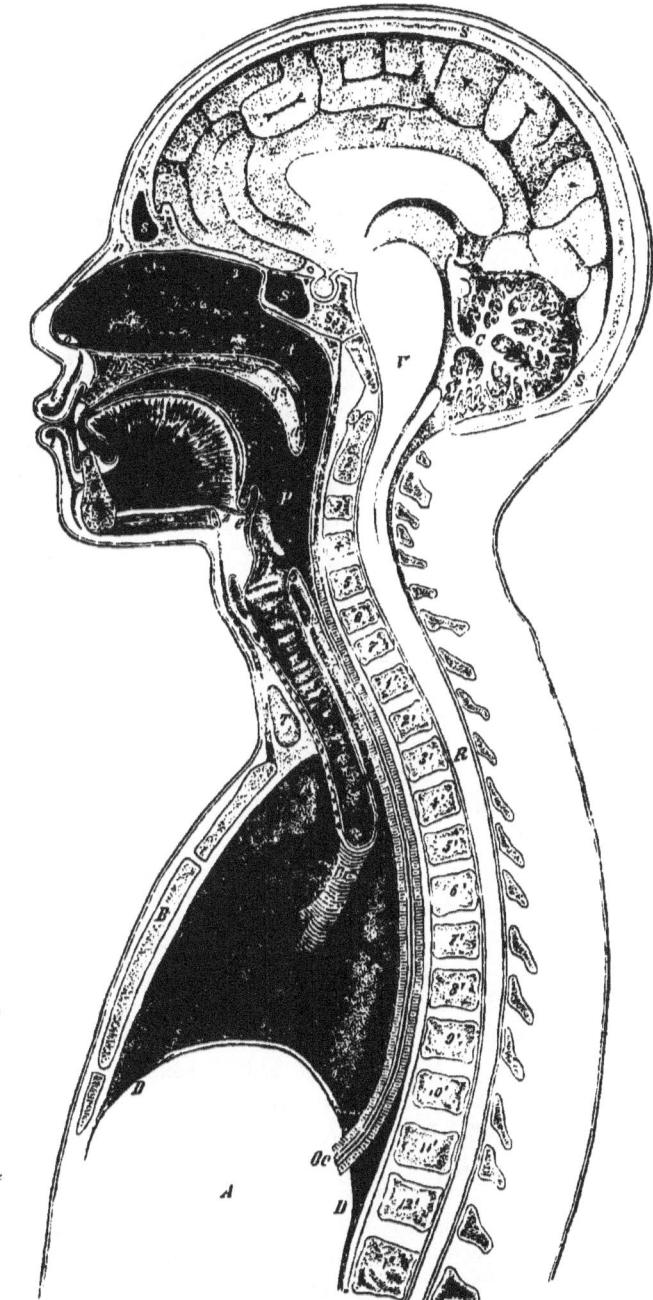

Atmungs- und Sprechorgane des Menschen (nach Trautmann).

Zähnen wird die eigentliche Mundhöhle wiederum getrennt von den beiden Backenhöhlen und der oberen und unteren Lippenhöhle. Die Mundhöhle bildet mit der Rachenhöhle (Abb. I. *P*), von der sie durch das Gaumensegel getrennt ist, und mit der Nasenhöhle (Abb. I. *N*) den Schallraum der Sprechorgane.

Anm. V. Die Nasenhöhle besteht aus sechs Nebenhöhlen und einer Haupthöhle, welche letztere zwischen den beiden Augenhöhlen, oberhalb der Mundhöhle liegt, und durch das Pflugscharbein in eine rechte und eine linke Hälfte geteilt wird. Jede dieser Hälften besitzt eine Öffnung nach der Nase und eine zweite nach der Rachenhöhle zu.

Die Organe des Mundes. Die zum Sprechen notwendigen Organe des Mundes sind entweder unbeweglich: Gaumen und Zähne, oder beweglich: Zunge, Lippen und Unterkiefer.

Anm. VI. Der Gaumen ist eine knöcherne, das Dach der Mundhöhle bildende Scheidewand (harter Gaumen genannt, Abb. I. *gh*), die sich nach der Rachenhöhle zu in Form einer beweglichen, häutigen, muskulösen Platte (weicher Gaumen, Gaumenvorhang, Gaumensegel genannt, Abb. I. *gs*) fortsetzt, deren mittlerer Teil nach unten mit einem kegelförmig sich zuspitzenden Anhang, dem sogenannten Zäpfchen (Abb. I. *a*) endet. Die für die Lautbildung erforderlichen Engen und Verschlüsse werden an fünf verschiedenen Stellen des Gaumens gebildet, so daß wir unterscheiden: 1. hinterer Damm der oberen Schneidezähne; 2. Vordergaumen; 3. Mittelgaumen; 4. Hintergaumen; 5. Gaumensegel mit Zäpfchen.

Anm. VII. Die Zunge (Abb. I. *Z*) ist ein flacher, vorn zugespitzter und äußerst beweglicher, nach hinten zu breiterer Muskel, der frei auf dem Boden der Mundhöhle liegt, an die er durch ein schmales Bändchen, Zungenband genannt, befestigt ist. Die Bewegungen der Zunge werden von drei verschiedenen Muskelpaaren geleitet, so daß sie vorgestreckt, zurückgezogen und in die Höhe gehoben werden kann.

Die freie Lage der Lippen und Zähne, sowie des Unterkiefers macht eine Beschreibung derselben überflüssig.

6. Einteilung der Sprachlaute. Alle Sprachlaute sind entweder stimmhaft oder stimmlos. Bei den stimmhaften Lauten hat der durch die Luftröhre aus den Lungen aufsteigende Ausatmungsstrom die Stimmbänder gespannt vorgefunden; die Stimmritze ist also mehr oder minder geschlossen gewesen, und die durch den Ausatmungsstrom an den Stimmbändern bewirkte Reibung hat letztere in akustische Schwingungen versetzt und so einen Ton erzeugt, der, soweit er bei der Lautbildung beteiligt ist, Stimmton heißt. Bei den stimmlosen Lauten hat der Ausatmungsstrom die Stimmbänder schlaff, wie beim gewöhnlichen Atmen, vorgefunden, die Stimmritze also ungehindert, ohne Reibung, passiert, und die Lautbildung ist ausschließlich in der Mundhöhle, beziehentlich Rachen oder Nasenhöhle erfolgt.

Anm. Je nach dem Grade der Spannung, in die wir willkürlich unsere Stimmbänder versetzen können, erscheint der Stimmton höher oder tiefer. Es ist möglich, sämtliche Sprachlaute, auch die Vokale, ohne Stimmton, also ohne akustisches Schwingen der Stimmbänder, zu erzeugen, wie es z. B. beim Flüstern geschieht

I. Lautlehre und Rechtschreibung. (Phonétique et Orthographe.)

Daraus erklärt sich, daß diejenigen, die durch irgend eine Krankheit des Kehlkopfes die Stimme verloren haben, gleichwohl die Fähigkeit behalten, sich durch Laute verständlich zu machen; sie verlieren die Fähigkeit zu sprechen, aber sie behalten die Fähigkeit, die Sprachlaute zu flüstern.

7. Einteilung der stimmhaften Laute. Alle stimmhaften Sprachlaute sind entweder reine Stimmlaute oder stimmhafte Geräuschlaute. Die im Französischen verwendeten, reinen Stimmlaute, auch Vokale genannt, sind: *a, e, i, o, u, o, ü*; die stimmhaften Geräuschlaute sind: *b, d, g, v, z, ž, l, l, r, n, ñ, m*.

Anm. Passiert der durch Schwingungen der Stimmbänder tönend gewordene Ausatmungsstrom die oberhalb des Kehlkopfes gelegenen Sprachorgane geräuschlos, d. h. ohne auf willkürlich gebildete Engen oder Verschlüsse zu stoßen, an denen durch die vom Ausatmungsstrom erzeugte Reibung nochmalige Lautbildung stattfände, so dienen die Mund= beziehentlich die Nasenhöhle lediglich als Schallräume, in denen der Stimmton verschiedene Klangfarbe annimmt. Ein solcher, auf bestimmte Klangfarbe abgestimmter Stimmton heißt Stimmlaut oder Vokal.

8. Entstehung der Geräuschlaute (Konsonanten). Alle Geräuschlaute entstehen entweder beim Durchbrechen eines Verschlusses, oder beim Durchströmen einer Verengung, sind also entweder Verschlußlaute oder Engenlaute. Die im Französischen verwendeten Verschlußlaute sind: *b p, d t, g k, m, n, r, l*; die Engenlaute: *f, v, s, z, š, ž*.

Anm. Stellen sich dem Ausatmungsstrom auf seinem Wege durch die oberhalb des Kehlkopfes gelegenen Sprechorgane irgendwo eines oder mehrere dieser Organe hindernd entgegen, so muß dieses willkürlich gebildete Hindernis entweder die Form einer Verengerung oder die eines Verschlusses annehmen und es werden, je nach dieser Form, ganz verschiedene Laute an derselben Artikulationsstelle entstehen. Man vergleiche den Engenlaut *s* mit dem Verschlußlaut *t*, um sich zu überzeugen, daß beide am hinteren Damm der oberen Schneidezähne mit Hülfe der Zungenspitze gebildet werden. Ebenso entsprechen die Engenlaute *v, f* den Verschlußlauten *b, p* ꝛc. Immer unter Berücksichtigung der Entstehung oder Entstehungsdauer werden in den verschiedenen Systemen verschiedene Bezeichnungen verwendet. Die Verschlußlaute heißen: Momentanlaute, Entbrecher, Schlußlaute, Schlaglaute, Stoßlaute, Klapper (explosivae); die Engenlaute: Dauerlaute, Entfließer, Reibelaute, Schleifer (fricativae).

9. Einteilung der Geräuschlaute. Alle Geräuschlaute können mit oder ohne Stimmton erzeugt werden. Sie bilden also Lautpaare, von denen die mit Stimmton erzeugten stimmhafte, die ohne Stimmton erzeugten stimmlose heißen.

Anm. Richtige Anwendung der stimmhaften und stimmlosen Laute ist zu einer guten französischen Aussprache unerläßlich, und es muß von Anfang an das Hauptaugenmerk des Lehrers darauf gerichtet sein, auf den Unterschied zwischen beiden hinzuweisen, umsomehr, als besonders dem Mittel= und Süddeutschen die Hervorbringung der stimmhaften Geräuschlaute nicht leicht zu werden pflegt. Zunächst beobachte man die Mitwirkung der Stimmbänder bei der Bildung stimmhafter Geräuschlaute durch Aufdrücken des Zeigefingers an den Schildknorpel des Kehlkopfes (Adams=

apfel). Bei kräftiger Lautbildung wird, sobald die Stimmbänder schwingen, eine zitternde Bewegung dieses Knorpels deutlich wahrnehmbar, sie hört auf, sobald die Stimmbänder schlaff werden. Auch dem Gehör wird sich der Stimmton als leises Summen zu erkennen geben, besonders wenn man, während man ihn erzeugt, sich die Ohren zuhält. Zur Einübung der Laute wähle man zunächst Engenlaute und lasse, ohne die Lautbildung zu unterbrechen, stimmloses *s*, *š* und *f* in stimmhaftes *z*, *ž* und *v* umwandeln und umgekehrt: sodann erst gehe man zur Übung der Verschluß=laute über.

10. Entstehung der Stimmlaute (Vokale). Die Vokale sind Stimm=töne (§ 6), die durch bestimmte Stellung der Mundhöhle einen eigen=tümlichen Klang erlangt haben. Sie sind entweder rein oder nasaliert. Bei den reinen Vokalen ist die in der Nasenhöhle befindliche Luft bei der Entstehung des Lautes nicht beteiligt; bei den nasalen Vokalen da=gegen bringt der Ausatmungsstrom in die Nasenhöhle ein und versetzt die darin enthaltene Luft in akustische Schwingungen. (Anm. II.)

Anm. I. Man hüte sich, die Begriffe Klang und Ton zu verwechseln. Jeder Vokal kann auf ein und denselben Ton gesprochen oder gesungen werden, ebenso kann man, durch einen in der Mundhöhle selbst erzeugten Hauch, Vokale ohne Stimmton hervorbringen (§ 6. Anm.). Dagegen ist es unmöglich, reine Vokale darzustellen, ohne folgende Vorbedingungen sorgfältig zu beobachten:
1. Gehörige Öffnung des Mundes mit entsprechender Senkung des Unterkiefers.
2. Richtige Stellung und Spannung der Zunge.
3. Richtige Stellung der Lippen.

In Bezug auf Punkt 3 achte man besonders darauf, ob die Lautbildung die natürliche Lippenlage beibehält (Lippenspaltung), oder ob, wie bei den o-, ǫ- und ü-Lauten, die Mundwinkel einander derart genähert sind, daß eine kleine, rundliche Öffnung dadurch entsteht (Lippenrundung).

Anm. II. Soll der Ausatmungsstrom durch die Mundhöhle passieren, so legt sich das Gaumensegel während des Sprechens dicht an die Rachenwand (§ 5. Anm. III) und verhindert so sein Eindringen in die Nasenhöhle. Soll der Ausatmungsstrom durch die Nasenhöhle passieren, so hängt das Gaumensegel schlaff herab, und der eindringende Luftstrom versetzt die darin befindliche Luft in akustische Schwingungen. Der eigen=tümliche Klang, welchen diese Schwingungen dem entstehenden Laute verleihen, wird als Näselung, Nasalierung oder Nasalartikulation bezeichnet.

11. Artikulation der reinen Stimmlaute (Vokale). Die Artikulation sämtlicher französischer Vokale muß, ohne jede Rücksicht auf ihre Dauer, eine gleichmäßig feste sein, also unter sorgfältigster Beachtung der weiter unten für die drei Grundvokale *a*, *i*, *u* vorgezeichneten Zungenstellung und der bei den einzelnen Vokalen angegebenen Lippenhaltung, beziehent=lich Mundöffnung, erfolgen.

12. *a*. Der Vokal *a* ist entweder ein langer, etwas dumpfer Laut (phonetische Bezeichnung *à*), wie in: âme (*àm*), tard (*tàr*), avare (*avàr*);

oder ein kürzerer, hellerer Laut (phonetische Bezeichnung *á*) wie in: ma (*má*), sa (*sá*), oder ein Mittellaut zwischen *á* und *à* (phonet. Bezeichnung *a*).

Der Laut *a* wird gebildet, indem man den Unterkiefer stark senkt, so daß die Mundspalte vollständig geöffnet erscheint. Die Zunge liegt möglichst flach am Boden, so daß sie mit der Spitze die unteren Schneidezähne berührt; das Gaumensegel ist leicht gehoben und etwas nach hinten gezogen. Bei *á* ist der Zungenrücken dem harten Gaumen etwas mehr genähert als bei *à*.

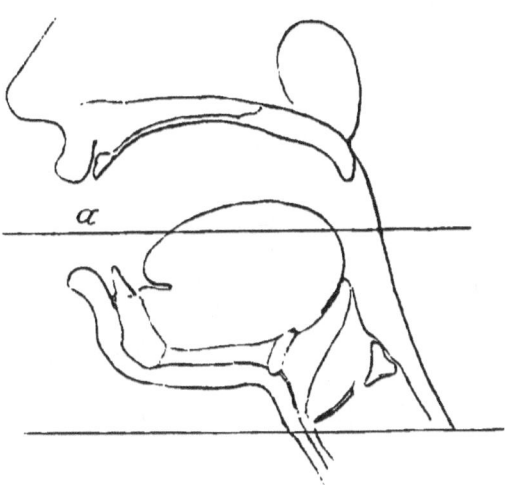

Als *a* lauten ferner die Buchstaben:

1. e vor (n und m): femme = *fám*.
2. bisweilen e und ê nach o = poêle (*pᵘàl*), moelle (*mᵘàl*).
3. stets i nach o = roi (*rᵘa*), moine (*mᵘàn*).

a mit andern Vokalen zusammen verstummt bisweilen: août (*u*).

13. e. Der Vokal *e* ist entweder 1. ein offener Laut, der jedoch keineswegs lang zu sein braucht (phonetische Bezeichnung *è*) wie in: des (*dè*), père (*pèr*), frêle (*frèl*); oder 2. ein geschlossener Laut wie ee in Beere (phonetische Bezeichnung *é*), so in: blé (*blé*), gai (*gé*); oder 3. ein flüchtiger Laut, der unter Umständen ganz verstummt und nur einen ganz kurzen, dem o sich nähernden Klang annimmt, wenn er 1. bei Konsonanten steht, die keinen andern Vokal bei sich haben, oder 2. zwischen Konsonanten zu stehen kommt, die sich unvermittelt nicht aussprechen lassen (phonetische Bezeichnung im letzteren Falle hochgestelltes flüchtiges *ᵒ*), wie in: le (*lᵒ*), le père (*lᵒ pèr*).

Der Laut e wird gebildet, indem man den Unterkiefer kräftig, aber weniger stark senkt als beim *a*-Laut und dementsprechend die Mundspalte etwas verkleinert. Die Zunge hebt sich etwas nach dem harten Gaumen zu und zwar so weit, daß sie mit ihren Seitenrändern die oberen Backenzähne berührt, während ihre Spitze an die unteren Schneidezähne stößt. Beim *é*-Laut ist Kieferlage und Mundspalte noch enger als beim *è*-Laut;

auch die Zunge ist kräftiger gehoben, so daß sie sich fester an die Backenzähne anlehnt: ihre Spitze berührt noch immer die unteren Schneidezähne. Über Bildung des ᵉ-Laut siehe o.

Als *e* lauten ferner die Buchstaben:
1. a in einzelnen Fremdwörtern: lady = lédi.
2. ai und ei: j'aurai = žoré, beige = béž, peigne = peñ.
3. ausnahmsweise ay, ey, œ und ae: Leyde (léd); pays (péi); Mœris (méris); Scaevola (sévola).
4. e verstummt bisweilen: Jean = ža: Caen = ka.

14. i. Der Vokal *i* ist stets geschlossener Laut.

Der Laut *i* wird gebildet, indem man den Unterkiefer dem Oberkiefer dicht nähert und gleichzeitig die Mundwinkel nach den Ohren zu zieht, so daß die Mundöffnung eine lange schmale Spalte bildet. Die Zungenspitze berührt die unteren Schneidezähne, der Zungenrücken ist bis dicht an den harten Gaumen gehoben, so daß die Seitenränder der Zunge gleichfalls bis an den Gaumen reichen, und für den Ausatmungsstrom nur in der Mitte der Zunge ein Kanal übrig bleibt.

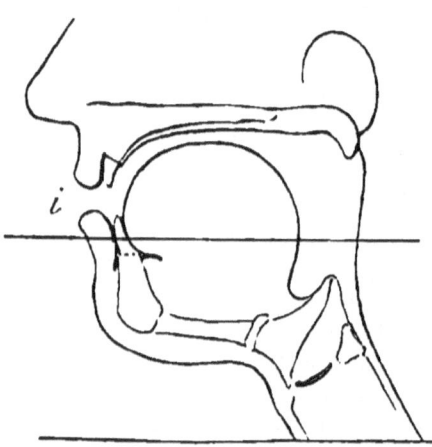

Als *i* lauten ferner die Buchstaben:
1. y: hyène (ièn).
2. î und ï: île (il), haïr (air).
3. ausnahmsweise ee: spleen (splin).
4. i verstummt bisweilen: oignon (oño).

15. o. Der Vokal *o* ist offen oder geschlossen. Die phonetische Bezeichnung für den offenen Laut ist ȯ: or (ȯr), cor (kȯr), für den geschlossenen ó: rose (rós). mot (mó).

Der Laut *o* wird gebildet, indem man den Unterkiefer kräftig, aber weniger stark senkt als beim a-Laut und gleichzeitig die Mundwinkel einander nähert, bis die nach vorn aufgestülpten Lippen eine rundliche Öffnung bilden. Die Zunge ist stark nach dem Gaumensegel zu zusammengezogen und letzteres selbst kräftiger als beim a-Laut nach hinten zu gehoben. Beim ó-Laut ist der Unterkiefer weniger stark gesenkt und die

I. Lautlehre und Rechtschreibung (Phonétique et Orthographe.) 11

Lippenrundung stärker als beim ò-Laut. Auch Zungenrücken und Gaumensegel sind dementsprechend kräftiger gehoben.

Als o lauten ferner die Buchstaben:
1. ô, au, eau: trône (*trón*), aune (*ón*), rideau (*ridó*).
2. u vor m: album (*albòm*), rhum (*ròm*).
3. o verstummt bisweilen: faon (*fą*), paon (*pą*).

16. Der Laut *u* ist im Französischen stets aus mehreren Buchstaben zusammengesetzt, ein einfaches Schriftzeichen dafür giebt es nicht: (phonetische Bezeichnung *u*).

Der Laut *u* wird gebildet, indem man Unterkiefer, Oberkiefer und gleichzeitig die beiden Mundwinkel einander stark nähert, so daß eine ganz kleine rundliche Lippenöffnung entsteht. Die Zunge ist kräftig nach hinten zu gehoben, so daß sie fast den weichen Gaumen berührt.

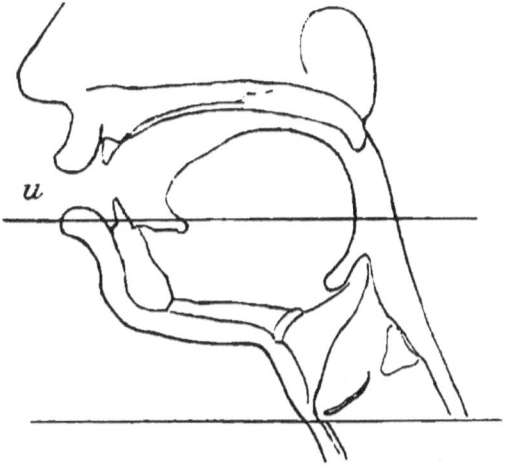

Als *u* lauten die Buchstaben:
1. ou und oû: roue (*ru*), goût (*gu*).
2. aoû: août (*u*).
3. *u* verstummt meist nach *g* und *q*: langue (*lą̊g*), banque (*bąk*).

17. Der Laut *o* ist im Französischen stets aus mehreren Buchstaben zusammengesetzt; ein einfaches Schriftzeichen dafür giebt es nicht (phonetische Bezeichnung ò für den offenen Laut und ó für den geschlossenen Laut).

Der Laut ò wird gebildet, wenn man die Zungenstellung für den è-Laut mit der Lippenstellung für den o-Laut verbindet; der ó-Laut, wenn man die Zungenstellung für den é-Laut mit der Lippenstellung für den o-Laut verbindet.

Als o lauten die Buchstaben:
1. eu, œu, œ: feu (*fó*), vœu (*vó*), œil (*òl*).
2. u vor n und m: un = ǫ, parfum (*parfǫ*).

18. Der Vokal *ü* ist stets ein geschlossener Laut.

Der Laut *ü* wird gebildet, wenn man die Zungenstellung für den *i*-Laut mit der Lippenstellung für den *u*-Laut verbindet (phonetische Bezeichnung *ü*).

Als *ü* lauten die Buchstaben:
1. u und û: mur (*mür*), brûler (*brülé*).
2. eu: eûmes (*üm*), eus (*ü*).

19. Artikulation der nasalen Stimmlaute (Vokale). Die französischen Nasallaute sind einfache Laute, keineswegs Lautverbindungen. Sie werden erzeugt, indem der Ausatmungsstrom die in der Mundhöhle und gleichzeitig auch die in der Nasenhöhle vorhandene Luft in akustische Schwingungen versetzt. Da somit zwei Luftkörper schwingen, so klingen nasale Vokale auch voller als reine Vokale. Um Nasalierung zu erzeugen, muß das Gaumensegel schlaff herabhängen (§ 10, II), also nicht, wie bei Erzeugung der reinen Vokale, an die Rachenwand gedrückt sein. Diese Stellung des Gaumensegels willkürlich herbeizuführen, wird dem Anfänger nicht immer leicht. Zur Übung eignet sich am besten *ą ę ǫ ǭ*, vorausgesetzt, daß dieser Vokal ohne Stimmschluß mit kräftiger Tiefstellung des Unterkiefers und bei richtiger Zungenlage erzeugt wird. Der Fehler, daß statt des Nasalvokals ein Nasalkonsonant *n* entsteht, wird bei *ą* am leichtesten vermieden. Würde der Zungenrücken zu sehr gehoben, oder die Öffnung des Mundes nicht genügend weit gemacht, so leidet die Klangfarbe des Vokals, der Laut klingt gequetscht. Da nur die vier offenen Vokale *å, è, ò, ö* vom Franzosen nasaliert werden, so konnte bei der phonetischen Bezeichnung für Nasalierung (unter den Vokal gestelltes ̨), das Zeichen ` für den offenen Laut wegbleiben: *ą, ę, ǫ, ǭ*.

Anm. Um sich zu überzeugen, daß bei Nasalierung der Vokale der Ausatmungsstrom wirklich die Nasenhöhle passiert, spreche man bei ruhigem, kaltem Wetter reine und nasalierte Vokale neben einander. Der infolge der schnellen Abkühlung sichtbar werdende Atemstrom wird bei reinen Vokalen wagerechte, bei nasalierten senkrechte Richtung zeigen. Im Zimmer läßt sich derselbe Beweis führen, wenn man vor den Mund, beziehentlich vor die Nase, eine brennende Kerze oder einen blanken Spiegel hält. Die Kerze wird flackern und der Spiegel wird beschlagen in den oben angegebenen Richtungen, je nachdem Mund oder Nasenartikulation eintritt. .

20. Artikulation der vokalischen Diphthonge. Wenn zwei an sich verschiedene Laute zu einem Laut verschmolzen werden, so bilden sie einen Diphthong. Von zwei zu einem Diphthong verschmolzenen Vokalen ist stets der eine flüchtiger als der andere. Tönt der flüchtige Vokal, Nebenvokal genannt, zuletzt, so daß ihm der Hauptvokal vorangeht, so heißt der Diphthong fallend, steht der Nebenvokal vor dem Hauptvokal, so heißt der Diphthong steigend. Bei der phonetischen Bezeichnung ist stets der Nebenvokal hochgestellt.

I. Lautlehre und Rechtschreibung. (Phonétique et Orthographe.)

Anm. Die deutschen Diphthonge sind meist fallende: Auge = a^{u}ge, Mai = m a^i; die französischen sind fast sämtlich steigende Diphthonge: roi = r^{u}a; puits = p^{ü}i. Auszunehmen sind nur diejenigen, bei denen *l* am Ende des Wortes steht: bataille = bata*l*. Nasalierte Diphthonge sind stets steigend: nation = nas^{i}ǫ.

21. Artikulation der Geräuschlaute (Konsonanten). Die französischen Konsonanten bilden Lautpaare: sie kommen stimmhaft oder stimmlos (§ 9) vor. Wie die Vokale, so fordern auch die französischen Konsonanten stets kräftige, gleichmäßige Artikulation, ohne Unterschied, ob sie im An-, In- oder Auslaute stehen, ob sie lang oder kurz sind. Den französischen Geräuschlauten eigentümlich ist ferner, daß sie nie die im Deutschen oft wahrnehmbare Aspiration (§§ 29, 31, 35) haben, wie denn auch der *h*-Laut dem französischen Lautsystem vollständig fehlt.

Anm. Die Entstehung der Geräuschlaute an den verschiedenen Artikulationsstellen wird bei jedem einzelnen Laute geschildert. Die als Vorder-, Mittel- und Hintergaumen bezeichneten Teile des Gaumens (§ 5. Anm. VI) verteilen sich, etwa zu gleichen Teilen, auf die ganze Gaumenfläche, so daß Vordergaumen gleichbedeutend ist mit hartem Gaumen, Hintergaumen mit weichem Gaumen; der Mittelgaumen bildet die Grenze zwischen hartem und weichem Gaumen; der Übergang von ersterem zu letzterem ist mit dem Finger leicht zu fühlen.

Die zur Bildung der Geräuschlaute erforderlichen Engen und Verschlüsse werden hergestellt: 1. durch die Stimmbänder; 2. durch den Zungenrücken; 3. durch die Zungenränder; 4. durch die Lippen; 5. durch die Zähne; und zwar entstehen:

1. Zwischen den schlaffen Stimmbändern: der *h*-Laut.
2. Am Gaumensegel (Zäpfchen): der *r*-Laut.
3. Am Hintergaumen: die *g*- und *k*-Laute.
4. Am Mittelgaumen: die *l̃*- und *ñ*-Laute.
5. Am Vordergaumen: die ʒ-, š- und *l*-Laute.
6. Am hinteren Damm der oberen Schneidezähne: die *d*-, *t*-, *z*-, *s*-, *n*-Laute.
7. An den Lippen: die *v*-, *f*-, *m*-, *b*-, *p*-Laute.

22. *l*-Laut. Der phonetisch mit *l̃* bezeichnete Laut fehlt im deutschen Lautsystem, er ist aus dem *l*-Laut entstanden und heißt l mouillée. Er wird gebildet, indem man, ähnlich wie beim *i*-Laut, den unteren Kiefer dem oberen nähert, wobei jedoch die Zungenspitze nach oben gebogen und der Raum zwischen Zungenrücken und Gaumen auf eine kaum merkliche Verengung beschränkt sein muß. Der *l̃*-Laut fehlt zu Beginn des Wortes: im In- und Auslaut haben ihn die meisten Wörter auf: ail, eil, œil, euil, ouil, ueil, uil, aille, eille etc.

23. *ñ*-Laut. Der phonetisch mit *ñ* bezeichnete Laut fehlt im deutschen Lautsystem; die Franzosen nennen ihn n mouillée. Er wird gebildet, indem man den mittleren Zungenrücken an der Grenze zwischen hartem und weichem Gaumen fest auflegt, so daß die Zungenspitze die unteren Schneidezähne berührt. Beim Lösen des Verschlusses entsteht ein eigentümliches Geräusch, welches an den l-Laut erinnert, gleichzeitig aber wird das Gaumensegel gesenkt, so daß der Laut nasaliert erscheint. Wie l ist auch der n-Laut ein einfacher Laut, obwohl er stets durch die Konsonantenverbindung gn dargestellt wird.

24. r-Laut. Der phonetisch mit r bezeichnete, französische Laut, obwohl wie der entsprechende norddeutsche Laut meist Zäpfchen-, selten Zungen-r, unterscheidet sich wesentlich von diesem durch besonders kräftige Artikulation und muß als deutlicher Zitterlaut geübt werden. Er wird gebildet, indem man den Unterkiefer kräftig senkt und die Mundspalte weit öffnet. Während der vordere und mittlere Teil der Zunge unthätig bleibt, hebt sich der hintere Teil derselben, bis er das Gaumensegel berührt. Der Ausatmungsstrom schiebt das frei herabhängende Zäpfchen nach vorwärts, letzteres kehrt sofort in seine natürliche Lage zurück, und das durch wiederholtes schnelles Lösen des Verschlusses entstehende Geräusch ist der r-Laut.

In ähnlicher Weise wie das Zäpfchen-r entsteht auch das Zungen-r, nur werden bei letzterem die Verschlüsse durch die bis zum harten Gaumen aufgebogene Zungenspitze gebildet, die, vermöge ihrer Elastizität, während sie der Ausatmungsstrom nach vorn drängt, immer wieder in ihre frühere Lage zurückzukehren bestrebt ist.

25. l-Laut. Der phonetisch mit l bezeichnete, französische Laut entspricht dem norddeutschen l-Laute. Er wird gebildet, indem man die Zungenspitze fest an den hinteren Damm der oberen Schneidezähne anlegt. Es entsteht so zwischen den Seitenrändern der Zunge und den Backenzähnen eine Enge, durch welche der Ausatmungsstrom entweicht, und das dabei entstehende Geräusch ist der l-Laut.

26. m-Laut. Der phonetisch mit m bezeichnete, französische Laut entspricht dem norddeutschen m. Er wird gebildet, indem man den Unterkiefer ganz schwach senkt, wobei die Zunge in ihrer natürlichen Lage auf dem Boden der Mundhöhle liegen bleibt. Ober- und Unterlippe werden, wie bei b und p, fest aneinander geschlossen, gleichzeitig wird das Gaumensegel gesenkt, so daß beim Lösen des Verschlusses Nasalierung eintritt. Das so entstehende Geräusch ist der m-Laut.

27. n-Laut. Der phonetisch mit n bezeichnete, französische Laut entspricht dem norddeutschen n. Er wird gebildet, indem man den Unterkiefer schwach senkt, wobei die Lippen eine schmale Spalte bilden. Der vordere und mittlere Teil der Zunge ist gehoben, so daß ihre Ränder wie bei d und t, sich kräftig an die oberen Schneide- und Backenzähne anlegen, gleichzeitig wird das Gaumensegel gesenkt, so daß beim Lösen des Verschlusses Nasalierung eintritt. Das so entstehende Geräusch ist der n-Laut.

28. b-Laut. Der phonetisch mit *b* bezeichnete, stimmhafte, französische Laut entspricht nicht genau dem norddeutschen b. Der Norddeutsche begnügt sich, sobald dem *b*-Laut nicht zufällig ein Vokal vorausgeht, mit weicher Lösung des Lippenverschlusses, der Laut setzt stimmlos ein, wird aber stimmhaft gelöst, wogegen der französische *b*-Laut stimmhaft einsetzen muß. Die Thätigkeit der Stimmbänder muß also schon während des Verschlusses wahrnehmbar sein, wodurch das deutsche Ohr den Eindruck empfängt, als ob ein schwacher, nicht nasaler *m*-Laut der Lösung des Verschlusses voranginge: beau = $^m bó$.

Der *b*-Laut wird gebildet, indem man, bei natürlicher Zungenlage, den Unterkiefer schwach senkt und zugleich Ober= und Unterlippe, wie beim *m*-Laut, fest auf einander schließt. Der beim Passieren des Kehlkopfes in akustische Schwingungen versetzte Ausatmungsstrom löst den Lippenverschluß und das so entstehende Geräusch ist der *b*-Laut.

29. p-Laut. Der phonetisch mit *p* bezeichnete, stimmlose, französische Laut entspricht nicht immer genau dem norddeutschen p, weil letzterer häufig, besonders wenn ihm kein Vokal vorangeht, von schwacher Aspiration, dem Kehlkopfverschlußlaute *h* begleitet, auftritt, während der französische *p*-Laut stets vollkommen rein ist: Post = $p^h ost$; poste = $póst$.

Der *p*-Laut wird gebildet, indem man, bei natürlicher Zungenlage, den Unterkiefer schwach senkt, und zugleich Ober= und Unterlippe, wie beim *m*-Laut, fest auf einander schließt. Nachdem der Ausatmungsstrom den Kehlkopf passiert hat, ohne durch Reibung an den Stimmbändern in akustische Schwingungen versetzt worden zu sein, löst er den Lippenverschluß, und das so entstehende Geräusch ist der *p*-Laut.

30. d-Laut. Der phonetisch mit *d* bezeichnete, stimmhafte, französische Laut entspricht nicht genau dem norddeutschen d. Der Norddeutsche begnügt sich, sobald dem *d*-Laut nicht zufällig ein Vokal vorausgeht, mit weicher Lösung des Zungenverschlusses; der Laut setzt stimmlos ein, wird aber stimmhaft gelöst, wogegen der französische *d*-Laut stimmhaft einsetzen muß. Die Thätigkeit der Stimmbänder muß also schon während des Verschlusses wahrnehmbar sein, wodurch das deutsche Ohr den Eindruck empfängt, als ob ein schwacher, nicht nasaler *n*-Laut der Lösung des Verschlusses voranginge: dent = $^n da$.

Der *d*-Laut wird gebildet, indem man den Unterkiefer schwach senkt, wobei die Lippen eine schmale Spalte bilden. Der vordere und mittlere Teil der Zunge sind gehoben, so daß ihre Ränder, wie beim *n*-Laut, sich kräftig an die oberen Schneide= und Backenzähne anlegen. Der beim Passieren des Kehlkopfes in akustische Schwingungen versetzte Ausatmungs=strom löst den Zungenverschluß und das so entstehende Geräusch ist der d-Laut.

31. t-Laut. Der phonetisch mit t bezeichnete, stimmlose, französische Laut entspricht nicht immer genau dem norddeutschen t; weil letzterer häufig, besonders wenn ihm kein Vokal vorangeht, von schwacher Aspi=ration, dem Kehlkopfverschlußlaute h begleitet, auftritt, während der französische t-Laut stets vollkommen rein ist: Thee = $t^h\acute{e}$; thé = $t\acute{e}$.

Der t-Laut wird gebildet, indem man den Unterkiefer schwach senkt, wobei die Lippen eine schmale Spalte bilden. Der vordere und mittlere Teil der Zunge sind gehoben, so daß ihre Ränder, wie beim n-Laut, sich kräftig an die oberen Schneide= und Backenzähne anlegen. Nachdem der Ausatmungsstrom den Kehlkopf passiert hat, ohne durch Reibung an den Stimmbändern in akustische Schwingungen versetzt worden zu sein, löst er den Zungenverschluß, und das so entstehende Geräusch ist der t-Laut.

32. g-Laut. Der phonetisch mit g bezeichnete französische Laut gilt ausschließlich vom stimmhaften Gliede des Lautpaares g, k, entspricht also annähernd dem norddeutschen g-Laut in: gehen, gut ꝛc. Aber während der Norddeutsche, sobald dem g-Laute nicht zufällig ein Vokal vorangeht, sich mit weicher Lösung des Gaumenverschlusses begnügt, den Laut also stimmlos einsetzt, aber stimmhaft löst, muß der französische g-Laut stimm=haft einsetzen. Die Thätigkeit der Stimmbänder muß also schon während des Verschlusses wahrnehmbar sein, wodurch das deutsche Ohr den Ein=druck empfängt, als ob eine ganz schwache Nasalierung der Lösung des Verschlusses voranginge: gant = $_ng a$.

Der g-Laut wird gebildet, indem man den Unterkiefer schwach senkt, wobei die Lippen eine schmale Spalte bilden. Gleichzeitig wird der mitt=lere Teil der Zunge kräftig nach der Mitte des hinteren Gaumens zu gehoben, während sich die Zungenspitze auf den hinteren Damm der Schneidezähne stützt. Der beim Passieren des Kehlkopfes in akustische Schwingungen versetzte Ausatmungsstrom löst den Gaumenverschluß, und das so entstehende Geräusch ist der g-Laut.

33. k-Laut. Der phonetisch mit k bezeichnete, stimmlose, franzö=sische Laut entspricht nicht immer genau dem norddeutschen k-Laute, weil letzterer häufig, besonders wenn ihm kein Vokal vorangeht, von schwacher Aspiration, dem Kehlkopfverschlußlaute h begleitet, auftritt, während der französische k-Laut stets vollkommen rein ist: Kahn = $k^h an$; camp = $k\alpha$.

Der k-Laut wird gebildet, indem man den Unterkiefer schwach senkt,

I. Lautlehre und Rechtschreibung. (Phonétique et Orthographe.)

wobei die Lippen eine schmale Spalte bilden. Gleichzeitig wird der mittlere Teil der Zunge kräftig nach der Mitte des hinteren Gaumens zu gehoben, während sich die Zungenspitze auf den hinteren Damm der unteren Schneidezähne stützt. Nachdem der Ausatmungsstrom den Kehlkopf passiert hat, ohne durch Reibung an den Stimmbändern in akustische Schwingungen versetzt worden zu sein, löst er den Gaumenverschluß, und das so entstehende Geräusch ist der k-Laut.

34. v-Laut. Der phonetisch mit v bezeichnete, stimmhafte französische Laut entspricht etwa dem norddeutschen w-Laut in „Wache, Wasser" ɾc., aber nie dem sich dem „u" nähernden norddeutschen w-Laut in „schwarz, zwar" und den meisten mit „sch" oder „z" beginnenden Verbindungen.

Der v-Laut wird gebildet, indem man den Unterkiefer schwach senkt, wobei die Zunge ihre natürliche Lage behält und die Unterlippe den oberen Schneidezähnen so weit genähert wird, daß nur eine ganz schmale Spalte zwischen beiden bleibt. Der beim Passieren des Kehlkopfes in akustische Schwingungen versetzte Ausatmungsstrom reibt sich an der zwischen den oberen Schneidezähnen und der Unterlippe entstandenen Einengung; das so entstehende Geräusch ist der v-Laut.

35. f-Laut. Der phonetisch mit f bezeichnete, stimmlose französische Laut entspricht dem norddeutschen f-Laute. Er wird gebildet, indem man den Unterkiefer schwach senkt, wobei die Zunge ihre natürliche Lage behält und die Unterlippe den oberen Schneidezähnen so weit genähert wird, daß nur eine ganz schmale Spalte zwischen beiden bleibt. Nachdem der Ausatmungsstrom den Kehlkopf passiert hat, ohne durch Reibung an den Stimmbändern in akustische Schwingungen versetzt worden zu sein, reibt er sich an der zwischen den oberen Schneidezähnen und der Unterlippe entstandenen Einengung; das so entstehende Geräusch ist der f-Laut.

36. z-Laut. Der phonetisch mit z bezeichnete, stimmhafte französische Laut entspricht etwa dem norddeutschen s vor oder zwischen Vokalen. Er wird gebildet, indem man den Unterkiefer schwach senkt, wobei die Lippen eine schmale Spalte bilden. Die Ränder des mittleren Teiles der Zunge werden schwach gehoben, so daß zwischen ihnen eine Art Rinne entsteht; die gleichfalls gehobene Zungenspitze ist etwas zurückgezogen und befindet sich dicht vor der zwischen den oberen und unteren Schneidezähnen entstandenen Verengung, ohne jedoch die Zähne zu berühren. Der beim Passieren des Kehlkopfes in akustische Schwingungen versetzte Ausatmungsstrom reibt sich an der Verengung, welche zwischen den oberen und unteren Schneidezähnen entstanden ist; das so entstehende Geräusch ist der z-Laut.

37. s-Laut. Der phonetisch mit s bezeichnete, stimmlose französische Laut entspricht einem kräftig artikulierten, norddeutschen ſ vor Konsonanten oder ß in Laſter, reißend ꝛc. Er wird gebildet, indem man den Unterkiefer schwach senkt, wobei die Lippen eine schmale Spalte bilden. Die Ränder des mittleren Teiles der Zunge werden schwach gehoben, so daß zwischen ihnen eine Art Rinne entsteht; die gleichfalls gehobene Zungenspitze ist etwas zurückgezogen und befindet sich dicht vor der zwischen den oberen und unteren Schneidezähnen entstandenen Verengung, ohne jedoch die Zähne zu berühren. Nachdem der Ausatmungsstrom den Kehlkopf passiert hat, ohne durch Reibung an den Stimmbändern in akustische Schwingungen versetzt worden zu sein, reibt er sich an der Verengung, welche zwischen den oberen und unteren Schneidezähnen entstanden ist; das so entstehende Geräusch ist der s-Laut.

38. ś-Laut. Der phonetisch mit ś bezeichnete, stimmhafte französische Laut fehlt dem deutschen Lautsystem; es ist das stimmhafte Glied des Lautpaares „s ś", entspricht also annähernd dem norddeutschen ſ-Laut in Journal ꝛc. Er wird gebildet, indem man den Unterkiefer schwach senkt, wobei die Lippen etwas nach vorn geschoben und die Mundwinkel einander schwach genähert werden, so daß zwischen den Lippen eine rundliche Öffnung entsteht. Die Ränder des mittleren Teiles der Zunge werden schwach gehoben, so daß sich zwischen ihnen eine Art Rinne bildet, die gleichfalls gehobene Zungenspitze ist kräftig zurückgezogen und befindet sich der zwischen den oberen und unteren Schneidezähnen entstandenen Verengung gegenüber. Der beim Passieren des Kehlkopfes in akustische Schwingungen versetzte Ausatmungsstrom reibt sich an der Verengung, welche zwischen den oberen und unteren Schneidezähnen entstanden ist; das so entstehende Geräusch ist der ś-Laut.

39. š-Laut. Der phonetisch mit š bezeichnete, stimmlose französische Laut entspricht einem kräftig artikulierten, norddeutschen „sch". Er wird gebildet, indem man den Unterkiefer schwach senkt, wobei die Lippen etwas nach vorn geschoben und die Mundwinkel einander genähert werden, so daß zwischen den Lippen eine rundliche Öffnung entsteht. Die Ränder des mittleren Teiles der Zunge werden schwach gehoben, so daß sich zwischen ihnen eine Art Rinne bildet, die gleichfalls gehobene Zungenspitze ist kräftig zurückgezogen und befindet sich der zwischen den oberen und unteren Schneidezähnen entstandenen Verengung gegenüber. Nachdem der Ausatmungsstrom den Kehlkopf passiert hat, ohne durch Reibung an den Stimmbändern in akustische Schwingungen versetzt worden zu sein, reibt er sich an der zwischen den oberen und unteren

Schneidezähnen entstandenen Verengung; das so entstehende Geräusch ist der *s*-Laut.

40. *r*-Laut. An konsonantischen Diphthongen (§ 20) besitzt die französische Sprache nur den *r*-Laut. Derselbe hat vierfachen Lautwert: als Einzellaut lautet er *k* oder *s*, als Diphthong: *ks* oder *gz*.

41. *h*-Laut. Der *h*-Laut fehlt der heutigen französischen Aussprache, obwohl er als Schriftzeichen noch vorhanden ist. Die Franzosen unterscheiden zwischen: *h* muette (auch wohl *h* voyelle genannt), weil dasselbe in der Bindung nicht als Konsonant behandelt wird, also die für Vokale geltenden Regeln darauf anzuwenden sind; und *h* aspirée, (auch wohl *h* consonne genannt), weil für letzteres in der Bindung die für Konsonanten geltenden Regeln in Anwendung kommen.

42. Verhalten der Einzellaute bei der Verbindung zu Silben und Worten. Jeder französische Laut, mit einziger Ausnahme des flüchtigen *e* „*ö*" behält die ihm als einzelnem Laute eigentümliche Artikulation auch dann bei, wenn er mit anderen Lauten zu Silben und Wörtern verbunden wird.

Anm. Nebeneinanderstehende Vokale sind also ohne die im Deutschen übliche, hart an den Konsonanten *j* streifende Vermittelung zu sprechen: vertueux = *vertüö* (nicht *vertjªó*), plusieurs = *plüs'ör* (nicht *plusjör*). Auch die bei Diphthongbildung zu Nebenlauten gewordenen Vokale *i*, *o* und *u* erleiden nur in Bezug auf Dauer, nicht auf Klang, eine Änderung: Dieu = *dªó* (nicht *djó*); roi = *rªa*, puits = *pªi*.

Von nebeneinanderstehenden Konsonanten neigen die stimmhaften, wenn sie mit stimmlosen in Berührung kommen, zu stimmloser Bildung: obscur = *opskür* (nicht *obskür*).

43. Vokal- und Konsonantenhäufung. Die scharfe, deutliche Artikulation jedes Einzellautes, auch innerhalb von Silben und Wörtern, erklärt die Erscheinung, daß das französische Ohr Konsonantenhäufung ebenso unangenehm empfindet als Vokalhäufung.

Anm. Häufung von Vokalen, wenn dieselben in der § 42 angegebenen Weise, also ohne Vermittelung eines Konsonanten, gesprochen werden, muß langes Aushalten des Stimmtones zur Folge haben und wird vom Franzosen als Gähnen (bâillement, hiatus § 47) bezeichnet.

Konsonanten dürfen, auch wenn sie auslauten, nichts von ihrer Deutlichkeit einbüßen; sie lassen im Notfalle ein flüchtiges *ö* nachtönen: poudre = *pudrö*, welches auch stets die Vermittelung zwischen solchen Konsonanten bildet, deren unvermittelte Aussprache eine Härte oder eine Pause zur Folge hätte: il prononce souvent = *ilpronogsösuvą*.

44. Vokaldauer. Die Dauer der französischen Vokale wird das deutsche Ohr im allgemeinen als Kürze empfinden; entschiedene Längen sind Ausnahmen. Natürlich hängt die Dauer wesentlich ab von der

Sprechweise: in feierlicher Rede wird sie stärker hervortreten als in vertraulicher Rede.

Anm. I. Entschieden kurz sind die französischen Vokale:
1. im Inlaut: café, donné, avarice, reposer, amuser.
2. im Auslaut vor nicht verstummtem: b, p, d, t, g, k: dot, cap, bec, sac, pipe.
3. vor stimmlosem: f, s, š: chef, carafe, baisse, caresse, tache, cloche.
4. vor zwei oder mehr Konsonanten: arbre, offre, souffle, liste, perte.

Anm. II. Zur Länge neigen die französischen Vokale:
1. wenn sie mit ˆ (accent circonflexe) versehen sind: lâter, île, hôte.
2. im Auslaut vor verstummten Konsonanten: pas, nez, repos, pis.
3. vor stimmhaftem v, z, ž: gazon, mise, thèse, chose.
4. vor nicht verstummtem r: rare, rire, fer, fort, pour.
5. wenn sie nasaliert sind: besonders vor Konsonanten: feinte, plante, honte.

45. Aussprache des flüchtigen e („ö"). Die richtige Behandlung des flüchtigen e ist von der größten Wichtigkeit für eine gute, französische Aussprache. Der Vokal ö verstummt umsomehr, je weniger die ihn begleitenden Konsonanten seiner bedürfen, um vollkommen deutlich artikuliert zu werden; er wird umso hörbarer, je weniger eine deutliche Artikulation ohne seine Beihülfe möglich ist.

Anm. Die Bedeutung des flüchtigen ö für die französische Aussprache wird besonders dadurch bedingt, daß die Franzosen nicht Worte, sondern Wortgruppen sprechen, d. h. ohne Abbrechen des Ausatmungsstromes (ohne Stimmschluß) so lange Silbe an Silbe, Wort an Wort reihen, bis in dem betreffenden Satze oder Satzteile, dem Sinne nach, eine Unterbrechung, eine Pause eintritt; erst eine solche berechtigt zum Stimmschluß. Konsonanten treffen demnach nicht nur innerhalb desselben Wortes, sondern auch innerhalb der ganzen Wortgruppe oft so zusammen, daß sie der Vermittelung eines flüchtigen ö bedürfen, wenn sie nicht an einem vorangehenden oder folgenden Vokal sich anlehnen oder unvermittelt mit einander ausgesprochen werden können:

je parle = žparl aber je ne parle pas = žönparlpa.
je joue = žöžu aber je ne joue pas = žnöžupa.
ce melon = smölǫ aber ce cheval = söžval, dagegen j'ai vu ce cheval = žévüsžval.

46. Betonung (accent). Im einzelnen Worte tönt die letzte volle Silbe etwas kräftiger als die vorangehenden, ohne daß letztere dadurch von ihrem Werte verlieren. Ebenso tönt in den Wortgruppen die letzte volle Silbe vor der Pause etwas stärker als die vorangehenden Silben, wofern nicht unter diesen besonders bedeutsame Silben durch Betonung hervorgehoben werden sollen.

47. Vermeidung des hiatus. Zur Vermeidung der unmittelbaren Aufeinanderfolge zweier tönender Vokale (hiatus) dienen:
1. Auslassung des Vokals (élision), daher e muet in einsilbigen Worten vor Vokal stets zu apostrophieren; i nur in si vor il, ils; a nur beim Artikel: l'ami = le ami, l'amie = la amie, s'il = si il.

2. Einschaltung des Halbkonsonanten j: i wird durch y ersetzt: roi aber royal, appui aber appuyer.

3. Einschaltung der Konsonanten l und t: t zwischen verbe und pronom: a-t-il?, pense-t-elle? l' meist vor on.

4. Anwendung anderer Formen. ma, ta, sa werden durch mon, ton, son ersetzt; ce durch cet: mon amie aber ma chère amie; cet homme, cet enfant.

5. Unterlassung des Zusammenziehens von de le zu du; à le zu au: de l'ami aber du cher ami, à l'ami aber au fidèle ami.

6. Die Bindung s. § 52.

48. Orthographische Hilfszeichen (signes orthographiques):

1. ´ accent aigu (Akut) nur beim *e* verwendet zur Bezeichnung des geschlossenen Lautes (é fermé).

2. ` accent grave (Gravis) über à, è, (ù); beim *e* verwendet zur Bezeichnung des offenen Lautes (è ouvert).

3. ˆ accent circonflexe (Cirkumflex) bei allen Vokalen als Dehnungszeichen, meist für einen ausgefallenen Konsonanten.

4. ¨ tréma (Trema) nur bei Diphthong bildenden oder zum Verstummen geneigten Vokalen, als Zeichen, daß ihr Lautwert unverändert bleiben soll: Moïse, Saül, poëte, aiguë.

5. ' apostrophe (Apostroph) als Zeichen für ausgefallenes a, e, i: l'ami, l'âme, s'il, s'ils.

6. - trait d'union oder tiret (Bindestrich). Bei Nachstellung unbetonter Worte hinter die zu ihnen gehörigen betonten Satzglieder: c'est aber est-ce, il parle aber parle-t-il etc.

7. ¸ cédille (Cedille), (ursprünglich z) unter c. welches vor a, o, u wie *s* lauten soll.

8. e muet (stummes *e*) hinter g, welches vor a, o, u wie *ž* lauten soll.

9. u muet (stummes *u*) hinter c und g, welche vor e, i, y wie *k* und *g* klingen sollen, und hinter q, wenn dasselbe nicht am Ende des Wortes steht.

10. h hinter g, wenn dasselbe vor e, i, y wie *g* klingen soll: Righi, Enghien.

49. Interpunktion (ponctuation).

Die Franzosen unterscheiden 10 Interpunktionszeichen (10 signes de ponctuation).

1. , la virgule, das Komma.
2. . le point, der Punkt.
3. ; le point et virgule, das Semikolon.
4. : les deux points, der Doppelpunkt, das Kolon.

5. ? le point d'interrogation, das Fragezeichen.
6. ! le point d'exclamation, das Ausrufezeichen.
7. .... les points suspensifs (de suspension), Gedankenstriche.
8. ( ) la parenthèse, die Parenthese.
9. » « les guillemets, die Anführungsstriche (Gänsefüßchen).
10. - le tiret, Trennungszeichen.

Von den deutschen Interpunktionszeichen unterscheiden sich durch die Form: 1. die Gedankenstriche (durch Punkte ersetzt): 2. die Anführungsstriche, die auf (nicht unter und über) die Zeile gestellt werden; 3. das Trennungszeichen (tiret), welches durch einen Querstrich bezeichnet wird.

Vom deutschen Sprachgebrauch wesentlich verschiedene Anwendung findet nur das Komma, welches im Französischen besonders dazu dient, die Ruhepunkte zwischen den Wortgruppen (§ 45. Anm.) anzudeuten, während es im Deutschen den Zweck hat, den Bau des Satzes klarer hervor zu heben. Das im Deutschen übliche Kommazeichen darf im Französischen nicht stehen:

1. vor abhängigen, besonders mit que eingeführten Nebensätzen: je crois qu'il viendra, ich glaube, daß er kommt.

2. vor bestimmenden, also für das Verständnis unentbehrlichen Relativsätzen: Voici le livre que vous cherchez, hier ist das Buch, welches Sie suchen.

3. vor indirekten Fragen: Savez-vous s'il viendra, Wissen Sie, ob er kommt?

Dagegen setzen die Franzosen das Kommazeichen:

1. nach (und vor) allen Umstandsangaben.

2. nach (und vor) der angeredeten Person. Zu Beginn eines Briefes ersetzt das Komma zugleich das im Deutschen übliche Ausrufungszeichen: Mon ami, je ne ferai pas cela, nein, lieber Freund, das thue ich nicht.

3. vor erläuternden, also entbehrlichen Relativsätzen: Mon ami B., qui est parti ce matin, vous fait saluer = mein Freund B., der heute früh abgereist ist, läßt Sie grüßen.

50. Silbentrennung (décomposition des mots en syllabes).

1. Die Zergliederung mehrsilbiger Worte in einzelne Silben kann nur für Klangsilben, nicht für solche, die e muet als Vokal haben, erfolgen: vote, selle, sable etc. sind untrennbar.

2. Zwischen Vokalen stehender einfacher Konsonant gehört zur folgenden Silbe: sa-lon, li-mier.

3. Doppelkonsonanten werden getrennt. Nicht trennbar aber sind die Konsonantenverbindungen, die wie: *bl, br, cl, cr, dr, fl, fr, gl, gr, pl, pr,*

sph, str, tr unmittelbar hintereinander klingen, oder wie *ph, ch, th, gn, ill* nur einen Laut bilden: rap-pel, doc-teur, som-meil etc.

4. Von drei hinter einander folgenden Konsonanten gehören zwei zur ersten, der dritte zur zweiten Silbe, dafern nicht eine der oben bezeichneten Verbindungen vorliegt: sanc-tuaire aber sar-cler.

51. Große Anfangsbuchstaben (emploi de la lettre majuscule).
Große Buchstaben zu Anfang des Wortes verwendet der Franzose nur:
1. zu Beginn des Satzes.
2. zu Beginn jedes neuen Verses (in Gedichten).
3. bei Titeln, Überschriften ꝛc.
4. bei Eigennamen von Personen, Völkern, Ländern, Städten, Bergen und Meeren; alle andern Hauptwörter werden klein geschrieben.

52. Bindung der Worte (liaison des mots entre eux).
Am Ende eines Wortes verstummter Konsonant wird häufig wieder hörbar, wenn dasselbe mit dem folgenden vokalisch anlautenden Worte in engem Zusammenhange steht. Solche hörbar werdende Konsonanten tönen stets mit der folgenden Silbe, aber so, daß keinerlei Pause oder Stimmschluß zwischen der auslautenden und der anlautenden Silbe vernehmbar wird; sobald eine solche eingetreten ist, darf keine Bindung mehr vorgenommen werden. Die Bindung ist also nur statthaft zwischen dem Sinne nach engverbundenen, grammatisch zusammengehörigen Worten, die ohne Stimmschluß aneinander gereiht werden.

Die Bindung muß unterbleiben:
1. nach allen Interpunktionszeichen.
2. nach mit besonderem Nachdruck gesprochenen Wörtern.
3. in Fällen, wo sie Mißklänge oder Mißverständnisse zur Folge haben könnte.

Die Bindung wird sorgfältiger beobachtet:
1. in gewählter Redeweise als in vertraulicher Unterhaltung; bei letzterer würden die in § 53. 6—10 bezeichneten Bindungen den Eindruck des Gezwungenen, Gesuchten erwecken.
2. bei Behandlung ernster Stoffe als bei Besprechung heiterer Vorkommnisse.
3. beim Vorlesen als beim Sprechen.

53. Bindung in der Umgangssprache. In der Umgangssprache wird stets gebunden:
1. Das (unbetonte) déterminatif mit seinem substantif; les hommes (*lezòm*), ces hommes (*sèzòm*), nos amis (*nozami*), quels amis (*kèlzami*) etc.

2. Das vorangestellte adjectif und adjectif numéral mit seinem substantif: de braves hommes (d⁰*brav⁰zòm*), six hommes (*sizòm*).

3. Die préposition mit dem davon abhängigen substantif oder verbe: sans énergie (*sazènerźi*), sous-entendue (*suzątądü*), pendant un mois (*padątomᵘą*).

4. Das tonlose pronom personnel mit seinem verbe: il a dit (*iladi*), nous vous entendons (*nuruzątądǫ*), il leur donne (*illòrdon*).

5. das adverbe mit dem dazu gehörigen adjectif: très aimable = *trèzèmabl*, trop amer = *tropamèr*.

6. meist auch das Hilfszeitwort mit seinem participe passé, mit Ausnahme jedoch von tu as … und tu es … also: tu es arrivé = *tüearivé*; tu as eu = *tüaü*.

Nur in gewählter Redeweise wird gebunden:

7. das nachgestellte adjectif mit seinem substantif: un froid excessif = *ǫfrᵘadeksèsif*, un succès inespéré = *ǫsüksèzinèspéré*.

8. das sujet substantif mit seinem verbe: ces hommes ont vu votre frère = *sezòmzǫvürotr⁰frèr*.

9. das verbe mit seinem nachfolgenden régime: nous reçûmes un avis important = *nuresümzǫavisèporta*.

54. Alphabet (lettres de l'alphabet).

Die erste Reihe giebt den Buchstaben als orthographisches Zeichen; die zweite den Namen des Schriftzeichens an und für sich, die dritte den Namen desselben beim Lautieren.

a	Name	a	Laut	a	j	Name	źi	Laut	z⁰	(s)	Name	ès	Laut	s⁰
b	„	bé	„	b⁰	k	„	ka	„	k⁰	t	„	té	„	t⁰
c	„	sé	„	s⁰	(l)	„	èl	„	l⁰	u	„	ü	„	ü
d	„	dé	„	d⁰	(m)	„	èm	„	mᵘ	v	„	vé	„	} v⁰
e	„	é	„	ə	(n)	„	èn	„	n⁰	w	„	„doublevé"		
(f)	„	èf	„	f⁰	o	„	o	„	o	x	„	iks	„	ks⁰
g	„	źé	„	z⁰	p	„	pé	„	p⁰	y	„	i grec	„	i(ï)
(h)	„	aš	„	—	q	„	kü	„	kü	z	„	zèd	„	z⁰
i	„	i	„	i	(r)	„	èr	„	r⁰					

Anm. 1. *f, h, l, m, n, r, s* sind weiblichen, alle übrigen männlichen Geschlechtes, also une *h*, aber un *p*.

Anm. 2. *k* und *w* finden sich nur in Fremdwörtern.

II. Elementargrammatik und Formenlehre.

55. Die Wortarten (les parties du discours). Die französische Sprache unterscheidet zehn verschiedene Wortklassen (dix espèces de mots), von denen sechs veränderlich (variables), vier unveränderlich (invariables) sind.

Die sechs veränderlichen Wortklassen sind:
1. das Hauptwort (le nom, le substantif).
2. das Geschlechtswort (l'article, masc.).
3. das Eigenschaftswort (l'adjectif, masc.).
4. das Zahlwort (le nom de nombre; oder l'adjectif numéral.).
5. das Fürwort (le pronom).
6. das Zeitwort (le verbe).

Die vier unveränderlichen Wortklassen sind:
7. das Umstandswort (l'adverbe, masc.).
8. das Verhältniswort (la préposition).
9. das Bindewort (la conjonction).
10. das Ausrufungswort (l'interjection, fém.).

56. Das Hauptwort (le nom, le substantif). Am substantif sind zu unterscheiden: 1. das Geschlecht, (le genre § 57), 2. die Zahl, le nombre (§ 58), 3. die Art, l'espèce (§ 61). Weder Geschlecht, noch Zahl, noch Kasus (§ 60) lassen sich mit Sicherheit aus der Form des substantif selbst erkennen (§ 57), besonders nicht für das gesprochene Wort. Die Kasusendungen sind durch Stellung und durch Verhältniswörter ersetzt worden (§ 60).

57. Das Geschlecht des Hauptwortes (le genre du substantif). Die französischen substantifs sind entweder männlichen Geschlechts, du genre masculin (abgekürzte Bezeichnung m.) oder weiblichen Geschlechts, du genre féminin (abgekürzte Bezeichnung f.), je nach Bedeutung, Betonung oder Abstammung. Erkannt wird das Geschlecht aus der Form des beigefügten Artikels oder sonstigen Bestimmungswortes (§ 62): le père, ce père, mon père; la mère, cette mère, ma mère.

58. Bildung der Mehrzahl (formation du pluriel). Meist wird die Einzahl (le singulier, abgekürzte Bezeichnung s.) durch Anhängung eines s in die Mehrzahl (le pluriel, abgekürzte Bezeichnung pl.) verwandelt: le frère — les frères; la sœur — les sœurs. Ausnahmsweise, und nur nach u (au, eu, eau) dient x als Mehrheitszeichen: le noyau — les noyaux; le feu — les feux; le chapeau — les chapeaux; l'animal — les animaux.

59. Weglassung des Mehrheitszeichens. Bereits im singulier auf s, x, z endigende Wörter nehmen kein s oder x im pluriel, haben also für singulier und pluriel gleiche Form: le vers — les vers; la noix — les noix; le gaz — les gaz.

60. Ersetzung der Kasus beim Hauptwort. Jedes substantif, welches den Gegenstand der Aussage (le sujet) bildet, steht der Aussage (le verbe) voran; jedes substantif, welches eine von der Aussage abhängige Erweiterung derselben (le régime) bildet, steht hinter der Aussage, und zwar, je nach der Art der Abhängigkeit, mit oder ohne Verhältniswort (préposition).

61. Arten des Hauptwortes (sortes de substantifs). Das substantif ist entweder ein Gesamtname (nom commun), d. h. ein in selbständige Teile (Einheiten) zerlegbares Ganze; oder ein Eigenname (nom propre), d. h. ein Ganzes, dessen Teile keine Einheiten bilden.

1. Ist das substantif ein Gesamtname (nom commun), so kann sich die Aussage auf den ganzen im Gesamtnamen enthaltenen Artbegriff ohne Einschränkung beziehen; in diesem Falle bildet derselbe eine unbedingte (absolute) Einheit: l'homme est mortel, der Mensch ist sterblich; le fer est un métal, das Eisen ist ein Metall; oder aber sie kann beschränkt sein auf einen vom Artbegriff abgegrenzten, für sich eine Einheit bildenden Teil, bedingte (relative) Einheit: l'homme est venu, der Mann ist gekommen; j'ai acheté le fer, ich habe das Eisen gekauft.

Bedingte (relative) Einheiten können gebildet werden: a) bei Gattungsnamen; durch das Einzelwesen oder eine Gruppe von Einzelwesen: l'homme est venu, les hommes sont venus; b) bei Stoffnamen; durch einen oder mehrere bestimmte Mengen: le vin est arrivé; les vins sont arrivés; c) bei Abstrakten; durch jeden speziellen Fall des Artbegriffes: la maladie (allgemeiner), la maladie de ton frère (spezialisierter Artbegriff); la foi (allgemeiner), la mauvaise foi (spezialisierter Artbegriff).

Gesamtnamen (noms communs) sind: a) Gattungsnamen: l'homme, le soldat; b) Stoffnamen: le fer, l'eau; c) Abstrakta und zwar: Eigenschaften: la bonté; Vorgänge: le dégel; Zustände: la maladie; Thätigkeiten: l'étude.

2. Die Aussage kann aber auch für einen solchen Teil des Artbegriffs gelten, der sich nicht scharf abgrenzen läßt, also eine Einheit nicht bildet:

j'ai acheté du fer, ich habe Eisen gekauft; des hommes sont venus, Männer sind gekommen.

3. Ist das substantif ein Eigenname (nom propre), so bildet es eine unteilbare Einheit, d. h. ein Ganzes, dessen Teile keine selbständigen Einheiten bilden. Eigennamen (noms propres) sind die Namen von: Personen: Schiller, Racine; Orten: Berlin, Paris; Ländern: l'Allemagne, la France; Völkern: l'Anglais, le Prussien; Bergen: l'Etna, le Vésuve; Gebirgen: les Alpes, les Pyrénées; Meeren: la Baltique, la Mediterrannée; Flüssen: le Rhin, la Seine.

62. Nähere Bestimmung des Hauptwortes (détermination du substantif). Bei jedem Gesamtnamen (nom commun) muß durch ein, demselben vorangestelltes Bestimmungswort der Menge (déterminatif de quantité) festgesetzt werden: ob die betreffende Aussage für eine (unbedingte oder bedingte) Einheit oder für einen Teil gilt.

a) Die Einheit kann eine bekannte, bezw. als bekannt vorausgesetzte (§ 63. 1—3) oder eine unbekannte (§ 63. 4—5) sein.

b) Der der Aussage unterworfene Teil kann einer bekannten (§ 65) oder einer unbekannten (§ 66) Einheit entnommen sein.

63. Bestimmungswörter der Menge (déterminatifs de quantité). Für eine bekannte, oder als bekannt vorausgesetzte, bedingte Einheit dienen als déterminatifs der Menge:

1. das tonlose besitzanzeigende Fürwort (l'adjectif possessif): ta maison, nos hommes, ses soldats.

2. das tonlose hinweisende Fürwort (l'adjectif démonstratif): cette maison, ces hommes, ces soldats.

3. das Geschlechtswort (l'article): la maison, les hommes, les soldats.

Für eine unbekannte Einheit dienen als déterminatifs der Menge:

4. das Zahlwort (l'adjectif numéral): une maison, dix hommes, mille soldats.

5. das unbestimmte Fürwort (l'adjectif indéfini): certaine maison, différents hommes, plusieurs soldats.

64. Bestimmungswörter der Art (déterminatifs de qualité). Bekannten und unbekannten Einheiten können außer den § 63. 1—5 angegebenen Mengebestimmungen eine oder mehrere Artbestimmungen beigegeben werden. Dieselben erfolgen:

1. durch Eigenschaftswörter (adjectifs qualificatifs): l'honnête homme, cet honnête homme, un brave soldat, plusieurs braves soldats etc.

2. durch **Hauptwörter**, mit oder ohne préposition: l'homme-géant, cet homme-géant; un homme de bien, certains hommes de bien; homme à préjugés etc.

3. durch **Nominalformen des Zeitwortes**: tel homme à plaindre, cet homme à plaindre, une lettre à écrire, une lettre cachetée.

4. durch **selbständige Zusätze** (appositions): cet homme, soutien de toute sa famille, etc.

65. de bei Teilen, die einer bekannten Einheit entnommen sind. Gilt die dem nom commun beigegebene Aussage für den Teil einer bekannten, bezw. als bekannt vorausgesetzten Einheit, so ist den § 63, 1—3 genannten déterminatifs de zur Feststellung des Teilbegriffes voranzustellen: j'ai mangé de ton pain, de ce pain, du pain etc.

66. de bei Teilen, die einer nicht bekannten Einheit entnommen sind. Gilt die dem nom commun beigegebene Aussage für den Teil einer unbekannten Einheit, so dient ebenfalls de zur Feststellung des Teilbegriffes; wird jedoch zum vollen déterminatif erst durch Verbindung mit einem dem nom commun vorangestellten adjectif qualificatif: de bon pain; de braves soldats. Fehlt ein solches adjectif oder steht es hinter dem substantif, so muß de mit le, la, l', les verbunden werden; zum Hinweis auf den Artbegriff, dem der Teil entnommen ist: du pain; des soldats. Jedoch steht (um einer Verwechselung zwischen bekannten und unbekannten Einheiten vorzubeugen) de ohne le, la, l', les nach allen Ausdrücken, welche de bereits nach sich haben: beaucoup de pain, viel Brot (unbekannte Einheit); beaucoup du pain, viel von (diesem) Brote (bekannte Einheit). Solche Ausdrücke sind:

1. les substantifs de quantité: quintal, livre, kilo, verre, litre etc.: un verre de vin (unbekannte Einheit), un verre du vin (bekannte Einheit) = ein Glas dieses Weines.

2. les adverbes de quantité: peu, beaucoup, trop, assez, plus, trop, tant etc.: peu de livres (unbekannte Einheit), peu des livres de ton frère (bekannte Einheit).

3. les adverbes de négation: ne....pas, ne....point, ne....jamais, ne....guère etc.: il n'a pas acheté de livres, keine Bücher (unbekannte Einheit), il n'a pas acheté des livres inutiles, er hat Bücher gekauft, aber keine unnützen (bekannte Einheit).

4. les verbes qui régissent de: parler de, se servir de, se repentir de etc.: on parle de guerre (unbekannte Einheit), on parle de la guerre d'Italie (bekannte Einheit).

Zu vergleichen: j'emploie des livres = je me sers de livres und j'emploie les livres = je me sers des livres.

67. Das Geschlechtswort (l'article). Die französische Sprache hat nur einen Artikel mit besonderen Formen für

masc. sing.: le; fém. sing.: la und gleicher Form für

m. und f. pl.: les; le frère — les frères; la sœur — les sœurs.

68. Auslassung (élision) der Vokale a und e bei le, la. Zur Vermeidung des hiatus (§ 43) werden le, la apostrophiert, sobald sie vor Vokal oder *h* muette zu stehen kommen: (le ami) — l'ami; (la amie) — l'amie; aber les amis, les amies.

69. Verschmelzung von le, les mit de, à (contraction de l'article). Die Formen le, les werden stets mit de, à verschmolzen; la, l' bleiben stets getrennt von de, à. Es entstehen also folgende Formen:

(de le —) du; de la; de l'; des (aus de les);

(à le —) au; à la; à l'; aux (aus à les).

70. Bedeutung des article (valeur de l'article). Der article ist ein déterminatif (§ 62), welches feststellt, daß eine Aussage für eine bekannte Einheit (bedingte oder unbedingte, § 63) in ihrer vollen Ausdehnung gilt; der article ersetzt also gleichzeitig tout und ce: j'ai mangé le pain = j'ai mangé tout ce pain.

71. Anwendung des article bei Eigennamen (§ 61). Von den Eigennamen stehen gewöhnlich mit dem article: die Länder-, Völker-, Gebirgs- und Flußnamen; ohne article: Personen- und Ortsnamen. Der article ist wegzulassen bei Ländernamen:

1. stets nach en: en France, en Italie.
2. oft nach de: roi de Prusse, empereur d'Allemagne.

72. Anwendung des article vor Gesamtnamen (§ 61). Jeder als bekannte Einheit (§ 63) aufzufassende nom commun muß vom article begleitet sein, wofern nicht bereits ein stärkeres déterminatif (§ 63, 1. 2) ihn begleitet.

73. Auslassung des article vor Gesamtnamen. Die noms communs stehen ohne article, wenn sie selbst als déterminatif zu einem andern mit déterminatif versehenen substantif hinzutreten, gleichviel ob:

1. unmittelbar: l'homme-géant.
2. mit préposition: l'homme d'honneur.
3. als Prädikat: il est peintre, nous sommes Allemands.
4. als Apposition: Frédéric, frère de Jules.

Der article kann ferner wegbleiben:

1. bei Sprichwörtern: plus fait douceur que violence.

1. bei der Anrede: Soldats, soyez braves.
3. bei Büchertiteln: Histoire d'Allemagne.
4. bei Überschriften: chapitre deux; scène troisième.
5. bei Adressen: Ministère de la Marine. Paris, rue royale.
6. bei Aufzählungen: Généraux, officiers. sous-officiers, soldats. tout le monde était à son poste.

74. Das Eigenschaftswort (l'adjectif). Am adjectif sind zu unterscheiden: 1. das Geschlecht (le genre, § 57): 2. die Zahl (le nombre, § 58): 3. die Steigerungsgrade (les degrés de signification, de comparaison).

75. Eigenschaftswörter einer Endung (adjectifs d'une terminaison). Alle adjectifs, welche bereits im masculin auf e muet endigen, behalten dieselbe Form auch für das féminin bei: un pauvre homme aveugle: une pauvre femme aveugle.

76. Eigenschaftswörter zweier Endungen (adjectifs de deux terminaisons). Alle adjectifs, welche im masculin nicht bereits auf e muet endigen, erhalten für das féminin e muet angehängt: vrai = vraie: bleu = bleue: poli = polie; grand = grande: petit = petite.

77. Abweichungen bei der Bildung des féminin (irrégularités dans la formation du féminin):

I. Verwandlung der Endkonsonanten:
1. x wird se; f wird ve; heureux — heureuse; neuf — neuve etc.
2. g wird gue: c wird que oder che: long — longue; public — publique. sec — sèche etc.; (aber grec — grecque).
3. et wird ette oder ète: muet — muette; discret — discrète etc.
4. er wird ère; es wird esse: léger — légère: exprès — expresse etc.
5. el wird elle; eil wird eille: mortel — mortelle; vermeil — vermeille etc.
6. en, ien, on werden enne, ienne, onne: européen — européenne; prussien — prussienne: saxon — saxonne etc.

II. Doppelform für masculin haben:

m. beau vor Konj.   bel   vor Vokal u. h muette f. belle, schön
m. nouveau „ „   nouvel   „ „ „ „ „   f. nouvelle, neu
m. fou   „ „   fol   „ „ „ „ „   f. folle, thöricht
m. mou   „ „   mol   „ „ „ „ „   f. molle, weich(lich)
m. vieux   „ „   vieil (u. vieux) „ „ „ „   f. vieille, alt,

also: un bel homme, un bel oiseau: aber l'homme est beau, l'oiseau est beau etc.

78. Bildung der Mehrzahl (formation du pluriel). Wie bei den substantifs wird der pluriel des adjectif durch Anhängung eines s gebildet. eau wird eaux; al meist aux; eu und ou sind regelmäßig: bleu — bleus; feu — feus; mou — mous; fou — fous; aber beau — beaux; nouveau — nouveaux; royal — royaux: moral — moraux etc.

79. Steigerung des Eigenschaftswortes durch Umschreibung (degrés de signification dans les adjectifs). Die Steigerung der adjectifs geschieht durch Umschreibung; dem adjectif vorangestelltes plus (mehr) giebt den höheren Grad der Eigenschaft an: vorangestelltes moins (weniger) den minderen.

    positif: grand, groß.
    comparatif de supériorité: plus grand, größer.
    comparatif d'infériorité: moins grand, weniger groß.

Durch Voranstellung des article oder des adjectif possessif wird der comparatif in den superlatif verwandelt: le plus grand livre, das größte Buch), mon plus grand livre, mein größtes Buch).

80. Steigerung des Eigenschaftswortes ohne Umschreibung. Nur drei adjectifs haben sich selbständige Komparativformen erhalten; zwei davon haben außerdem die umschreibende Form, jedoch mit veränderter Bedeutung.

positif		comparatif		superlatif	
bon / bonne	gut	meilleur / meilleure	besser	le meilleur / la meilleure	der beste / die beste
mauvais	schlecht, von der Beschaffenheit	plus mauvais / plus mauvaise	schlechter	le plus mauvais / la plus mauvaise	der schlechteste / die
mauvaise	schlecht (schlimm) von der Wirkung	pire / pire	schlechter (schlimmer)	le pire / la pire	der schlechteste, schlimmste / die
petit	klein (vom Umfang)	plus petit / plus petite	kleiner	le plus petit / la plus petite	der / die kleinste
petite	klein, gering (vom Werte)	moindre / moindre	kleiner / geringer	le moindre / la moindre	der kleinste / die geringste

81. Beziehungen des Eigenschaftswortes zum Hauptworte (accord de l'adjectif avec son substantif). Das adjectif richtet sich stets in Geschlecht und Zahl nach seinem substantif; gleichviel ob es als Prädikat, Attribut oder Apposition steht: le beau fruit — les beaux fruits; ce fruit est beau — ces fruits sont beaux etc.

82. Stellung des attributiven Eigenschaftswortes (place de l'adjectif comme attribut). Eigenschaftswörter mit objektiver, ein unterscheidendes Merkmal enthaltender Bedeutung stehen nach dem substantif; Eigenschaftswörter mit subjektiver, dem Wesen des substantif entsprechender Bedeutung stehen vor demselben: une insatiable avidité, eine unersättliche Begierde; aber un homme insatiable, ein unersättlicher Mensch.

83. Das Zahlwort (le nom de nombre). Die französischen Zahlwörter sind teils adjectifs, teils substantifs, teils adjectifs und substantifs zugleich.

Grundzahlen (adjectifs numéraux cardinaux)	Ordnungszahlen (adjectifs numéraux ordinaux)
1 un, une	unième (verbunden mit anderen Zahlen) le premier, la — ère (alleinstehend)
2 deux	le deuxième, second, la — e
3 trois	le troisième
4 quatre	le quatrième
5 cinq	le cinquième
6 six	le sixième
7 sept	le septième
8 huit	le huitième
9 neuf	le neuvième
10 dix	le dixième
11 onze	le onzième
12 douze	le douzième
13 treize	le treizième
14 quatorze	le quatorzième
15 quinze	le quinzième
16 seize	le seizième
17 dix-sept	le dix-septième
18 dix-huit	le dix-huitième
19 dix-neuf	le dix-neuvième
20 vingt	le vingtième

21	vingt et un (vingt-un)	le vingt et unième
22	vingt-deux	le vingt-deuxième
30	trente	le trentième
31	trente et un (trente-un)	le trente-et-unième
32	trente-deux	le trente-deuxième
40	quarante	le quarantième
50	cinquante	le cinquantième
60	soixante	le soixantième
70	soixante-dix	le soixante-dixième
71	soixante et onze	le soixante et onzième
72	soixante-douze	le soixante-douzième
76	soixante-seize	le soixante-seizième
77	soixante-dix-sept	le soixante-dix-septième
78	soixante-dix-huit	le soixante-dix-huitième
79	soixante-dix-neuf	le soixante-dix-neuvième
80	quatre-vingts	le quatre-vingtième
81	quatre-vingt-un	le quatre-vingt-unième
90	quatre-vingt-dix	le quatre-vingt-dixième
91	quatre-vingt-onze	le quatre-vingt-onzième
97	quatre-vingt-dix-sept	le quatre-vingt-dix-septième
100	cent	le centième
101	cent un	le cent unième
102	cent deux	le cent deuxième
110	cent dix	le cent dixième
199	cent quatre-vingt-dix-neuf	le cent quatre-vingt-dix-neuvième
200	deux cents	le deux centième
300	trois cents	le trois centième
900	neuf cents	le neuf centième
1000	mille	le millième
1001	mille un	le mille unième
1100	mille cent (onze cents)	le mille centième
1200	mille deux cents (douze cents)	le mille deux centième
2000	deux mille	le deux millième
100 000	cent mille	le cent millième
1 000 000	un million	le millionième

84. Rechtschreibung der Zahlen (orthographe des noms de nombre).

1. Die Grundzahlen haben unveränderliche Form, ausgenommen un — les uns, une — les unes.

2. Zwischen Zehnern und Einern steht ein Bindestrich (oder et, s. 3), gleichgültig ob die Einer oder die Zehner voranstehen: quatre-vingts: vingt-quatre; quatre-vingt-six.

3. Der Bindestrich wird durch „et" ersetzt: a) meist vor un: vingt et un; trente et un; ausgenommen in quatre-vingt-un; cent un; mille un; b) stets vor onze in soixante et onze und oft in 72—79.

4. vingt und cent, nicht multiplikativ verwendet, stehen ohne s. In den Verbindungen quatre-vingts, deux cents, trois cents etc. verlieren vingts und cents das s, wenn:

   a. sie statt einer Ordnungszahl stehen: page quatre-vingt = 80ste Seite.

   b. ein Zahlwort folgt: quatre-vingt-cinq, deux cent mille.

5. mille, mil. Die Form mil hat sich nur noch in Jahreszahlen erhalten; alle zwischen 1001 und 1999 liegenden Jahreszahlen haben mil: mil huit cent quatre-vingt-sept.

85. Aussprache der Zahlen (prononciation des noms de nombre).

1. Die Endkonsonanten aller Zahlen werden gebunden, wenn das folgende mit Vokal oder h muette beginnende Wort von der Zahl multipliziert wird: deux amis = $d\bar{o}zami$; trois enfants = tr^uazafa: dix écus = $dizëkü$; cent hommes = $sat\grave{o}m$: mille âmes = $milam$.

2. quatre. In der Umgangssprache verstummt oft das r von quatre: quatre cents = $katsa$; quatre mille = $katmil$, dagegen ist r stets hörbar in quatre-vingts = $katr^\circ r\underset{\cdot}{e}$.

3. huit, onze. Vor huit und onze darf weder apostrophiert noch hinübergezogen werden: le onze mai, la onzième lettre, le huit juin, la huitième page. les onze livres = $l^\circ ozlivr$, les huit chevaux = $l\ddot{e}^ai\check{s}r\acute{o}$.

4. vingt. Das t am Ende ist nicht hörbar: a. wenn vingt allein steht (= $r\underset{\cdot}{e}$); b. in den Zahlen 81—99: quatre-vingt-quatre = $katr^\circ r\underset{\cdot}{e}$ $katr$. Das t am Ende ist deutlich hörbar: 1. in der Bindung: vingt hommes = $r\underset{\cdot}{e}t\grave{o}m$; 2. vor den Einern der Zahlen 21—29: vingt et un = $r\underset{\cdot}{e}t\acute{e}o$, vingt-quatre = $r\underset{\cdot}{e}tkatr$.

5. cinq, six, sept, huit, neuf, dix. Der Endkonsonant der sechs Zahlen: cinq, six, sept, huit, neuf, dix ist stumm, wenn das folgende, mit Konsonanten beginnende Wort durch die Zahl multipliziert wird, die Zahl also unbetont ist; der Endkonsonant klingt:

   a. Bei Datumangaben: le cinq mai = $l^\circ sekme$, le six janvier = $l^\circ sis\check{z}ar\acute{v}$. le neuf novembre = $l^\circ n\grave{o}fnov\underset{\cdot}{a}br^\circ$.

   b. bei Addition von Einern zu dix: dix-huit = dis^uit. dix-neuf = $disn\grave{o}f$ etc.

c. Wenn die Zahl allein oder am Ende steht: cinq = sęk. sept = sèt, dix-sept = disèt.

d. Wenn das substantif, dessen Attribut die Zahl war, ausgelassen wird: nous sommes cinq dans notre classe = nusòmsękˡlanotrŏklas, cinq garçons = sęgarso etc.

86. Bildung der Ordnungszahlen (formation des adjectifs numéraux ordinaux). Die adjectifs numéraux ordinaux werden aus der entsprechenden Grundzahl durch Anhängung der Silbe — ième gebildet. Die zwölf Zahlen 4, 11, 12, 13, 14, 15, 16, 30, 40, 50, 60, 1000 verlieren ihr e am Ende, bevor — ième angehängt wird: quatrième, onzième, millième. In neuf wird f durch v und in cinq q durch qu ersetzt, bevor ième angehängt wird: cinq = cinquième, neuf = neuvième. Bei zwei- und mehrstelligen Zahlen erhält nur die letzte ième: quatre mille huit cent cinquante-sixième.

87. Bildung von Brüchen (formation de fractions). Als Nenner (dénominateur) eines Bruches dienen: demi, demie; tiers, tierce; quart, für $1/2$, $1/3$, $1/4$; alle kleineren Nenner sind Ordnungszahlen als substantifs verwendet, also wenn der Zähler nicht eins ist, mit s zu versehen und durch de mit dem folgenden substantif zu verbinden: trois quarts d'heure, $5/6$ = cinq sixièmes, $2/1000$ = deux millièmes.

88. Grundzahl statt der Ordnungszahlen zu verwenden: Bei Unterscheidung von Personen gleichen Namens (besonders Regentennamen) und Sachen gleicher Art (Monatsdaten, Jahreszahlen, Bücherbänden, Kapiteln u. s. w.) durch Zahlen verwendet die französische Sprache mit Ausnahme von premier, nur Grundzahlen: Le premier janvier, Henri premier, chapitre premier, acte premier, scène première, aber Henri deux, chapitre trois, le quatre avril etc.

Ist ein Monatsdatum angegeben, so bleiben „im Jahre", „des Jahres" unübersetzt: le trois mai mil huit cent quatre-vingt: am 3. Mai des Jahres 1880. Ist Tag und Datum angegeben, so tritt der Artikel zum Datum: jeudi, le trois mai: am Donnerstag, den 3. Mai.

89. Die Fürwörter (les pronoms — les adjectifs).
Die Fürwörter sind zu trennen in betonte und unbetonte. Alle mit dem substantif, beziehentlich verbe, zu einer Toneinheit verschmolzenen Fürwörter heißen unbetont, weil sie, mit Verlust des eigenen Worttones, sich an jenes anlehnen. Die Franzosen bezeichnen die unbetonten Fürwörter (mit Ausnahme des persönlichen) als adjectifs; die betonten als pronoms. Sie unterscheiden also:

	Unbetont.	Betont.
1. Perjönliches Fürwort:	pronom personnel conjoint.	pronom personnel absolu.
2. Besitzanzeigendes „	adjectif possessif.	pronom possessif.
3. Hinweisendes „	adjectif démonstratif.	pronom démonstratif.
4. Fragendes „	adjectif interrogatif.	pronom interrogatif.
5. Unbestimmtes „	adjectif indéfini.	pronom indéfini.
6. Rückbezügliches „	— —	pronom relatif.

90. Die perjönlichen Fürwörter (les pronoms personnels).

I. Die unbetonte Form (pronom personnel conjoint).

	singulier.				pluriel.			
sujet:	je	tu	il	elle.	nous	vous	ils	elles.
régime direct:	me	te	le	la.	nous	vous	les	les.
régime indirect:	me	te	lui	lui.	nous	vous	leur	leur.

Die régimes: me, te, nous, vous dienen zugleich als reflexive Formen; le, la, les, leur der dritten Person dagegen werden durch se ersetzt: je me, tu te, il se, elle se, nous nous, vous vous, ils se, elles se.

II. Die betonte Form (pronom personnel absolu).

singulier.				pluriel.			
moi	toi	lui	elle.	nous	vous	eux	elles.

Das pronom personnel absolu hat, wie das substantif, gleiche Form für sujet und régimes; unterjcheidet diejelben also nur durch die Stellung, mit oder ohne Beihülfe von prépositions. Als reflexive Form für die dritte Person dient soi.

91. Stellung der pronoms personnels conjoints vor dem verbe.

Die pronoms personnels conjoints, sujets und régimes stehen gewöhnlich vor dem Zeit=, in den umjchreibenden Formen vor dem Hülfszeitwort. Kommen mehrere pronoms vor dem verbe zusammen, jo stehen sie in folgender Reihenfolge:

1. sujet. me, te, se, nous, vous; le, la, les; lui, leur; verbe, wobei zu beachten, daß le, la, les, régimes directs sind, so daß ein Teil der régimes indirects: me, te, se, nous, vous vor denjelben, der andere Teil: lui, leur nach denjelben steht. Andere als die aus der obigen Reihenfolge sich ergebenden Verbindungen von régimes direct und indirect sind nicht vorhanden. Über: y, en j. § 93.

Ist das vom pronom personnel begleitete verbe verneint, so tritt ne stets vor die régimes, also im Ausjagesatze unmittelbar hinter das sujet, im Fragesatze zu Beginn desselben: pas wie gewöhnlich hinter das verbe:

je te le dis — je ne te le dis pas: ich sage es dir (nicht).
aber: je le lui dis — je ne le lui dis pas: ich sage es ihm (nicht).

92. Stellung der pronoms personnels conjoints hinter dem verbe. Die pronoms personnels conjoints sujets: je, tu, il, elle, nous, vous, ils, elles treten hinter das verbe:
1. im Fragesatze: ai-je? avons-nous?
2. im eingeschalteten Satze: non, répondit-il . . . . .

Die pronoms personnels conjoints régimes: moi (nicht me), toi (nicht te), nous, vous, — le, la, les, — lui, leur treten hinter das verbe in der nicht verneinten Befehlsform (impératif): donne-moi, parle-lui; ist der impératif verneint, so stehen die régimes in der in § 91 angegebenen Reihenfolge vor dem verbe:

ne me le donne pas: gieb es mir nicht.
ne le lui donne pas: gieb es ihm nicht.

Tritt irgend ein pronom personnel conjoint, sujet oder régime hinter das verbe, so wird es mit demselben durch Bindestrich verbunden: suis-je, donne-lui, donne-le-nous.

93. Stellung der pronoms personnels conjoints: y, en. Die (zugleich als Umstandswörter dienenden) pronoms personnels conjoints haben gleich den übrigen régimes ihre Stellung vor dem verbe, ausgenommen in der nicht verneinten Befehlsform: nous y allons aber allez-y (n'y allons pas). Treffen sie mit anderen pronoms personnels conjoints régimes zusammen, so stehen sie hinter denselben, also unmittelbar vor dem verbe: tu ne lui en parleras pas, y en avez-vous mis? Ne m'y menez pas (menez-y-moi).

y steht statt eines mit à (en, dans) verbundenen substantif oder infinitif, häufig auch statt eines ganzen von à abhängigen Satzes; im Deutschen daher meist durch: dazu, dabei, dort (selten durch): an ihn, auf sie ꝛc. zu geben): Vous entrez dans ce pensionnat, mon frère y entre aussi. Avez-vous été en France? J'y ai été l'année passée. Ta sœur demeure-t-elle toujours à Berlin? Elle y demeure toujours.

en steht statt eines mit de verbundenen substantif, infinitif oder ganzen Satzes: N'est-il pas question de lui accorder un congé de six mois? Il en a été question. Nous nous repentons d'avoir menti; tu t'en repentiras aussi. J'ai reçu des lettres, vous n'en avez pas reçu.

94. Anwendung der pronoms personnels absolus. Die pronoms personnels absolus sind zu verwenden:
1. ohne verbe: qui a dit cela, ton frère ou toi?
2. zur Verstärkung des pron. pers. conjoint: toi, tu l'as dit.
3. zur Feststellung der Person in der Aussage:

c'est moi, ich bin es;   c'est nous, wir sind es,
c'est toi, du bist es;   c'est vous, ihr seid (Sie sind) es,
c'est lui, er ist es;   ce sont eux, sie sind es,
c'est elle, sie ist es;   ce sont elles, sie sind es.

4. nach allen prépositions: nous sommes partis avec eux; il a parlé pour elle; priez pour lui.

95. Die besitzanzeigenden Fürwörter.
I. Die unbetonten, stets mit substantif verbundenen besitzanzeigenden Fürwörter (adjectifs possessifs) s. § 89.
auf einen Besitzer, oder eine Besitzerin bezogen:

singulier. mon / ma (mon) | mein, meine   ton / ta (ton) | dein, deine   son / sa (son) | sein, seine, ihr, ihre
pluriel. mes   tes   ses

auf mehrere Besitzer oder Besitzerinnen bezogen:

singulier. notre, unser (e); votre { euer (e); Ihr (e); } leur, ihr,

pluriel. nos, unsere; vos { euer Ihre } leurs, ihre.

Vor Vokal und h muette werden ma, ta, sa in mon, ton, son umgewandelt: mon amie, meine Freundin.

II. Die betonten, nicht mit substantif verbundenen, besitzanzeigenden Fürwörter (pronoms possessifs).
auf einen Besitzer oder eine Besitzerin bezogen:

singulier. le mien / la mienne | der, die meinige;   le tien / la tienne | der, die deinige;   le sien / la sienne | der, die seinige ihrige.

pluriel. les miens / les miennes | die meinigen;   les tiens / les tiennes | die deinigen;   les siens / les siennes | der, die seinigen, ihrigen.

auf mehrere Besitzer oder Besitzerinnen bezogen:

singulier. le nôtre / la nôtre | der, die unsrige;   le vôtre / la vôtre | der, die Ihrige;   le leur / la leur | der, die ihrige.

pluriel. les nôtres, die unsrigen; les vôtres { die unsrigen, die Ihrigen; } les leurs, die ihrigen.

II. Elementargrammatik und Formenlehre.

96. Die hinweisenden Fürwörter.

I. Die unbetonten (stets mit substantif verbundenen), hinweisenden Für=
wörter (adjectifs démonstratifs).

singulier.   pluriel.

masc. cet (vor Konsonant ce)⎫ dieser, (e, es);
fémin. cette   ⎭ jener, (e, es); ces, diese, jene.

Vor voyelle und h muette wird cet statt ce geschrieben: cet ami, dieser Freund; cet homme, dieser Mann.

II. Die betonten (nicht mit substantif verbundenen), hinweisenden Für=
wörter (pronoms démonstratifs.)

singulier.   pluriel.

masc. celui, derjenige;   ceux   ⎫
fémin. celle, diejenige;   celles ⎬ diejenigen.

masc. celui-ci, dieser;   ceux-ci   ⎫
fémin. celle-ci, diese;   celles-ci ⎬ diese.

masc. celui-là, jener;   ceux-là   ⎫
fémin. celle-là, jene;   celles-là ⎬ jene.

ce, es, das; ceci, dieses; cela (ça), jenes.

Folgen auf celui, celle, ceux, celles weder ein substantif mit de, noch ein pronom relatif, so müssen diese Formen von den adverbes -ci (ici hier) und -là (dort) begleitet werden; dieselben werden durch Bindestrich verbunden; sie können auch nach den mit ce, cet, cette, ces verbundenen substantifs stehen, ce livre-ci, cet homme-là, cet enfant-ci etc., be= sonders um Gegensätze zu bezeichnen; ci bezeichnet alsdann das Nähere, là das Entferntere.

97. Die fragenden Fürwörter.

I. Die unbetonten (stets mit substantif verbundenen), fragenden Für=
wörter (pronoms interrogatif).

singulier.   pluriel.

masc. quel   ⎫   quels   ⎫
fémin. quelle⎬ welcher, (e, es). quelles ⎬ welche.

II. Die betonten (nicht mit dem substantif verbundenen), fragenden Für=
wörter (pronoms interrogatifs).

a. Frage nach unbekannten Personen oder Sachen:

nach Personen: nach Sachen:
qui? wer? wen?   que (quoi)? was?

1. qui steht a. als sujet, b. als régime direct und c. in Verbindung mit allen prépositions: de qui (à qui, contre qui, pour qui) parlez-vous? von (mit, gegen, für wen) wem sprechen Sie? qui avez-vous vu? wen haben Sie gesehen? qui a vu cela? wer hat das gesehen?

2. statt que wird quoi verwendet:

vor de mit adjectif: quoi de plus beau qu'un généreux pardon? Was kann es schöneres geben als großmütiges Verzeihen? quoi d'étonnant?

alleinstehend: quoi, vous refusez de m'obéir? Was, Sie weigern sich mir zu gehorchen?

nach allen prépositions: sur quoi comptez-vous? auf was zählen Sie? de quoi parlez-vous? von was sprechen Sie? à quoi pensez-vous? an was denken Sie?

b. Frage nach (bezw. Auswahl unter) bekannten (oder durch folgendes de) näher bestimmten Personen oder Sachen:

	singulier.	pluriel.	
masc.	lequel? welcher?	lesquels?	} welche?
fémin.	laquelle? welche?	lesquelles?	

In Verbindung mit de zu schreiben: duquel, desquels, desquelles, in Verbindung mit à zu schreiben: auquel, auxquels, auxquelles. Vor laquelle tritt auch mit de und à keine Verschmelzung ein; mit anderen prépositions überhaupt nicht: de laquelle? à laquelle? pour lequel? contre laquelle? sur lesquels? etc.

98. Die unbestimmten Fürwörter.

I. Die unbetonten (stets mit dem substantif verbundenen) unbestimmten Fürwörter (adjectifs indéfinis):

chaque, jeder (e);
quelque, irgend ein; quelques, einige;
différents (es), verschiedene;

maint (e, s, es), mancher (e);
certain (e, s, es), gewisser (e);
divers (es), verschiedene;

II. Stets ohne substantif stehende unbestimmte Fürwörter (pronoms indéfinis):

chacun (e), jeder (e), ganz (e);
quelqu'un (e), irgend ein (e);
quelques-uns (es), einige:
on (l'on), man;

ne ... personne } Niemand;
personne ... ne
quelque chose, etwas;
ne ... rien, rien ... ne, nichts.

III. Mit oder ohne substantif stehende unbestimmte Fürwörter:

tout (e), jeder (e);   tous, toutes, alle;
tel, telle, solcher (e), mancher (e);   tels, telles, solche, manche;
plusieurs, mehrere;   autre (s), anderer (e):
le même (s), gleiche, der(die)selbe;   les mêmes, die gleichen, (selben);

nul (le)
aucun (e) } kein (e): irgend ein (e);
pas un (e)

tous (als adjectif verwendet), sprich *tū:* tous mes amis = *tumèzami*, tous (als pronom verwendet) sprich *tus:* nous sommes tous mortels = *nusòmtusmortèl.*

99. Das bezügliche Fürwort (pronom relatif):

qui, der, welcher;   de qui, von dem;
que, den, welchen;   dont, dessen, deren, von dem ꝛc.

1. dont = dessen, deren, gestattet weder eine Abänderung in der regelmäßigen Wortfolge, noch Auslassung des article für das régime direct: mon frère s'adressa à un monsieur dont il ignorait le nom = mein Bruder wendete sich an einen Herrn, dessen Namen er nicht kannte.

2. Wenn das pronom relatif sich nicht auf ein substantif oder pronom bezieht, so muß ihm neutrales ce vorangestellt werden. Also nicht zu verwechseln: je sais ce qui est arrivé = ich weiß, was vorgefallen ist; je sais qui est arrivé = ich weiß, wer angekommen ist. Nach tout, alles, darf ce nie fehlen: tout ce qu'il m'a dit = alles, was er mir gesagt hat; tout ce qui m'est arrivé = alles, was mir zugestoßen ist; nach voici, voilà wird ce häufig weggelassen: voilà qui est clair; oder voilà ce qui est clair = das ist klar.

3. Ein Komma darf vor dem pronom relatif nur dann stehen, wenn der Relativsatz, ohne Störung des Sinnes, weggelassen werden kann.

100. Das Zeitwort (le verbe).

Jede Personalform des Zeitwortes zerfällt in einen Stamm (le radical), Träger der Bedeutung, und in eine Endung (la terminaison), durch welche 1. die Person (la personne), 2. die Zahl (le nombre), 3. die Zeit (le temps) und 4. die Aussageweise (le mode) festgestellt werden. Den Stamm mit der durch die Aussage bedingten Endung verbinden heißt konjugieren (conjuguer). Wird der Stamm verändert, finden sich verschiedene Stämme in demselben verbe vereinigt, oder werden andere als die dem infinitif entsprechenden Endungen verwendet, so nennt man das verbe unregelmäßig, verbe irrégulier.

101. Die Hilfszeitwörter (les verbes auxiliaires).
Nennformen (modes impersonnels).
infinitif.

présent: avoir, haben,
passé: avoir eu, gehabt haben,

présent: être, sein,
passé: avoir été, gewesen sein.

participes.

présent: ayant, habend,
passé: eu, gehabt,

présent: étant, seiend,
passé: été, gewesen.

Personalformen (modes personnels).
Einfache Zeiten (temps simples).
Indicatif.
présent de l'indicatif.

j'ai, ich habe,
tu as, du hast,
il (elle) a, er (sie) hat,
nous avons, wir haben,
vous avez, Sie haben (ihr habt),
ils (elles) ont, sie haben,

je suis, ich bin,
tu es, du bist,
il (elle) est, er (sie) ist,
nous sommes, wir sind,
vous êtes, Sie sind (ihr seid),
ils (elles) sont, sie sind.

imparfait de l'indicatif.

j'avais, ich hatte,
tu avais, du hattest,
il (elle) avait, er (sie) hatte,
nous avions, wir hatten,
vous aviez, Sie hatten (ihr hattet),
ils (elles) avaient, sie hatten.

j'étais, ich war,
tu étais, du warst,
il (elle) était, er (sie) war,
nous étions, wir waren,
vous étiez, Sie waren, ihr waret,
ils (elles) étaient, sie waren.

passé défini.

j'eus, ich hatte,
tu eus, du hattest,
il (elle) eut, er (sie) hatte,
nous eûmes, wir hatten,
vous eûtes, Sie hatten (ihr hattet),
ils (elles) eurent, sie hatten,

je fus, ich war,
tu fus, du warst,
il (elle) fut, er (sie) war,
nous fûmes, wir waren,
vous fûtes, Sie waren (ihr waret),
ils (elles) furent, sie waren.

futur simple.

j'aurai, ich werde haben,
tu auras, du wirst haben,
il (elle) aura, er (sie) wird haben,
nous aurons, wir werden haben,
vous aurez, Sie werden (ihr werdet) haben,
ils (elles) auront, sie werden haben.

je serai, ich werde sein,
tu seras, du wirst sein,
il (elle) sera, er (sie) wird sein,
nous serons, wir werden sein,
vous serez, Sie werden (ihr werdet) sein,
ils (elles) seront, sie werden sein.

conditionnel présent.

j'aurais, ich würde haben,
tu aurais, du würdest haben,
il (elle) aurait, er (sie) würde haben,
nous aurions, wir würden haben,
vous auriez, Sie würden (ihr würdet) haben,
ils (elles) auraient, sie würden haben.

je serais, ich würde sein,
tu serais, du würdest sein,
il (elle) serait, er (sie) würde sein,
nous serions, wir würden sein,
vous seriez, Sie würden (ihr würdet) sein,
ils (elles) seraient, sie würden sein.

Subjonctif.
présent du subjonctif.

que j'aie, daß ich habe,
que tu aies, daß du habest,
qu'il (elle) ait, daß er (sie) habe,
que nous ayons, daß wir haben,
que vous ayez, daß Sie haben (ihr habet),
qu'ils (elles) aient, daß sie haben.

que je sois, daß ich sei,
que tu sois, daß du seist,
qu'il (elle) soit, daß er (sie) sei,
que nous soyons, daß wir seien,
que vous soyez, daß Sie seien (ihr seiet),
qu'ils (elles) soient, daß sie seien.

imparfait du subjonctif.

que j'eusse, daß ich hätte,
que tu eusses, daß du hättest,
qu'il (elle) eût, daß er (sie) hätte,
que nous eussions, daß wir hätten,
que vous eussiez, daß Sie hätten, (ihr hättet),
qu'ils (elles) eussent, daß sie hätten.

que je fusse, daß ich wäre,
que tu fusses, daß du wärest,
qu'il (elle) fût, daß er (sie) wäre,
que nous fussions, daß wir wären,
que vous fussiez, daß Sie wären (ihr wäret),
qu'ils (elles) fussent, daß sie wären.

Impératif.

aie, habe, (habe du),
ayons, laßt uns (wir wollen) haben,
ayez, haben Sie (habt).

sois, sei (sei du),
soyons, laßt uns (wir wollen) sein,
soyez, seien Sie (seid).

102. Umschreibende Zeiten (temps composés).

Indicatif.

passé indéfini de l'indicatif.

j'ai eu, ich habe gehabt,
tu as eu, du hast gehabt,
il (elle) a eu, er (sie) hat gehabt,
nous avons eu, wir haben gehabt,
vous avez eu, Sie haben (ihr habt) gehabt,
ils (elles) ont eu, sie haben gehabt.

j'ai été, ich bin gewesen,
tu as été, du bist gewesen,
il (elle) a été, er (sie) ist gewesen,
nous avons été, wir sind gewesen,
vous avez été, Sie sind (ihr seid) gewesen,
ils (elles) ont été, sie sind gewesen.

plus-que-parfait de l'indicatif.

j'avais eu, ich hatte gehabt,
tu avais eu, du hattest gehabt,
il (elle) avait eu, er (sie) hatte gehabt,
nous avions eu, wir hatten gehabt,
vous aviez eu, Sie hatten (ihr hattet) gehabt,
ils (elles) avaient eu, sie hatten gehabt.

j'avais été, ich war gewesen,
tu avais été, du warst gewesen,
il (elle) avait été, er (sie) war gewesen,
nous avions été, wir waren gewesen,
vous aviez été, Sie waren (ihr waret) gewesen,
ils (elles) avaient été, sie waren gewesen.

passé antérieur.

j'eus eu, ich hatte gehabt,
tu eus eu, du hattest gehabt,
il (elle) eut eu, er (sie) hatte gehabt,
nous eûmes eu, wir hatten gehabt,
vous eûtes eu, Sie hatten (ihr hattet) gehabt,
ils (elles) eurent eu, sie hatten gehabt.

j'eus été, ich war gewesen,
tu eus été, du warst gewesen,
il (elle) eut été, er (sie) war gewesen,
nous eûmes été, wir waren gewesen,
vous eûtes été, Sie waren (ihr waret) gewesen,
ils eurent été, sie waren gewesen.

futur antérieur.

j'aurai eu, ich werde gehabt haben,
tu auras eu, du wirst gehabt haben,
il (elle) aura eu, er (sie) wird gehabt haben,
nous aurons eu, wir werden gehabt haben,
vous aurez eu, Sie werden (ihr werdet) gehabt haben,
ils (elles) auront eu, sie werden gehabt haben.

j'aurai été, ich werde gewesen sein,
tu auras été, du wirst gewesen sein,
il (elle) aura été, er (sie) wird gewesen sein,
nous aurons été, wir werden gewesen sein,
vous aurez été, Sie werden (ihr werdet) gewesen sein,
ils (elles) auront été, sie werden gewesen sein.

conditionnel passé.

j'aurais eu, ich würde gehabt haben,
tu aurais eu, du würdest gehabt haben,
il (elle) aurait eu, er (sie) würde
    gehabt haben,
nous aurions eu, wir würden ge=
    habt haben,
vous auriez eu, Sie würden (ihr
    würdet) gehabt haben,
ils (elles) auraient eu, sie würden
    gehabt haben,

j'aurais été, ich würde gewesen sein,
tu aurais été, du würdest gewesen sein,
il (elle) aurait été, er (sie) würde
    gewesen sein,
nous aurions été, wir würden ge=
    wesen sein,
vous auriez été, Sie würden (ihr
    würdet) gewesen sein,
ils auraient été, sie würden ge=
    wesen sein.

passé du subjonctif.

que j'aie eu, daß ich gehabt habe,
que tu aies eu, daß du gehabt habest,
qu'il (elle) ait eu, daß er (sie) ge=
    habt habe,
que nous ayons eu, daß wir ge=
    habt haben,
que vous ayez eu, daß Sie (ihr)
    gehabt haben (habet),
qu'ils (elles) aient eu, daß sie ge=
    habt haben,

que j'aie été, daß ich gewesen sei,
que tu aies été, daß du gewesen seiest,
qu'il (elle) ait été, daß er (sie) ge=
    wesen sei,
que nous ayons été, daß wir ge=
    wesen seien,
que vous ayez été, daß Sie (ihr)
    gewesen seien (seiet),
qu'ils (elles) aient été, daß sie ge=
    wesen seien.

plus-que-parfait du subjonctif.

que j'eusse eu, daß ich gehabt hätte,
que tu eusses eu, daß du gehabt
    hättest,
qu'il (elle) eût eu, daß er (sie) ge=
    habt hätte,
que nous eussions eu, daß wir ge=
    habt hätten,
que vous eussiez eu, daß Sie (ihr)
    gehabt hätten (hättet),
qu'ils (elles) eussent eu, daß sie ge=
    habt hätten,

que j'eusse été, daß ich gewesen wäre,
que tu eusses été, daß du gewesen
    wärest,
qu'il (elle) eût été, daß er (sie) ge=
    wesen wäre,
que nous eussions été, daß wir ge=
    wesen wären,
que vous eussiez été, daß Sie (ihr)
    gewesen wären (wäret),
qu'ils (elles) eussent été, daß sie
    wesen wären.

103. Konjugation der regelmäßigen Zeitwörter

Nennformen

infinitif présent: aimer, lieben,
inf. passé: avoir aimé, geliebt haben,
participe présent: aimant, liebend,
participe passé: aimé, geliebt,

punir, strafen,
avoir puni, gestraft haben,
punissant, strafend,
puni, gestraft,

Personalformen

Indi-
présent de

j'aim-e, ich liebe,
tu aim-es, du liebst,
il aim-e, er (sie) liebt,
nous aim-ons, wir lieben,
vous aim-ez, Sie lieben (ihr liebt),

ils aim-ent, sie lieben,

je pun-is, ich strafe,
tu pun-is, du strafst,
il pun-it, er straft,
nous pun-issons, wir strafen,
vous pun-issez, Sie strafen (ihr
  straft),
ils pun-issent, sie strafen,

imparfait de

j'aim-ais, ich liebte,
tu aim-ais, du liebtest,
il aim-ait, er liebte,
nous aim-ions, wir liebten,
vous aim-iez, Sie liebten (ihr liebtet),

ils aim-aient, sie liebten,

je pun-issais, ich strafte,
tu pun-issais, du straftest,
il pun-issait, er strafte,
nous pun-issions, wir straften,
vous pun-issiez, Sie straften (ihr
  straftet),
ils pun-issaient, sie straften,

passé

j'aim-ai, ich liebte,
tu aim-as, du liebtest,
il aim-a, er liebte,
nous aim-âmes, wir liebten,
vous aim-âtes, Sie liebten (ihr liebtet),

ils aim-èrent, sie liebten,

je pun-is, ich strafte,
tu pun-is, du straftest,
il pun-it, er strafte,
nous pun-îmes, wir straften,
vous pun-îtes, Sie straften (ihr
  straftet),
ils pun-irent, sie straften,

(conjugaison des verbes réguliers).
(modes impersonnels).

recevoir, empfangen,
avoir reçu, empfangen haben,
recevant, empfangend,
reçu, empfangen,

vendre, verkaufen,
avoir vendu, verkauft haben,
vendant, verkaufend,
vendu, verkauft.

(modes personnels).
catif.
l'indicatif.

je reç-ois, ich empfange,
tu reç-ois, du empfängst,
il reç-oit, er empfängt,
nous rec-evons, wir empfangen,
vous rec-evez, Sie empfangen (ihr empfangt),
ils reç-oivent, sie empfangen,

je vend-s, ich verkaufe,
tu vend-s, du verkaufst,
il vend-, er verkauft,
nous vend-ons, wir verkaufen,
vous vend-ez, Sie verkaufen (ihr verkauft),
ils vend-ent, sie verkaufen.

l'indicatif.

je rec-evais, ich empfing,
tu rec-evais, du empfingst,
il rec-evait, er empfing,
nous rec-evions, wir empfingen,
vous rec-eviez, Sie empfingen (ihr empfinget),
ils rec-evaient, sie empfingen,

je vend-ais, ich verkaufte,
tu vend-ais, du verkauftest,
il vend-ait, er verkaufte,
nous vend-ions, wir verkauften,
vous vend-iez, Sie verkauften (ihr verkauftet),
ils vend-aient, sie verkauften.

défini.

je reç-us, ich empfing,
tu reç-us, du empfingst,
il reç-ut, er empfing,
nous reç-ûmes, wir empfingen,
vous reç-ûtes, Sie empfingen (ihr empfinget),
ils reç-urent, sie empfingen,

je vend-is, ich verkaufte,
tu vend-is, du verkauftest,
il vend-it, er verkaufte,
nous vend-îmes, wir verkauften,
vous vend-îtes, Sie verkauften (ihr verkauftet),
ils vend-irent, sie verkauften.

futur

j'aim-**erai**, ich werde	je pun-**irai**, ich werde
tu aim-**eras**, du wirst	tu pun-**iras**, du wirst
il aim-**era**, er wird	il pun-**ira**, er wird
nous aim-**erons**, wir werden	nous pun-**irons**, wir werden
vous aim-**erez**, Sie werden (ihr werdet)	vous pun-**irez**, Sie werden (ihr werdet)
ils aim-**eront**, sie werden	ils pun-**iront**, sie werden

lieben. / strafen.

conditionnel

j'aim-**erais**, ich würde	je pun-**irais**, ich würde
tu aim-**erais**, du würdest	tu pun-**irais**, du würdest
il aim-**erait**, er würde	il pun-**irait**, er würde
nous aim-**erions**, wir würden	nous pun-**irions**, wir würden
vous aim-**eriez**, Sie würden (ihr würdet)	vous pun-**iriez**, Sie würden (ihr würdet)
ils aim-**eraient**, sie würden	ils pun-**iraient**, sie würden

lieben. / strafen.

Sub-présent du

que j'aim-**e**, daß ich liebe,	que je pun-**isse**, daß ich strafe,
que tu aim-**es**, daß du liebest,	que tu pun-**isses**, daß du strafest,
qu'il aim-**e**, daß er liebe,	qu'il pun-**isse**, daß er strafe,
que nous aim-**ions**, daß wir lieben,	que nous pun-**issions**, daß wir strafen,
que vous aim-**iez**, daß Sie lieben (ihr liebet),	que vous pun-**issiez**, daß Sie strafen (ihr strafet),
qu'ils aim-**ent**, daß sie lieben.	qu'ils pun-**issent**, daß sie strafen.

imparfait du

que j'aim-**asse**, daß ich liebte,	que je pun-**isse**, daß ich strafte,
que tu aim-**asses**, daß du liebtest,	que tu pun-**isses**, daß du straftest,
qu'il aim-**ât**, daß er liebte,	qu'il pun-**ît**, daß er strafte,
que nous aim-**assions**, daß wir liebten,	que nous pun-**issions**, daß wir straften,
que vous aim-**assiez**, daß Sie liebten (ihr liebtet),	que vous pun-**issiez**, daß Sie straften (ihr straftet),
qu'ils aim-**assent**, daß sie liebten.	qu'ils pun-**issent**, daß sie straften.

simple.

je rec-**evrai**, ich werde
tu rec-**evras**, du wirst
il rec-**evra**, er wird
nous rec-**evrons**, wir werden
vous rec-**evrez**, Sie werden (ihr werdet)
ils rec-**evront**, sie werden

empfangen.

je vend-**rai**, ich werde
tu vend-**ras**, du wirst
il vend-**ra**, er wird
nous vend-**rons**, wir werden
vous vend-**rez**, Sie werden (ihr werdet)
ils vend-**ront**, sie werden

verkaufen.

présent.

je rec-**evrais**, ich würde
tu rec-**evrais**, du würdest
il rec-**evrait**, er würde
nous rec-**evrions**, wir würden
vous rec-**evriez**, Sie würden (ihr würdet)
ils rec-**evraient**, sie würden

empfangen.

je vend-**rais**, ich würde
tu vend-**rais**, du würdest
il vend-**rait**, er würde
nous vend-**rions**, wir würden
vous vend-**riez**, Sie würden (ihr würdet)
ils vend-**raient**, sie würden

verkaufen.

jonctif.

subjonctif.

que je reç-**oive**, daß ich empfange,
que tu reç-**oives**, daß du empfangest,
qu'il reç-**oive**, daß er empfange,
que nous rec-**evions**, daß wir empfangen,
que vous rec-**eviez**, daß Sie empfangen (ihr empfanget),
qu'ils reç-**oivent**, daß sie empfangen.

que je vend-**e**, daß ich verkaufe,
que tu vend-**es**, daß du verkaufest,
qu'il vend-**e**, daß er verkaufe,
que nous vend-**ions**, daß wir verkaufen,
que vous vend-**iez**, daß Sie verkaufen (ihr verkaufet),
qu'ils vend-**ent**, daß sie verkaufen.

subjonctif.

que je reç-**usse**, daß ich empfinge,
que tu reç-**usses**, daß du empfingest,
qu'il reç-**ût**, daß er empfinge,
que nous reç-**ussions**, daß wir empfingen,
que vous reç-**ussiez**, daß Sie empfingen (ihr empfinget),
qu'ils reç-**ussent**, daß sie empfingen.

que je vend-**isse**, daß ich verkaufte,
que tu vend-**isses**, daß du verkauftest,
qu'il vend-**it**, daß er verkaufte,
que nous vend-**issions**, daß wir verkauften,
que vous vend-**issiez**, daß Sie verkauften (ihr verkauftet),
qu'ils vend-**issent**, daß sie verkauften.

Im-

parl-e sprich (sprich du), pun-is, strafe (strafe du),
parl-ons, sprechen wir, laßt uns (wir pun-issons, strafen wir, laßt uns (wir
    wollen) sprechen,   wollen) strafen,
parl-ez, sprechen Sie (sprecht). pun-issez, strafen Sie (strafet).

104. Umschreibende Zeiten.

Indi-

passé

j'ai parl-é, ich habe gesprochen, j'ai pun-i, ich habe gestraft,
tu as parlé, tu as puni,
il a parlé, il a puni,
nous avons parlé, nous avons puni,
vous avez parlé, vous avez puni,
ils ont parlé. ils ont puni.

plus-que-

j'avais parlé, ich hatte gesprochen, j'avais puni, ich hatte gestraft,
tu avais parlé, tu avais puni,
il avait parlé, il avait puni,
nous avions parlé, nous avions puni,
vous aviez parlé, vous aviez puni,
ils avaient parlé. ils avaient puni.

passé

j'eus parlé, ich hatte gesprochen, j'eus puni, ich hatte gestraft,
tu eus parlé, tu eus puni,
il eut parlé, il eut puni,
nous eûmes parlé, nous eûmes puni,
vous eûtes parlé, vous eûtes puni,
ils eurent parlé. ils eurent puni.

pératif.

reç-**ois**, empfange (empfange bu),
rec-**evons**, empfangen wir, laßt uns (wir wollen) empfangen,
rec-**evez**, empfangen Sie, empfanget.

vend-**s**, verkaufe (verkaufe bu),
vend-**ons**, verkaufen wir, laßt uns (wir wollen) verkaufen,
vend-**ez**, verkaufen Sie (verkauft).

(temps composés).

catif.

indéfini.

j'ai reç-**u**, ich habe empfangen,
tu as reçu,
il a reçu,
nous avons reçu,
vous avez reçu,
ils ont reçu.

j'ai vend-**u**, ich habe verkauft,
tu as vendu,
il a vendu,
nous avons vendu,
vous avez vendu,
ils ont vendu.

parfait.

j'avais reçu, ich hatte empfangen,
tu avais reçu,
il avait reçu,
nous avions reçu,
vous aviez reçu,
ils avaient reçu.

j'avais vendu, ich hatte verkauft,
tu avais vendu,
il avait vendu,
nous avions vendu,
vous aviez vendu,
ils avaient vendu.

antérieur.

j'eus reçu, ich hatte empfangen,
tu eus reçu,
il eut reçu,
nous eûmes reçu,
vous eûtes reçu,
ils eurent reçu.

j'eus vendu, ich hatte verkauft,
tu eus vendu,
il eut vendu,
nous eûmes vendu,
vous eûtes vendu,
ils eurent vendu.

4*

   futur

j'aurai parlé, ich werde gesprochen   j'aurai puni, ich werde gestraft haben,
tu auras parlé,   [haben,   tu auras puni,
il aura parlé,   il aura puni,
nous aurons parlé,   nous aurons puni,
vous aurez parlé,   vous aurez puni,
ils auront parlé.   ils auront puni.

                                                                        conditionnel

j'aurais parlé, ich würde gesprochen   j'aurais puni, ich würde gestraft haben,
tu aurais parlé,   [haben,   tu aurais puni,
il aurait parlé,   il aurait puni,
nous aurions parlé,   nous aurions puni,
vous auriez parlé,   vous auriez puni,
ils auraient parlé.   ils auraient puni.

                                                                                    Sub-
                                                                     passé du

que j'aie parlé, daß ich gesprochen   que j'aie puni, daß ich gestraft habe,
que tu aies parlé,   [habe,   que tu aies puni,
qu'il ait parlé,   qu'il ait puni,
que nous ayons parlé,   que nous ayons puni,
que vous ayez parlé,   que vous ayez puni,
qu'ils aient parlé.   qu'ils aient puni.

                                                                        plus-que-parfait

que j'eusse parlé, daß ich gesprochen   que j'eusse puni, daß ich gestraft hätte,
que tu eusses parlé   [hätte,   que tu eusses puni,
qu'il eût parlé,   qu'il eût puni,
que nous eussions parlé,   que nous eussions puni,
que vous eussiez parlé,   que vous eussiez puni,
qu'ils eussent parlé.   qu'ils eussent puni.

antérieur.
j'aurai reçu, ich werde empfangen
tu auras reçu,   [haben,
il aura reçu,
nous aurons reçu,
vous aurez reçu,
ils auront reçu.

j'aurai vendu, ich werde verkauft haben,
tu auras vendu,
il aura vendu,
nous aurons vendu,
vous aurez vendu,
ils auront vendu.

passé.
j'aurais reçu, ich würde empfangen
tu aurais reçu,   [haben,
il aurait reçu,
nous aurions reçu,
vous auriez reçu,
ils auraient reçu.

j'aurais vendu, ich würde verkauft
tu aurais vendu,   [haben,
il aurait vendu,
nous aurions vendu,
vous auriez vendu,
ils auraient vendu.

jonctif.
subjonctif.
que j'aie reçu, daß ich empfangen
que tu aies reçu,   [habe,
qu'il ait reçu,
que nous ayons reçu,
que vous ayez reçu,
qu'ils aient reçu.

que j'aie vendu, daß ich verkauft habe,
que tu aies vendu,
qu'il ait vendu,
que nous ayons vendu,
que vous ayez vendu,
qu'il aient vendu.

du subjonctif.
que j'eusse reçu, daß ich empfangen
que tu eusses reçu,   [hätte,
qu'il eût reçu,
que nous eussions reçu,
que vous eussiez reçu,
qu'ils eussent reçu.

que j'eusse vendu, daß ich verkauft
que tu eusses vendu,   [hätte,
qu'il eût vendu,
que nous eussions vendu,
que vous eussiez vendu,
qu'ils eussent vendu.

105. Leidende Form
Nennformen
Infinitifs.

présent: être reçu (e, s, es), empfangen werden,
passé: avoir été reçu (e, s, es), empfangen worden sein.

Personalformen
Indicatif.

présent de l'indicatif.	passé indéfini de l'indicatif.
je suis reçu (e), ich werde em-	j'ai été reçu (e), ich bin empfangen
tu es reçu (e), [pfangen,	tu as été reçu (e). [worden.
il est reçu,	il a été reçu,
elle est reçue,	elle a été reçue,
nous sommes reçus (es).	nous avons été reçus (es),
vous êtes reçu (e, s, es).	vous avez été reçu (e, s, es),
ils sont reçus,	ils ont été reçus,
elles sont reçues.	elles ont été reçues.

imparfait de l'indicatif.	plus-que-parfait de l'indicatif.
j'étais reçu (e), ich wurde em-	j'avais été reçu (e), ich war empfan-
tu étais reçu (e), [pfangen,	tu avais été reçu (e), [gen worden,
il était reçu,	il avait été reçu,
elle était reçue,	elle avait été reçue,
nous étions reçus (es),	nous avions été reçus (es),
vous étiez reçu (e, s, es),	vous aviez été reçu (e, s, es),
ils étaient reçus,	ils avaient été reçus,
elles étaient reçues.	elles avaient été reçues.

passé défini.	passé antérieur.
je fus reçu (e), ich wurde empfangen,	j'eus été reçu (e), ich war empfangen
tu fus reçu (e),	tu eus été reçu (e), [worden,
il fut reçu,	il eut été reçu,
elle fut reçue,	elle eut été reçue,
nous fûmes reçus (es),	nous eûmes été reçus (es),
vous fûtes reçu (e, s, es),	vous eûtes été reçu (e, s, es),
ils furent reçus,	ils eurent été reçus,
elles furent reçues.	elles eurent été reçues.

futur simple.	futur antérieur.
je serai reçu (e), ich werde empfangen	j'aurai été reçu (e), ich werde empfan-
tu seras reçu (e), [werden,	tu auras été reçu (e),[gen worden sein,
il sera reçu,	il aura été reçu,
elle sera reçue,	elle aura été reçue,
nous serons reçus (es),	nous aurons été reçus (es),
vous serez reçu (e, s, es),	vous aurez été reçu (e, s, es),
ils seront reçus,	ils auront été reçus,
elles seront reçues.	elles auront été reçues.

(voix passive).
(modes personnels).

Participes.
présent: étant reçu (e, s, es). empfangen werdend,
passé: ayant été reçu (e, s, es). empfangen worden seiend.

(modes personnels).

conditionnel présent.
je serais reçu (e), ich würde emp-
tu serais reçu (e). [pfangen werden,
il serait reçu,
elle serait reçue,
nous serions reçus (es),
vous seriez reçu (e, s, es),
ils seraient reçus,
elles seraient reçues.

conditionnel passé.
j'aurais été reçu (e), ich würde empfan-
tu aurais été reçu (e), [gen worden sein,
il aurait été reçu,
elle aurait été reçue,
nous aurions été reçus (es),
vous auriez été reçu (e, s, es),
ils auraient été reçus.
elles auraient été reçues.

Subjonctif.

présent du subjonctif.
que je sois reçu (e), daß ich emp-
que tu sois reçu (e), [pfangen werde,
qu'il soit reçu,
qu'elle soit reçue,
que nous soyons reçus (es),
que vous soyez reçu (e, s, es),
qu'ils soient reçus,
qu'elles soient reçues.

passé du subjonctif.
que j'aie été reçu (e), daß ich empfangen
que tu aies été reçu (e), [worden sei,
qu'il ait été reçu,
qu'elle ait été reçue,
que nous ayons été reçus (es),
que vous ayez été reçu (e, s, es),
qu'ils aient été reçus,
qu'elles aient été reçues.

imparfait du subjonctif.
que je fusse reçu (e), daß ich empfangen würde,
que tu fusses reçu (e),
qu'il fût reçu,
qu'elle fût reçue,
que nous fussions reçus (es),
que vous fussiez reçu (e, s, es),
qu'ils fussent reçus,
qu'elles fussent reçues,

plus-que-parfait du subjonctif.
que j'eusse été reçu (e), daß ich
   empfangen worden wäre,
que tu eusses été reçu (e),
qu'il eût été reçu,
qu'elle eût été reçue,
que nous eussions été reçus (es),
que vous eussiez été reçu (e, s, es),
qu'ils eussent été reçus,
qu'elles eussent été reçues.

Impératif.
sois reçu (e), werde (sei) empfangen,
soyons reçus (es), seien wir empfangen,
soyez reçu (e, s, es), seien Sie (seiet) empfangen.

106. Endungen der regelmäßigen Konjugationen (terminaisons des conjugaisons régulières):

		I	II	III	IV
infinitif:		er	ir	(ev)oir	re
participe présent:		ant	(iss)ant	(ev)ant	ant
participe passé:		é	i	u	u
présent de l'indicatif	singulier:	e es e	is is it	ois ois oit	s s (t)
	pluriel:	ons ez ent,	(iss)ons (iss)ez (iss)ent,	(ev)ons (ev)ez (oiv)ent,	ons ez ent
présent du subjonctif	singulier:	e es e	(iss)e (iss)es (iss)e	(oiv)e (oiv)es (oiv)e	e es e
	pluriel:	ions iez ent,	(iss)ions (iss)iez (iss)ent,	(ev)ions (ev)iez (oiv)ent,	ions iez ent
imparfait de l'indicatif	singulier:	ais ais ait	(iss)ais (iss)ais (iss)ait	(ev)ais (ev)ais (ev)ait	ais ais ait
	pluriel:	ions iez aient,	(iss)ions (iss)iez (iss)aient,	(ev)ions (ev)iez (ev)aient,	ions iez aient
imparfait du subjonctif	singulier:	asse asses ât	isse isses ît	usse usses ût	isse isses ît
	pluriel:	assions assiez assent,	issions issiez issent,	ussions ussiez ussent,	issions issiez issent
passé défini	singulier:	ai as a	is is it	us us ut	is is it
	pluriel:	âmes âtes èrent,	îmes îtes irent,	ûmes ûtes urent,	îmes îtes irent
futur simple	singulier:	erai eras era	irai iras ira	evrai evras evra	rai ras ra
	pluriel:	erons erez eront,	irons irez iront,	evrons evrez evront,	rons rez ront
conditionnel présent	singulier:	erais erais erait	irais irais irait	evrais evrais evrait	rais rais rait
	pluriel:	erions eriez eraient,	irions iriez iraient,	evrions evriez evraient,	rions riez raient
impératif:		e ons ez.	is (iss)ons (iss)ez.	ois (ev)ons (ev)ez.	s ons ez.

107. Regelmäßige Konjugationen (conjugaisons régulières). Bei den verbes réguliers findet eine Veränderung des Stammes nicht statt, aber es ist dafür zu sorgen:

1. Daß die Schreibung der Aussprache allenthalben entspricht, daher werden:

c (avanc[er]) und g (rang[er]) am Ende des Stammes in ç und ge verwandelt vor allen mit a, o, u beginnenden Endungen.

2. Daß keine Konsonantenhäufung eintritt, daher dürfen: zwei Silben mit tonlosem e nicht auf einander folgen. e muet im Auslaute des Stammes darf also nur vor tönenden Endungen beibehalten werden: vor stummen (e, es, ent) oder mit tonlosem e beginnenden Endungen (erai, erais etc.) muß es durch den è-Laut ersetzt werden. Dieser wird erzeugt:

a) durch Konsonantenverdoppelung bei den Konsonanten l und t: appeler (*aplé*), aber appelle (*apèl*) und appellerai (*apèlrè*).

b) durch accent grave bei allen übrigen Konsonanten und bei celer, verheimlichen, geler, gefrieren, harceler, necken, acheter, kaufen.

é fermé im Auslaut des Stammes wird ebenfalls durch den è-Laut ersetzt, aber nur vor e, es, ent, nicht vor erai, erais: céder — cède, aber céderai, céderais.

3. Daß keine Vokalhäufung eintritt, daher werden:

auf oi und ui (häufig auch ai und ei) auslautende Stämme: emploi, appui, vor tönenden Endungen in oy, uy (ay, ey) verwandelt, das i dagegen beibehalten vor: e, es, ent, erai und erais: emploie (*aplua*), employer (*aplua'é*), emploierai (*aplu'arè*) etc., appuient (*api*), appuyais (*apäi*), appuierais (*apäi'rè*).

108. Das Umstandswort (l'adverbe). Die adverbes sind entweder einfache oder zusammengesetzte, bezw. abgeleitete. Letztere werden durch Anhängung der Silbe -ment (Art, Weise) an das adjectif gebildet: poli, höflich = poliment, höflicherweise. Endigt das adjectif auf einen Konsonanten, so wird -ment an das féminin angehängt: heureux, glücklich = heureusement, glücklicherweise.

Die Steigerung des adverbe geschieht durch plus für den comparatif; durch le plus für den superlatif:

| positif. | comparatif. | superlatif. |
| poliment, | plus poliment, | le plus poliment. |

Ausnahmen.

positif.	comparatif.	superlatif.
bien, gut,	mieux, besser,	le mieux, am besten,
mal, schlecht,	pis, schlechter,	le pis, am schlechtesten,
peu, wenig,	moins, weniger,	le moins, am wenigsten,
beaucoup, viel,	plus, mehr,	le plus, am meisten.

Neben pis, le pis sind die regelmäßigen Formen plus mal, le plus mal vorhanden: pis betont die Wirkung, plus mal die Beschaffenheit.

109. Das Verhältniswort (la préposition).

a) einfache Verhältniswörter.

à, zu, in, nach, an,	avec, mit,
de, von, aus,	sans, ohne,
en, in, nach,	envers, gegen,
dans, in, innerhalb,	contre, gegen (wider, trotz),
avant, vor (von Zeit und Rang),	vers, nach, zu,
après, nach „ „ „ „	parmi, unter,
devant, vor (vom Raum),	entre, zwischen,
derrière, nach „ „	pour, für,
malgré, trotz,	chez, bei (von Personen),
sur, auf,	sous, unter,
depuis, seit,	pendant, während.

b) präpositionale Ausdrücke.

à cause de, wegen (aus Ursache von),	à côté de, neben (an der Seite von),
au-dessus de, oberhalb (im oberen Teile von),	au-dessous de, unterhalb (im unteren Teile von),
vis-à-vis de, gegenüber,	au moyen de, vermittelst u. s. w.

110. Das Bindewort (la conjonction).

et, und,	ou, oder,
et .... et, sowohl .... als auch),	ou ... ou, entweder .... oder,
ni, auch, nicht,	soit ... soit, sei es ... sei es,
ni ... ni, weder ... noch),	mais, aber,
aussi, auch),	cependant, indessen, jedoch,
ainsi que, sowie,	pourtant, dennoch,
non seulement ... mais encore, nicht nur ... sondern auch),	car, denn,
	donc, also, daher.

quand, lorsque } als

dès que, aussitôt que } sobald als,

tant que, so lange als,

comme, da,

parce que, weil,

puisque, da ja,

quand même, selbst wenn,

quoique, bien que } obwohl, obgleich.

pendant que, tandis que } während,

après que, nachdem,

jusqu'à ce que, bis,

avant que, bevor.

de manière que, de sorte que, de façon que } so daß.

afin que, pour que } damit, um zu,

si ... que, so daß.

111. Das Empfindungswort (l'interjection).

ah! ei! (Freude),
hé! he! (Zuruf, Warnung),
hélas! ach, (Schmerz).

ah! oh! ah! (Verwunderung),
gare! vorgesehen! Vorsicht!
silence! still!

III. Methodische Grammatik.

Leçon 1.

Aussprache. b, p, d, t. f. ph, k, l, m, n, r, x (§§ 24—40) zu Beginn oder in der Mitte des Wortes gleich norddeutschem b, p, d, t. f, s. l, m, n, r, x; v = w, z = j in lesen.

d, t, g, p, s, x, z am Ende des Wortes meist verstummt; darauf folgendes e schützt vor Verstummen.

a = a (§ 12); i = i (§ 14); u = ü (§ 18); ou = u (§ 16),

e. flüchtiges, nicht mit accent (aksą) versehenes e (e sourd, e muet) in einsilbigen Wörtern und soweit der begleitende Konsonant sich nicht an andere (folgende oder vorangehende) Vokale anlehnen kann = ə (§ 45).

Grammatik. 1. Alle französischen Hauptwörter (substantifs [*süb*-*statif*]) sind entweder männlichen Geschlechts (masculins [*maskülę*]) oder weiblichen Geschlechts (féminins [*féminę*]).

2. Der (bestimmte) Artikel (article défini [*artikl^e défini*]) für masculin ist le (*l^e*); für féminin la (*lá*) (§ 67).

3. Die französische Sprache hat keine Deklination. Das Verhältnis, in welchem die einzelnen Satzglieder zu einander stehen, wird also nie durch Kasusendungen bezeichnet, sondern entweder durch Stellung (construction [*kostrüks'ǫ*]) oder durch Verhältniswörter (prépositions [*prépozis'ǫ*]).

4. Diejenige Person oder Sache, welche den Gegenstand der Aussage (das sujet [*süžę*]) derselben bildet, steht der Aussage (verbe [*vęrb*]) voran: die zur Aussage gehörigen Ergänzungen (régimes [*režim*]) stehen derselben nach: le bas = der Strumpf, den Strumpf; le bas est solide, der Strumpf ist dauerhaft; Emile a le bas, Emil hat den Strumpf; Emile a vu le bas, Emil hat den Strumpf gesehen (§ 60).

Zur Übung der Aussprache.

naval, navire, rival, loup, brutal, animal, vie, rire, bravoure, bravade, poudre, douze, russe, surprise, subit, patrie, goutte, doute, route, lame, bas, bras, frimas, boule, poule, gare, garde, bout, trou, arme, boulevard, nid, lit, malade, maladie, midi.

Zu lernen:

le livre (*l°lirr*), das Buch,
le malade (*l°malad*), der Kranke,
la maladie (*lámaladí*), die Krankheit,
la fable (*láfábl*), die Fabel,
la table (*látabl*), der Tisch,
la tasse (*látas*), die Tasse,
la plume (*láplŭm*), die Feder,
le lit (*l°li*), das Bett,
le nid (*l°ni*), das Nest,
la salle (*lásal*), der Saal,
la rive (*lárir*), das Ufer,
le mur (*l°mär*), die Mauer,
le trou (*l°tru*), das Loch,
est (*è*), ist,
a (*a*), hat,
et (*é*), und,

solide (*solid*), fest, dauerhaft,
vide (*vid*), leer, hohl,
utile (*ütil*), nützlich, vorteilhaft,
timide (*timid*), schüchtern, ängstlich,
grave (*grav*), ernst, schwer,
appris (*apri*), gelernt,
perdu (*perdü*), verloren,
lu (*lü*), gelesen,
vu (*vü*), gesehen,
Emile (*émil*), Emil,
Anne (*an*), Anna,
Marie (*mari*), Marie,
Philippe (*filip*), Philipp,
sons (*su*), unter,
sur (*sär*), auf,
pour (*pur*), für.

Anm. Die französischen prépositions werden unmittelbar mit dem substantif verbunden und bedingen keinerlei Änderung in der Form desselben.

1. Le livre est sur la table. 2. La table est solide. 3. La plume est utile. 4. Le malade est sur le lit. 5. Philippe a perdu la plume. 6. Le malade est timide. 7. La salle est vide. 8. Anne a appris la fable. 9. La fable est utile. 10. Emile a perdu le livre. 11. La maladie est grave. 12. Philippe est sur le mur. 13. Le trou est sous le mur. 14. Anne est malade et Marie est malade. 15. Le mur est solide. 16. Le livre est pour Philippe, et la plume est pour Emile. 17. Marie est sous la table. 18. Philippe a lu la fable. 19. La tasse est vide. 20. Emile a vu la rive.

21. Marie ist unter dem Tische. 22. Die Feder ist nützlich. 23. Das Nest ist auf der Mauer. 24. Anna ist schüchtern. 25. Das Bett ist für Emil, Emil ist krank. 26. Philipp hat die Tasse gesehen. 27. Marie hat das Buch gelesen. 28. Die Feder ist auf dem Tische, und das Buch ist unter dem Tische. 29. Die Tasse ist für den Kranken. 30. Das Bett ist leer. 31. Emil hat die Fabel gelernt und Philipp hat das Buch verloren. 32. Die Tasse ist auf dem Tische. 33. Der Tisch ist dauerhaft. 34. Anna hat die Feder verloren. 35. Der Saal

ist leer. 36. Das Nest ist auf dem Ufer. 37. Das Buch ist für Philipp. 38. Emil ist auf der Mauer. 39. Anna hat die Fabel gelesen. 40. Die Mauer ist auf dem Ufer.

Leçon 2.

Aussprache: é mit ´ accent aigu (§ 48, 1) (aksaṭegü) = e in Ehre, Beere: ai, ei, er, ez (é) (§ 13).

è mit ` accent grave (§ 48, 2) (aksagrav) oder ˆ accent circonflexe (§ 48, 3) (aksasirkofleks) = ä in Ähre, Bär: è, ê, aie, ais, ait, aient, ay, ey etc. (è) (§ 13).

qu = k (§ 33); ch = sch (š) (§ 39).

h muette (aśműèt), nie hörbar, als Vokal zu behandeln (§ 41).

g = g (§ 32); c = k (§ 33): 1. vor a, o, u; 2. vor Konsonanten; 3. am Ende des Wortes.

Grammatik. 1. Die articles le, la werden apostrophiert (l') vor Worten, die mit Vokal oder h muette beginnen (§ 47, 1).

2. Die Personen bezeichnenden Eigennamen haben keinen article (§ 71).

3. Die Ergänzung zum verbe ist entweder eine unmittelbare (régime direct [režimdirèkt]), Kennzeichen derselben ist die Nachstellung; oder eine mittelbare (régime indirect [režimedirèkt]), Kennzeichen derselben: préposition und Nachstellung.

4. Der deutsche Genitiv wird durch die préposition de von (aus) ersetzt: de Charles, von Karl, Karls, le livre de Charles, Karls Buch.

Zur Übung der Aussprache:

le coup, le quart, le duc, le terme, la vérité, le verre, la peine, la laine, la paix, la bête, la coupure, le frère, le père, le plaisir, la biche, la buche, la serre, la bouche, la fourchette, le chou, le cou, le café, le marché, le boucher, le bouclier, le plancher, la lèvre, la crème, le chêne, le lait, la tête, le cirque, le chat, le cas, le bouc, le lac, le bec, la guerre, le degré, la langue.

Zu lernen:

l'habit m. (labi), der Rock, der Anzug,
l'héritier m. (lèritè), der Erbe,
la chaise (lašèz) der Stuhl,
l'hiver m. (livèr), der Winter,
l'été (lètè), der Sommer,

le père (lèpèr), der Vater,
la mère (lèmèr), die Mutter,
le frère (lèfrèr), der Bruder,
le verre (lèvèr), das Glas,
la terre (lètèr), die Erde, das Landgut,

l'ami m. (*lámi*), der Freund,
l'épée f. (*lėpė*), der Degen,
l'aigle m. (*lėgl*), der Adler,
le palais (*lᵉpálė*), der Palast,
le blé (*lᵉblė*), das Getreide,
le dé (*lᵉdė*), der Fingerhut,
le cheval (*lᵉśral*), das Pferd,
la vérité (*lávėritė*), die Wahrheit,
Charles (*śarl*), Karl,
Claire (*klėr*), Clara,
Frédéric (*frėdėrik*), Friedrich,
Louis (*lᵘi*), Ludwig. Louise (*lᵘi:*), Luise,

la lettre (*lálėtr*), der Brief,
agréable (*agrėabl*), angenehm,
désagréable (*dėsagrėabl*), unange-
sévère (*sėvėr*), streng,   [nehm,
habile (*abil*), geschickt,
avare (*avàr*), geizig,
estimable (*estimabl*), achtbar, ach-
très (*trė*), sehr,   [tungswert,
chez (*śė*), bei,
malgré (*malgrė*), trotz,
mais (*mė*), aber,
acheté (*aśtė*), gekauft.

Anm. Die préposition de von ist mit dem article le zu du verschmolzen, du (*dü*), de la (*dlá*), de l' (*dl*) = des, der, von dem, von der.

1. Le verre de Philippe est sur la table. 2. L'ami de la vérité est estimable. 3. Le dé de la mère est perdu. 4. L'hiver est très sévère. 5. Le blé du père est perdu. 6. Claire a perdu le dé. 7. L'hiver est très sévère, mais l'été est agréable. 8. La lettre est de Charles. 9. L'aigle a perdu la plume. 10. Emile a lu la lettre. 11. La mère de Louise est très sévère. 12. Le cheval est acheté. 13. L'héritier a acheté la terre. 14. Philippe est chez l'ami de Frédéric. 15. Louis a appris la fable chez l'ami de Charles. 16. Le cheval est agréable et utile. 17. Le frère a acheté l'habit. 18. L'épée du frère est sur la table. 19. L'héritier a lu la lettre. 20. L'ami de Louis est très malade.

21. Der Bruder hat das Pferd gekauft. 22. Das Buch Philipps ist verloren. 23. Der Vater hat das Getreide verkauft. 24. Der Brief Luisens ist auf dem Tische. 25. Die Krankheit ist sehr unangenehm. 26. Die Mutter ist bei dem Freunde Emils. 27. Der Erbe ist sehr geizig. 28. Ludwig hat den Degen gekauft. 29. Der Stuhl ist unter dem Tische. 30. Das Glas ist für den Vater, der Fingerhut ist für die Mutter. 31. Der Fingerhut Luisens ist verloren. 32. Clara hat den Brief des Vaters und der Mutter gelesen. 33. Anna hat die Fabel gelesen und gelernt. 34. Friedrich hat die Feder und das Buch verloren. 35. Der Bruder Ludwigs ist sehr geizig. 36. Emil hat das Pferd Karls gesehen. 37. Der Bruder des Freundes hat den Brief ge-
lesen. 38. Luise hat den Palast gesehen. 39. Das Glas des Vaters ist leer. 40. Das Buch des Freundes ist auf dem Bett.

Leçon 3.

Aussprache: o geschlossen wie o in Rose = o. ô. au. eau (*ó*) (§ 15).
  o offen wie o in Roß = o. (ö). au. eau (*ò*) (§ 15).
  ö geschlossen wie ö in Föhn = eu, œu (*ö́*) § 17).
  ö offen wie ö in Pförtner = eu, œu (*ȍ*) (§ 17).
  g (vor e, i, y) und j stets = *ž* (§ 38).
  c (vor e, i, y) und ç vor a. o. u = *s* (§ 37).

Soll c vor a, o, u = *s* klingen, so erhält es eine ҙ (cédille [*sedil*] § 48, 7). Die französischen Diphthonge sind stets einsilbig und meist steigend (§ 20), die flüchtigen Vokale *i, ü, u* sind in der phonetischen Umschrift hochgestellt: pied (*p^i̯é*), pluie (*pl^ü̯i*), roi (*r^u̯a*):

$^i a$ = ia, ya: diable (*d^i̯ábl*), liard (*l^i̯ár*), yacht (*^i̯ak*).
$^i é$ = ié, ied, ier, iez: pitié (*pit^i̯é*), pied (*p^i̯é*), acier (*as^i̯é*),
    parliez (*parl^i̯é*).
$^i è$ = iè, yè, iais, ief, iel, ier: diète (*d^i̯èt*), hyène (*^i̯èn*), niais
    (*n^i̯è*), fief (*f^i̯èf*), ciel (*s^i̯èl*), fier (*f^i̯èr*).
$^i ö$ = ieu, yeu: dieu (*d^i̯ö́*), lieu (*l^i̯ö́*), yeux (*^i̯ö́*), yeuse (*^i̯ö́s*).
$^i ó. ^i ò$ = io, iau, yau: pioche (*p^i̯òš*), viol (*v^i̯òl*), miauler (*m^i̯ólé*),
    noyau (*n^u̯a̯ó*).
$^u i$ = ui: fruit (*fr^u̯i*), pluie (*pl^ü̯i*), huile (*^u̯il*).
$^u a$ = oi, oua: roi (*r^u̯a*), loi (*l^u̯a*), ouate (*^u̯at*).
$^u è$ = oue: rouet (*r^u̯è*).
$^u i$ = oui (*^u̯i*), Louise (*l^u̯iz*).

Grammatik: 1. Die articles: le, la, l' werden in les (*lè*) verwandelt vor einem substantif in der Mehrzahl (pluriel [*plürièl*]) (§ 67).

2. Hauptwörter (substantifs) und Eigenschaftswörter (adjectifs [*adžektif*]) bekommen im pluriel gleichfalls ein s: l'aigle (*lègl*) — les aigles (*lèzègl*): le grand aigle (*l^ögradèyl*) — les grands aigles (*lègrazègl*) (§ 58).

3. Die Präposition de (von) wird stets mit les zusammengezogen zu des (*dè*) (§ 69).

Zur Übung der Aussprache.

Der Schüler verwandle die folgenden Singulare in Plurale:

Le fleuve, l'électeur, le peuple, la fleur, le port, la porte, l'autorité, l'heure, la mode, le cœur, la sœur, le froid, le roi, le pied, la façade, la cascade, la nuit, la pluie, le captif, le trou, le loup, le sot, le pot, le jardinier, la joie, l'échafaud, la joue, la croisade, la preuve, le gouverneur, le peuplier, la victoire, le serviteur, le produit, le coursier, le quartier, l'auteur, l'homme, la semaine, le poète.

Zu lernen:

la fleur (*láflòr*), die Blume,
le fleuve (*l⁰flòv*), der Fluß, Strom,
la sœur (*lᵉsòr*), die Schwester,
le cœur (*l⁰kòr*), das Herz,
la rose (*láróz*), die Rose,
le port (*l⁰pòr*), der Hafen,
la porte (*lápòrt*), die Thür, das Thor,
la ville (*lávil*), die Stadt,
la rue (*lárü*), die Straße,
l'homme (*lòm*), der Mensch,
le poète (*l⁰p⁰èt*), der Dichter,
le soldat (*l⁰sòlda*), der Soldat,
le jour (*l⁰żur*), der Tag,
la semaine (*lásmèn*), die Woche,

le pied (*l⁰p'é*), der Fuß,
le roi (*l⁰r"a*), der König,
la reine (*lárèn*), die Königin,
le papier (*l⁰pap'é*), das Papier,
l'amie (*lámi*), die Freundin,
célèbre (*sélèbrᵉ*), berühmt,
triste (*trist*), traurig,
modeste (*mòdèst*), bescheiden, einfach,
pauvre (*pòrrᵘ*), arm,
riche (*riš*), reich,
jeune (*žén*), jung,
brave (*brär*), tapfer, brav,
vaste (*vàst*), weit, ausgedehnt,
large (*lárž*), breit, weit.

Der Schüler verwandle alle substantifs der folgenden Ausdrücke in den pluriel.
1. La fleur de la jeune sœur. 2. La rive du large fleuve. 3. Le cœur du pauvre malade. 4. La large rue de la ville. 5. Le jour de la semaine. 6. La porte de la ville. 7. La lettre du brave soldat. 8. Le lit du riche malade. 9. Le pied du jeune homme. 10. Le large mur du port. 11. La fable de l'habile poète. 12. La célèbre fable du poète. 13. L'épée du jeune soldat. 14. La large épée du soldat. 15. La rose du pauvre malade. 16. Le solide palais du roi. 17. Le trou du mur. 18. Le blé du riche héritier. 19. Le nid du jeune aigle. 20. Le livre du jeune poète.

Der Schüler verwandle alle pluriels der folgenden Ausdrücke in singuliers.
21. Les sœurs des pauvres malades. 22. Les modestes fleurs des rives. 23. Les malades des villes. 24. Les rives des larges fleuves. 25. Les nids des aigles. 26. Les sœurs des braves soldats. 27. Les plumes des aigles. 28. Les lettres des jeunes hommes. 29. Les murs des ports. 30. Les épées des braves soldats. 31. Les terres des riches héritiers. 32. Les livres des jeunes poètes. 33. Les amis des braves hommes. 34. Les tables des jeunes élèves. 35. Les frères des héritiers. 36. Les fables des modestes poètes. 37. Les tristes

rues des villes. 38. Les vastes ports des villes. 39. Les papiers des aimables sœurs. 40. Les fleurs des jeunes reines.
41. Der Soldat ist tapfer. 42. Die Straße der Stadt ist breit. 43. Die breiten Straßen der Stadt. 44. Die traurigen Tage des Winters. 45. Der Winter ist unangenehm. 46. Der Dichter ist berühmt. 47. Die berühmten Dichter. 48. Der Bruder ist traurig. 49. Der Fluß ist breit. 50. Die breiten Flüsse. 51. Karl hat die Blumen gebracht. 52. Die Rose der jungen Königin. 53. Der strenge Winter. 54. Die Fabeln des jungen Dichters. 55. Die breiten Mauern des Hafens. 56. Der Degen des jungen Soldaten. 57. Das Buch ist auf dem Tische. 58. Die Briefe des reichen Erben. 59. Der Kranke hat den Brief gelesen. 60. Ludwig hat die Rosen gesehen.

Leçon 4.

Aussprache: ạ (§ 19) = an, am, en, em; ʲạ = ian, ien; ᵘạ = ouen.
ẹ (§ 19) = in, im, ain, aim, ein, eim, ym, en;
ʲẹ = ien; ᵘẹ = oin, ouin; ᵃẹ = uin.
ọ (§ 19) = on, om; ʲọ = ion.
ọ (§ 19) = un, um, eun.

Anm. Die Nasalierung eines Vokales hat nur statt, wenn die denselben begleitenden Konsonanten n (nn) und m (mm) entweder von Konsonanten gefolgt sind, oder am Ende des Wortes stehen; sie unterbleibt, sobald ein Vokal, gleichviel ob tönend oder stumm, folgt: Anne = *an*, pommier = *pòmie*.

Grammatik. 1. Eigenschaftswörter (adjectifs [*adẑẹktif*]), die nicht schon im masculin auf e muet endigen, hängen im féminin »e« an: grand (*grạ*), grande (*grạd*).

2. Auch das prädikative adjectif richtet sich in Geschlecht und Zahl nach seinem substantif: l'aigle est grand (*lẹglẹgrạ*) — les aigles sont grands (*lẹzẹglᵉsọgrạ*).

Zur Übung der Aussprache:

Der Schüler ersetze den article durch un (masc.), une (fém.) = ein, eine:

Le pain, le chien, le champ, le chant, le lapin, le lien, le parfum. la main, le pin, la planche, la lanterne, la pente, le rang, le saint, le seing, le sein, la pensée, la connaissance, le combat, le vainqueur, la crainte, le jardin, le jardinier, la raison, le raisonnement, le sang, le contentement, la dent, la tente, la tante, le bien, la bonté, le cousin, la cousine, le bouton, le front, le nom, le tribun, le défunt, le lundi, le poumon, le talon.

Zu lernen:

la femme (*lăſam*), die Frau,
l'enfant m. (*laſ̣a*), das Kind,
la maison (*lămè꞉ọ*), das Haus,
l'amie (*lămi*), die Freundin,
la tante (*lătat*), die Tante,
la tente (*lătat*), das Zelt,
le jardin (*l̆ᵘzardẹ*), der Garten,
le jardinier (*l̆ᵘzardin'ė*), der Gärtner,
la jardinière (*lăzardin'ėr*), die Gärt=
nerin,
joli, jolie (*zŏli*), hübſch, niedlich,
vendu (*vọdŭ*), verkauft,

la chambre (*lăsạbrᵒ*), das Zimmer,
la lanterne (*lălạtern*), die Laterne,
l'oncle (*lọklᵒ*), der Oheim, Onkel,
la malade (*lămalad*), die Kranke,
grand, grande (*grạ*, *grạd*), groß,
bon, bonne (*bọ*, *bọ̀n*), gut,
beau, belle (*bŏ*, *bèl*), ſchön,
petit, petite (*pᵒti*, *pᵒtit*), klein,
a, hat, ont (*ọ*), haben,
est (*è*), ist, sont (*sọ*), ſind,
dans (*dạ*), in,
trouvé (*truvé*), gefunden.

	ein Beſitzer	mon (*mọ*),	ma (*má*),	mes (*mè*), mein, meine,
		ton (*tọ*),	ta (*tá*),	tes (*tè*), dein, deine,
		son (*sọ*),	sa (*sá*),	ses (*sè*), ſein, ſeine, ihr, ihre.

Anm. Vor Vokal wird ma, ta, sa in mon, ton, son umgewandelt.

Der Schüler verwandle die Subjekts singuliers der folgenden Sätze in pluriels.
1. L'enfant du jardinier est grand. 2. La chambre de la maison du jardinier est petite. 3. Mon frère a un ami sûr. 4. Mon enfant a un bon cœur. 5. Sa tante a une grande maison, et son oncle a un beau jardin. 6. Le petit arbre est dans mon jardin. 7. Ton amie est pauvre. 8. Ta sœur a une tante riche. 9. La plume de mon oncle est sur la table. 10. La lanterne du jardin est très jolie. 11. Ma chaise est sous la tente. 12. L'enfant de la pauvre malade est très triste. 13. Mon frère a perdu le livre. 14. Ta sœur a acheté une jolie fleur pour mon oncle. 15. La rive du fleuve est très large. 16. Son héritier a vendu la terre. 17. Le mur de ton jardin est très solide. 18. La femme a acheté un beau livre. 19. La maison de ma tante est grande et belle. 20. Le pied de l'enfant est très petit.

Der Schüler verwandle die Subjekts pluriels der folgenden Sätze in singuliers.
21. Les rues de la ville sont larges et belles. 22. Les lanternes de la maison sont grandes. 23. Les jardiniers de ma tante sont malades. 24. Ses enfants ont trouvé un beau livre sous la tente. 25. Mes tantes ont acheté une belle fleur chez la jardinière. 26. Les larges rives du fleuve sont belles. 27. Les fleurs de ma sœur sont

dans ma chambre. 28. Mes enfants ont appris une belle fable. 29. Tes frères ont acheté une tasse pour la pauvre femme. 30. Les soldats ont trouvé l'épée dans la tente. 31. Les malades ont lu une belle fable. 32. Mes sœurs ont appris la vérité de ton oncle. 33. Les héritiers ont acheté une belle terre. 34. Les chambres de ma mère sont grandes et belles. 35. Mes frères ont acheté un joli cheval. 36. Mes sœurs ont vendu une belle maison. 37. Les enfants de ton oncle sont très jolis. 38. Les soldats du roi sont braves. 39. Tes tantes ont lu les lettres de mon frère. 40. Mes enfants ont vu un aigle dans son nid.

41. Meine Tante hat ein schönes Haus und einen schönen Garten. 42. Deine Mutter hat eine schöne Blume gefunden. 43. Die Zimmer des Hauses sind sehr groß und sehr schön. 44. Die Mauern meines Gartens sind fest. 45. Mein Kind hat seine Fabeln gelesen. 46. Der Gärtner und die Gärtnerin sind in seinem Garten. 47. Meine Schwester hat die schönen Blumen für ihre Freundin gekauft. 48. Das Haus meiner Gärtnerin ist klein, aber hübsch. 49. Meine Freundin ist krank, ihre Freunde sind traurig. 50. Deine Brüder haben ein schönes Pferd gekauft. 51. Sein Erbe hat ein großes Haus gekauft. 52. Die Laterne des Gärtners ist auf dem kleinen Tische. 53. Die Frau des Gärtners ist streng gegen (pour) ihre Kinder. 54. Der Degen des Soldaten ist auf dem Tische. 55. Die breiten Ufer des Flusses sind sehr schön. 56. Meine Schwester hat den großen Stuhl für deine Mutter gekauft. 57. Diese schönen Blumen sind für seinen Vater. 58. Mein armer Freund ist sehr traurig. 59. Die kleinen Kinder sind bei der Gärtnerin. 60. Die Blumen deines kleinen Gartens sind sehr hübsch.

Leçon 5.

Aussprache: *l* (§ 22) = il, ill in fille (*fil*), cédille (*sédil*), feuille (*föl*).

ñ (§ 23) = gne in campagne (*kapañ*), vigne (*viñ*).

Grammatik. 1. Auf s, x, z auslautende substantifs bekommen im pluriel kein s, also: le palais — les palais, la noix — les noix, le nez — les nez.

2. Das (unbetonte) persönliche Fürwort (pronom personnel conjoint [*pronopersonélkožüe*]) hat je vier Formen für Einzahl (singulier) und Mehrzahl (pluriel):

singulier: je (*žö*), ich; tu (*tü*), du; il (*il*), er, es; elle (*èl*), sie (er, es).

pluriel: nous (*nu*), wir; vous (*vu*), Sie, ihr; ils (*il*), sie, elles (*èl*), sie.

Prononciation, avoir au présent et au futur.

Anm. Der Franzose verwendet als höfliche Anrede stets die zweite Person des pluriel; nicht (wie der Deutsche) die dritte.

je wird vor Vokalen apostrophiert: j'ai = *že*.

3. **Hilfszeitwort** (verbe auxiliaire [*vèrbòksilėr*]) avoir.

Nennform (infinitif [*ęfinitif*] avoir [*av"ar*]).

Gegenwärtige Zeit présent de l'indicatif (*prėzadlędikatif*).	Zukünftige Zeit futur simple (*fütürsęplė*).
j'ai (*žė*), ich habe,	j'aurai (*žòrė*), ich werde haben (bekommen),
tu as (*tüa*), du hast,	tu auras (*tüòra*), du wirst haben (bekommen),
il a (*ila*), er hat,	il aura (*ilòra*), er wird haben (bekommen),
elle a (*ėla*), sie hat,	elle aura (*ėlòra*), sie wird haben (bekommen),
nous avons (*nuzavọ*), wir haben,	nous aurons (*nuzòrọ*), wir werden haben (bekommen),
vous avez (*vuzavė*), Sie haben, ihr habt,	vous aurez (*vuzòrė*), Sie werden haben, ihr werdet haben (bekommen),
ils ont (*ilzọ*), sie haben,	ils auront (*ilzòrọ*), sie werden haben (bekommen),
elles ont (*ėlzọ*), sie haben.	elles auront (*ėlzòrọ*), sie werden haben (bekommen).

Zur Übung der Aussprache.

Der Schüler setze vor folgende substantifs 1. den article défini; 2. das adjectif indéfini: un, une, ein, eine (m. = masculin, männliches Geschlecht; f. = féminin, weibliches Geschlecht).

vigne f., vigneron m., oreille f., bouteille f., gouvernail m., travail m., fouille f., houille f., campagne f., cigogne f., seuil m., œil m., compagnie f., dignité f., bailli m., signe m., règne m., agneau m., ignorant m., paille f., montagne f., fauteuil m., peignoir m., châtaigne f., enfantillage m., cygne m., brouillard m., grognard m., témoignage m., lentille f., bail m., cédille f., sillon m., poignard m., fusillade f., baïonnette f.

Zu lernen:

l'oreille f. (*lòrėl*), das Ohr,
l'oreiller m. (*lòrėlė*), das Kopfkissen,
la famille (*lafamil*), die Familie,
la fille (*lafil*), die Tochter, das Mädchen,

la bouteille (*lăbutèl*), die Flasche,
la feuille (*lăfòl*), das Blatt,
le tilleul (*l°titòl*), die Linde,
le soleil (*l°sòlèl*), die Sonne,
le brouillard (*l°brutar*), der Nebel,
le tailleur (*l°talòr*), der Schneider,
l'abeille (*lăbèl*), die Biene,
le papillon (*l°papito*), der Schmetterling,
la cigogne (*lăsigòñ*), der Storch,
dit (*di*) gesagt,
fait (*fè*) gemacht, gethan,
le fils (*l°fis*), der Sohn,
la campagne (*lăkapañ*), das Land, der Feldzug,
le campagnard (*l°kapañar*), der Landmann,
le bras (*l°bras*), der Arm,
cherché (*sèrsè*), gesucht,
payé (*pèè*), bezahlt,
cueilli (*k°ti*), gepflückt,
un (*ǫ*), eins, deux, (*dö*), zwei,
trois (*tr°a*), drei,
quatre (*kotr°*), vier (§ 85, 2).

Der Schüler verwandle die sujets singuliers der folgenden Sätze in die gleiche Person des pluriel.

1. J'ai deux pieds, deux bras et deux oreilles. 2. Tu as deux frères et une sœur. 3. Il a acheté trois bouteilles. 4. Elle a vu trois abeilles. 5. Le tilleul a perdu les feuilles. 6. Mon frère a vu le brouillard. 7. La cigogne est sur la maison. 8. L'homme a deux bras, deux pieds et deux oreilles. 9. Tu as vu quatre papillons dans mon jardin. 10. Mon fils a fait deux campagnes. 11. J'ai vu une grande cigogne sur le palais du roi. 12. Ma fille aura cueilli une rose pour Marie. 13. Tu auras vu les papillons chez mon oncle. 14. J'aurai appris les fables dans deux semaines. 15. Ma tante aura trouvé le livre sous le tilleul. 16. La jeune fille aura perdu le dé dans la ville. 17. Ton oncle aura payé les livres de Charles. 18. Tu auras cueilli les fleurs dans mon jardin. 19. Il aura dit la vérité. 20. Le soldat aura trouvé le cheval. 21. Tu auras cueilli les fleurs sur le mur du jardin.

Der Schüler verwandle das présent der folgenden Sätze in das futur.

22. Mes frères ont dit la vérité. 23. Ton père a payé ce livre. 24. La jeune fille a trouvé la fleur dans le jardin de sa tante. 25. La maison a deux grandes portes et quatre belles chambres. 26. Tu as lu la fable dans un livre de Frédéric. 27. J'ai perdu le papier dans le jardin. 28. Nous avons appris les fables chez ta tante. 29. Les cigognes ont fait le nid sur les maisons de la ville. 30. Vous avez vu un papillon et une abeille. 31. Ils ont trouvé la bouteille sous le tilleul. 32. Le soldat a perdu un bras. 33. Ta sœur a une bonne amie. 34. J'ai un oreiller, tu as deux oreillers. 35. Vous avez

trouvé le nid de l'aigle. 36. La femme a un pied malade. 37. Le brave jeune homme a perdu un bras. 38. La reine a un palais dans la ville. 39. Mon fils a cherché son cheval. 40. Le pauvre campagnard a perdu sa fille. 41. Vous avez trouvé la tasse sur la table.

42. Ich habe einen Storch auf dem Hause meines Freundes gesehen. 43. Dein Bruder hat die Schmetterlinge im Garten gesehen. 44. Wir haben zwei Linden im Garten, aber sie haben die Blätter verloren. 45. Mein Freund wird ein schönes Pferd bekommen. 46. Die Menschen haben zwei Arme, zwei Füße und zwei Ohren. 47. Sie haben einen schönen Tisch. 48. Friedrich wird die Blumen gepflückt haben. 49. Clara wird die Wahrheit gesagt haben. 50. Du hast die Bienen und die Schmetterlinge gesehen. 51. Meine Tochter hat ihren schönen Fingerhut verloren. 52. Sein Erbe hat drei große Häuser in der Stadt gekauft. 53. Karl wird den schönen Garten deiner Tante gesehen haben. 54. Der Landmann hat das Pferd verkauft. 55. Ich habe eine schöne Feder, du hast ein großes Buch. 56. Mein Schneider hat zwei Häuser und einen schönen Garten. 57. Marie hat das Buch unter der Linde gefunden. 58. Wir haben die schönen Fabeln gelesen. 59. Die Soldaten werden zwei Feldzüge gemacht haben. 60. Emil hat die Blumen im Garten gepflückt. 61. Der Schneider wird die Stühle gekauft haben.

Leçon 6.

Aussprache: h ist im Französischen nur Schrift-, nie Lautzeichen; h muette wird als Vokal behandelt, h aspirée als Konsonant (§ 41).

Vor h muette wird:
1. der Apostroph verwendet (§ 48, 5),
2. der Endkonsonant gebunden (§ 52),
3. die Nasalierung abgeschwächt (§ 19),
4. ma, ta, sa in mon, ton, son verwandelt,
5. cet statt ce gesetzt.

Vor h aspirée wird:
1. der Apostroph nicht verwendet,
2. der Endkonsonant nicht gebunden,
3. die Nasalierung nicht abgeschwächt,
4. ma, ta, sa nicht in mon, ton, son verwandelt,
5. ce (nicht cet) gesetzt.

Anm. h aspirée (germanischen Ursprungs) findet sich nur zu Beginn der Wörter; in der Schriftsprache unterscheidet es sich nicht von h muette.

Grammatik. Die Verneinung beim Zeitwort besteht stets aus zwei Teilen: ne tritt vor das verbe, pas hinter dasselbe. Vor Vokal wird ne stets apostrophiert »n'«.

présent de l'indicatif. (avoir)	futur simple.
je n'ai pas (*žnépa*), ich habe nicht,	je n'aurai pas (*žnórépa*), ich werde nicht haben (bekommen),
tu n'as pas (*tünapa*), du hast nicht,	tu n'auras pas (*tünórapa*), du wirst haben (bekommen),
il n'a pas (*ilnapa*), er hat nicht,	il n'aura pas (*ilnórapa*), er wird nicht haben (bekommen),
elle n'a pas (*elnapa*), sie hat nicht,	elle n'aura pas (*elnórapa*), sie wird nicht haben (bekommen),
nous n'avons pas (*nunavopa*), wir haben nicht,	nous n'aurons pas (*nunóropa*), wir werden nicht haben (bekommen),
vous n'avez pas (*runavépa*), Sie haben (ihr habt) nicht,	vous n'aurez pas (*runórépa*), Sie werden (ihr werdet) nicht haben (bekommen),
ils n'ont pas (*ilnopa*), sie haben nicht,	ils n'auront pas (*ilnóropa*), sie werden nicht haben (bekommen),
elles n'ont pas (*elnopa*), sie haben nicht.	elles n'auront pas (*elnóropa*), sie werden nicht haben (bekommen).

Zur Übung der Aussprache:

Der Schüler setze vor folgende, teils mit h muette (h), teils mit h aspirée ('h) beginnende substantifs:

1. den article défini: le, la, les,
2. das adjectif indéfini: un, une,
3. das adjectif possessif: mon, ma, mes,
4. das adjectif démonstratif: ce, cet, cette, ces.

und achte sorgfältig auf Bindung (§ 53) und Nasalierung (§ 19).

'hache f., histoire f., 'haine f., horloge f., 'hameau m., homme m., 'haie f., heure f., 'hanneton m., honneur m., huile f., 'harpe f., haleine f., 'honte f., 'houille f., habit m., hirondelle f., 'héros m., hôpital m., 'hardiesse f., 'hasard m., héritier m., harmonie f., 'hanche f., 'hareng m., hospitalité f., 'héraut m., 'héron m., habitant m., hyène f., héritage m., hiver m., 'haine f.

Zu lernen:

l'heure f. (*lör*), die Stunde (Zeit=),
la leçon (*lálᵘsǫ*), die Stunde (Lehr=),
l'huile (*lᵘil*), das Öl,
l'habit f. (*labi*), der Rock, die Kleidung,
l'habitant m. (*labita*), der Bewohner,

le 'héros (*lᵘéró*), der Held, Heros,
le 'héraut (*lᵘéró*), der Herold,
la houille (*lúil*), die Steinkohle,
le 'hasard (*lᵘazar*), der Zufall, Glücksfall,

l'héritage m. (léritaž), das Erbteil, die Erbschaft,
l'hirondelle f. (lirǫdèl), die Schwalbe,
l'honneur m. (lònòr), die Ehre,
l'hyène f. (l'èn), die Hyäne,
l'haleine f. (lalèn), der Atem,
oublié (ubl'é), vergessen,
apporté (apòrté), gebracht,
le 'hareng (l°arą), der Hering,
le 'hanneton (l°an°tǫ), der Maikäfer,
la 'hache (l¡aš) die Axt, das Beil,
la 'harpe (l¡arp), die Harfe,
la 'halle (l¡al), die Halle, Markthalle,
la 'haine (l¡èn), der Haß,
caché (kašé), versteckt, verheimlicht,

ce m. (vor Konsonanten), cet m. (vor Vokalen), cette f., ces m. u. f. plur.: dieser, diese, dieses.

Der Schüler lasse in den folgenden Sätzen die Verneinung weg.

1. L'huile de cette bouteille n'est pas bonne. 2. Je n'ai pas cueilli ces fleurs dans ton jardin. 3. Philippe n'aura pas appris sa leçon dans une heure. 4. Le tailleur n'aura pas apporté mon habit. 5. Cet homme n'a pas perdu sa hache dans mon jardin. 6. Frédéric et Marie n'ont pas fait cet héritage. 7. Mon frère n'a pas vu cette hyène. 8. Nous n'avons pas lu l'histoire de ces héros. 9. Les halles de cette ville ne sont pas belles. 10. Les jeunes filles n'auront pas trouvé la harpe. 11. Ce hareng n'est pas bon. 12. Nous n'avons pas vu ces hannetons. 13. L'haleine de ce malade n'est pas bonne. 14. Mon oncle n'a pas cueilli ces fleurs pour Marie. 15. Claire n'a pas perdu son dé chez ma mère. 16. Le port de cette ville n'est pas grand. 17. Mon tailleur n'est pas très habile. 18. Cet homme n'a pas caché sa haine. 19. Mes enfants n'ont pas trouvé la chambre d'Emile. 20. Les fleurs de ton jardin ne sont pas belles.

Der Schüler setze in den folgenden Sätzen die Verneinung.

21. L'hirondelle a fait son nid dans notre maison. 22. Nous avons vu les hannetons sur le tilleul. 23. Ton frère a perdu la hache de Philippe. 24. Les habitants de cette ville sont pauvres. 25. Ce hareng est très grand. 26. La houille est bonne. 27. Louise aura cueilli ses fleurs dans ce jardin. 28. Nous avons appris les fables de ce poète. 29. Son frère a lu l'histoire de ce héros. 30. Mon jardinier a vendu sa petite maison. 31. Charles a appris sa leçon. 32. Nous avons acheté cette houille chez cet homme. 33. Frédéric a trouvé ce hanneton dans mon jardin. 34. L'habit de ton frère est payé. 35. Le tailleur aura fait ces habits pour son fils. 36. Philippe et Charles auront vu cette hyène. 37. L'honneur de ces soldats est perdu. 38. Cette femme a caché sa haine. 39. La ville a payé ces halles. 40. La harpe de ma tante est très belle.

41. Dieser Mann hat seinen Haß verheimlicht. 42. Das Nest der Schwalben ist klein, aber sehr dauerhaft. 43. Die Einwohner dieser kleinen Stadt sind nicht reich. 44. Dein Bruder wird seine Fabeln nicht gelernt haben. 45. Deine Freunde sind arm, aber sie sind nicht geizig. 46. Ein Storch hat sein Nest auf dem Hause Deines Freundes gemacht. 47. Marie wird ihre Fabel in einer Stunde gelernt haben. 48. Die Straßen dieser Stadt sind nicht breit, aber sie sind sehr schön. 49. Diese jungen Mädchen haben diese schönen Rosen bei meiner Tante gepflückt. 50. Du hast Deinen Fingerhut nicht vergessen. 51. Dein Bruder hat nicht die Wahrheit gesagt. 52. Diese Soldaten haben vier Feldzüge gemacht. 53. Der Gärtner hat diese Blumen nicht gebracht. 54. Mein Vater hat die Schwalben auf der Mauer des Gartens gesehen. 55. Dein Rock ist nicht sehr schön, mein Freund. 56. Ein sehr geschickter Schneider hat diesen Rock gemacht. 57. Du wirst diesen Maikäfer im Garten gefunden haben. 58. Mein Vater hat meinen Rock nicht bezahlt. 59. Emil hat seine Lektion nicht gelernt. 60. Wir haben den Herold des Königs nicht gesehen.

Leçon 7.

Aussprache: 1. c = s; g = $\check{z}$. c und g sind Zischlaute (lettres chuintantes) vor e, i, y: ceci ($s^o si$); cygne ($si\tilde{n}$); géant ($\check{z}eg$); gibier ($\check{z}ib'e$); gypse ($\check{z}ips$).

2. c = k; g = g. c und g sind Gaumenlaute (lettres gutturales):

   a. vor den Vokalen a, o, u: café ($kaf\acute{e}$), col (kol), curé ($k\ddot{u}r\acute{e}$), gare (gar).

   b. vor allen Konsonanten: grand (gra), gland (gla), cri (kri), classe ($klas$).

   c. am Ende des Wortes: duc ($d\ddot{u}k$), lac (lak), bec (bek).

3. Die Umwandlung des Gaumenlautes in den Zischlaut erfolgt: bei c durch cédille, »ç« (§ 48, 7), bei g durch Beifügung eines e muet, »ge«: maçon ($m\acute{a}so$), conçu ($kos\ddot{u}$), mangeais ($ma\check{z}\grave{e}$), plongeons ($plo\check{z}o$).

4. Die Umwandlung des Zischlautes in den Gaumenlaut vor e, i, y erfolgt: bei g durch Beifügung eines (stummen) u: long (lo), longue (log). c wird oft in qu verwandelt: vaincu ($vek\ddot{u}$), vainqueur ($vek\ddot{o}r$), public, publique ($p\ddot{u}blik$).

5. Auf gu auslautende Worte bekommen, wenn e muet angehängt wird, ein tréma: aigu, aiguë ($eg\ddot{u}$).

Grammatik. Die leçon 1 angegebene Satzstellung (das sujet vor dem verbe) wird nicht geändert, auch wenn dem sujet eine Umstands= angabe (circonstanciel [*sirkostas'èl*]) vorangestellt wird: ce matin, mon frère a cueilli ces fleurs, heute Morgen hat mein Bruder diese Blumen gepflückt; hier nous avons vu ces soldats, gestern haben wir diese Soldaten gesehen.

Zur Übung der Aussprache:

Macon, maçon, gai, geai, carte, ça, cela. gorge, gage, sac, cadre, carton, grange, caisse, nuage, gare, balcon, lucarne, forge, pigeon, bague, ciguë, digue, crinière, accent, accord, commode, guide, guerre, gilet, gibier, bec, bloc, long, large, sage. légume, figure, gloire, canon, froc, roc, bouc, berger, verger, verglas, vergue, fragile, suc, coucou, façade, faconde, façon, facteur. limaçon. cire. garçon, ceinture. centre, caisse, cidre, cerveau, ciel, gâteau, cadeau, goutte. mince. concert, gardien, conscience, géographie, canne, girofle, canal, gérant, conquête, garant, cigare, globe.

Zu lernen:

le garçon (*l°garso*). 1. der Knabe; 2. der Bursche,
le voyage (*l°v⁰a¹až*), die Reise,
le chien (*l°s'e*), der Hund,
la guerre (*láger*), der Krieg,
le guide (*l°gid*), der Führer,
le cou (*l°ku*), der Hals,
le fabricant (*l°fabrika*), der Fabrikant,
la fabrique (*láfabrik*), die Fabrik,
le cygne (*l°siñ*), der Schwan,
le capital (*l°kapital*), das Kapital,
la capitale (*lákapital*), die Hauptstadt,
la place (*láplas*), 1. der Platz; 2. die Stellung,
pris (*pri*), genommen,
fermé (*fèrmé*), geschlossen, zugemacht.

long (*lo*), longue (*log*), lang,
oblong (*òblo*), oblongue (*òblog*), länglich,
turc, turque (*türk*), türkisch,
public, publique (*püblik*), öffentlich,
hier (*'èr*), gestern,
avant-hier (*arat'èr*), vorgestern,
aujourd'hui (*ožurdᵘi*), heute,
demain (*dmę*), morgen,
après-demain (*aprèdmę*), über= morgen,
après (*aprè*), nach,
avant (*arą*), vor,
par (*par*), durch, vermittelst,
battu (*batü*), geschlagen,

mehrere Besitzer (siehe leçon 4) { notre (*nòtrᵒ*), nos (*nó*), unser, unsere,
votre (*ròtrᵒ*), vos (*vó*), Ihr, Ihre (höfliche Anrede), euer,
leur (*lèr*), leurs (*lèr*), ihr, ihre.

Der Schüler verwandle das sujet der folgenden Sätze in die gleiche Person des singulier, und dementsprechend leur, leurs in son, sa, ses.

1. Ces jeunes filles ne sont pas chez leur tante. 2. Hier ces fabricants ont vendu leurs fabriques. 3. Deux habitants de cette rue ont battu notre chien. 4. Avant-hier mes frères n'ont pas appris leur leçon. 5. Les tilleuls de la place publique ont perdu leurs feuilles. 6. Les fabricants auront perdu leur capital. 7. Les enfants de ma sœur ont oublié leurs fables. 8. Leurs leçons ne sont pas publiques. 9. Nos guides ne sont pas jeunes. 10. Vos frères n'ont pas battu leurs enfants. 11. Aujourd'hui nous n'avons pas vu nos jardiniers dans notre jardin. 12. Vos enfants n'ont pas vu ces places publiques et ces jardins publics. 13. Nos fils ont acheté leurs habits chez leur tailleur. 14. Vos chaises ne sont pas sous cet arbre. 15. Ces arbres ont perdu leurs feuilles oblongues. 16. Nous avons vu trois villes turques dans notre voyage. 17. Vous avez oublié vos lettres sur votre table. 18. Ces garçons n'ont pas appris leurs leçons. 19. Nous avons acheté ces roses chez votre jardinier. 20. Hier ces jardiniers ont vendu leurs jeunes cygnes.

Der Schüler verwandle das sujet der folgenden Sätze in die gleiche Person des pluriel, und dementsprechend son, sa, ses in leur, leurs.

21. Par la guerre, ce fabricant a perdu son capital. 22. Hier mon garçon n'a pas appris sa fable. 23. Le soldat n'a pas caché sa haine. 24. Notre place publique est très belle aujourd'hui. 25. Je n'ai pas oublié mes braves soldats. 26. Tu n'as pas apporté tes jolies plumes. 27. Le tilleul de notre jardin a perdu ses feuilles. 28. Mon frère a acheté ses habits chez son tailleur. 29. Hier ce soldat a cherché son épée. 30. Avant-hier l'habitant de cette maison a fermé sa porte. 31. Ta sœur n'a pas apporté son livre. 32. Notre guide n'a pas trouvé son chemin. 33. L'hirondelle a fait son nid sur le mur. 34. Avant-hier ce fabricant a fermé sa fabrique. 35. Ma fille a appris sa longue leçon. 36. L'héritier de cette femme aura vendu sa (sein, ihr) terre. 37. Ce jeune homme n'a pas battu son chien. 38. Le petit garçon a oublié ses fleurs. 39. Aujourd'hui tu as battu ton frère et ta sœur. 40. Hier j'ai vu deux soldats turcs sur la place publique de notre capitale.

41. Wir haben drei schöne Paläste in dieser Hauptstadt gesehen. 42. Dieser Fabrikant ist sehr reich, er hat vier große Fabriken. 43. Die öffentlichen Plätze unsrer Stadt sind nicht groß, aber sie sind schön. 44. Mein Oheim hat sein Kapital durch den Krieg verloren. 45. Diese

Knaben haben ihre Lektion gestern nicht gelernt. 46. Unser Führer hat den armen Hund geschlagen. 47. Du wirst deine Bücher bei deiner Tante vergessen haben. 48. Sein Vater hat eine lange Reise gemacht, er hat drei große Hauptstädte gesehen. 49. Dein Freund hat vorgestern sein Buch im Garten verloren. 50. Du wirst die öffentlichen Plätze und die öffentlichen Gärten dieser Hauptstadt gesehen haben. 51. Du hast gestern die türkischen Soldaten gesehen. 52. Diese Fabrikanten haben eine lange Reise gemacht. 53. Mein Bruder wird diesen kleinen Knaben nicht geschlagen haben. 54. Du wirst deine Bücher morgen bekommen, mein kleiner Freund. 55. Wir werden zwei Schwäne in unseren Garten bekommen.

Leçon 8.

Aussprache: 1. ch ausnahmsweise = k vor Vokalen in Wörtern griechischen Ursprungs: chœur (kèr), chaos (kaòs).

2. ch stets = k vor Konsonanten: chrétien (krét'e), chronique (krònik).

3. ti = ti in den Endungen tié, tier, tière, tième und den meisten Verbalformen: amitié (amit'é), portier (pòrt'é).

4. stie, xti und thie = sti, ksti und ti: modestie (mòdèsti), mixtion (mikst'o), apathie (apati).

5. ti = si in den Endungen: tial (s'al), tiel (s'èl), tieux (s'ó), tiaire (s'èr), tium (s'òm), tion (s'o), tient (s'è), tience (s'as), tie (si): martial (mars'al), essentiel (èsas'èl), prétentieux (prétas'ó), patience (pas'as), ineptie (inèpsi), prophétie (pròfési).

Grammatik. 1. Die Präposition à, zu, nach, in, auf, mit, ersetzt zugleich den deutschen Dativ:

à wird mit le zusammengezogen zu au, mit les zu aux;

also: au, à la, à l' = dem, der, zum, zur, im, in dem, nach dem,

aux = den, zu den, in den, nach den.

2. Die deutschen Kasus sind also zu geben wie folgt:

le père, der Vater,   les pères, die Väter,
du père, des Vaters,   des pères, der Väter,
au père, dem Vater,   aux pères, den Vätern,
le père, den Vater,   les pères, die Väter.

la mère, die Mutter,   les mères, die Mütter,
de la mère, der Mutter,   des mères, der Mütter,
à la mère, der Mutter,   aux mères, den Müttern,
la mère, die Mutter,   les mères, die Mütter.

l'enfant, das Kind,	les enfants, die Kinder,
de l'enfant, des Kindes,	des enfants, der Kinder,
à l'enfant, dem Kinde,	aux enfants, den Kindern,
l'enfant, das Kind,	les enfants, die Kinder.
un fils, ein Sohn.	une fille, eine Tochter,
d'un fils, eines Sohnes,	d'une fille, einer Tochter,
à un fils, einem Sohne,	à une fille, einer Tochter,
un fils, einen Sohn.	une fille, eine Tochter.
Paul, Paul, der Paul,	de Paul, Pauls, des Paul.
à Paul, dem Paul,	Paul, Paul, den Paul.
Emile, Emil, der Emil,	d'Emile, Emils, des Emil,
à Emile, dem Emil,	Emile, Emil, den Emil.

3. Wenn mehrere Ergänzungen zu einer Aussage vorhanden sind, so wird gewöhnlich das régime direct vor das régime indirect gestellt; also: 1. sujet, 2. verbe, 3. régime direct, 4. régime indirect.

Zur Übung der Aussprache:

martial, partial, spartiate, essentiel, pestilentiel, prétentieux, ambitieux, plénipotentiaire, Latium, Actium, précaution, nation, portion, invention, patient, impatient, patience, impatience, prophétie, minutie, ineptie, inertie, Béotie, Helvétie, aristocratie, diplomatie, démocratie.

amitié, inimitié, savetier, quartier, portier, portière, huitième, dynastie, amnistie, sacristie, modestie, question, mixtion, bastion, combustion, sympathie, apathie, chrestomathie, chrétien, chronique, chronologie, technologie, archéologie, chaos, chœur, choléra, écho, orchestre, Bacchus, Munich, Zurich.

Zu lernen:

Le christ (*l^ekrist*), Christus (der Gesalbte),
Jésus-Christ(*žézükri*), Jesus Christus,
le chrétien (*l^ekrét'e*), der Christ,
l'apôtre m. (*lapótr*), der Apostel,
le secret m. (*l^eskrè*), das Geheimnis,
l'ouvrage m. (*luvraž*), 1. die Arbeit, 2. das Werk,
l'ouvrier m. (*luvr'é*), der Arbeiter,
la voix (*lvwa*), die Stimme,
l'inventeur m. (*levatòr*), der Erfinder,
l'invention f. (*levas'ọ*), die Erfindung,
l'éditeur m. (*léditòr*), der Verleger, Herausgeber,
l'édition f. (*lédis'ọ*), die Ausgabe, Auflage,
la modestie (*lámòdèsti*), die Bescheidenheit,
la patience f. (*lápas'as*), die Geduld,

le chœur (*lᵉkòr*), der Chor,
l'écho m. (*lékó*), das Echo, der Widerhall,
l'amitié f. (*lamit'é*), die Freundschaft,
l'inimitié f. (*linimit'é*), die Feindschaft,
donné (*dòné*), gegeben,
l'impatience f. (*lepas'as*), die Ungeduld,
parlé (*parlé*) gesprochen, (à, mit),
répondu (*répodü*), geantwortet, (à, auf),
obéi (*òbéi*), gehorcht,
confié (*kof'é*), anvertraut.

Der Schüler verwandle das sujet der folgenden Sätze in die gleiche Person des pluriel und ändere dementsprechend die abhängigen Satzglieder um.

1. Le tailleur a apporté ces habits au fabricant. 2. Cette femme n'a pas parlé à mon oncle. 3. Le pauvre garçon a dit la vérité à Philippe. 4. La jeune fille a confié son secret à ma tante. 5. J'ai vu les hirondelles au jardin de ton père. 6. Tu n'as pas parlé hier au pauvre malade. 7. L'ouvrier aura oublié sa 'hache au jardin. 8. Mon ami a vendu sa maison au frère de Charles. 9. Aujourd'hui il a cueilli ces roses au jardin. 10. J'ai vu les soldats à la porte de la ville. 11. L'inventeur a vendu son invention à mon père. 12. Elle n'a pas parlé à son frère. 13. Il n'a pas répondu à sa sœur. 14. Le petit garçon a donné les papillons à son ami. 15. J'ai pris cette belle plume à mon ami. 16. Il a apporté les bouteilles au pauvre malade. 17. Ton frère a dit la vérité à son ami. 18. L'écho n'a pas répondu à notre guide. 19. L'éditeur a vendu cette belle édition au frère de Marie. 20. Hier le fabricant n'a pas caché la vérité à ses ouvriers.

Der Schüler verwandle das sujet der folgenden Sätze in die gleiche Person des singulier und ändere die abhängigen Satzglieder entsprechend um.

21. Ces fabricants n'ont pas confié leur invention à mon oncle. 22. Nous n'avons pas répondu à l'éditeur de ce beau livre. 23. Mes enfants ont confié leur secret à ton amitié. 24. Ces jeunes filles ont apporté leur ouvrage à leur mère. 25. Les éditeurs ont vendu leur secret à leur ami. 26. Les échos ont répondu à notre voix. 27. Mes sœurs ont cueilli ces fleurs au jardin. 28. Les apôtres ont obéi à la voix du Christ. 29. Les ouvriers ont apporté leur ouvrage au fabricant. 30. Aujourd'hui mes frères ont parlé à ce pauvre malade. 31. Ces soldats ont obéi à la voix de l'honneur. 32. Ces enfants n'ont pas dit la vérité à leur mère. 33. Vous aurez vu ces hirondelles à la campagne. 34. Nous avons appris notre leçon au jardin de ton oncle. 35. Ces hommes sont malades, ils n'ont pas répondu

à leurs enfants. 36. Nos ouvriers n'ont pas confié leur secret à leurs femmes. 37. Vos enfants ont perdu leurs livres à la ville. 38. Elles ont payé ces bouteilles à l'ouvrier. 39. Ils ont trouvé deux chiens à la maison. 40. Nous avons vu ces ouvriers à la fabrique de ton père. 41. Dieser Knabe hat seinem Vater die Wahrheit nicht gesagt. 42. Emil hat diese Rosen der Clara gegeben. 43. Der Schneider hat meinem Vater das Kleid gebracht. 44. Meine Tante hat diese Bücher dem Karl gegeben. 45. Dein Freund hat dieses Geheimnis meiner Schwester anvertraut. 46. Unser Arbeiter hat eine schöne Erfindung gemacht. 47. Das Echo hat nicht geantwortet auf unsre Stimme. 48. Die Herausgeber haben diese Auflage dem Buchhändler verkauft. 49. Der Erfinder hat seine Erfindung nicht verkauft. 50. Gestern haben wir mit dem Fabrikanten gesprochen. 51. Eure Gärtnerin hat meiner Tante diese schönen Blumen gebracht. 52. Dieser Knabe wird seinem Vater nicht gehorcht haben. 53. Gestern haben die Arbeiter meinem Bruder diese Arbeit gebracht. 54. Wir haben Pauls Hunde nicht gesehen. 55. Diese jungen Mädchen haben meiner Tante die Arbeit gebracht.

Leçon 9.

Aussprache: 1. qu ausnahmsweise = *ku* in: quatuor, quadrupède, in-quarto, équation, équateur, aquarium.

2. qu ausnahmsweise = *kü* in: équestre, questure.

3. um am Ende des Wortes = *öm*, ausgenommen parfum (*parfö*).

4. Die Konsonantenpaare gg und cc vor e, i, y = *gž* und *ks*. Doppeltes gg stets deutlich hörbar, die übrigen Konsonantenpaare meist wie einfacher Konsonant auszusprechen.

Silbentrennung (§ 50). 1. Einfache Konsonanten zwischen Vokalen gehören zur folgenden Silbe. Wie einfache Konsonanten zu behandeln sind: ch, ph, th, gn, bl, br, cl, cr, dr, fl, fr, gl, gr, pl, pr, sph, str, tr.

2. Konsonantenpaare und doppelte Konsonanten (mit Ausnahme der eben angeführten) werden getrennt (§ 50, 3. 4.)

3. Abtrennung stummer Silben ist möglichst zu vermeiden (§ 50, 1).

Bindung (liaison) (§ 52). 1. Dem Sinne nach eng verbundene Worte sind ohne Zwischenpause zu sprechen; dabei werden viele verstummte Konsonanten am Ende des Wortes wieder hörbar, wenn sie vor Vokale zu stehen kommen, aber so, daß sie mit dem folgenden Worte klingen.

2. s, x, z werden = *z*-Laut gebunden, d, t = *t*, c, g, q = *k*; die Nasalierung wird durch Bindung geschwächt.

3. Das Bindewort et, und, wird nie gebunden.

Zu lernen:

la qualité (*lákalité*), die Eigenschaft (der Vorzug),
la quantité (*lákatité*), die Menge, die Quantität,
le gardien (*l⁰gard⁽e⁾*), der Wächter,
la garde (*lágard*), die Wache, Bewachung,
le compagnon (*l⁰kopañọ*), der Gefährte, Genosse,
la forme (*láfòrm*), die Form, Gestalt,
la couleur (*lákulòr*), die Farbe,
la grandeur (*lágradòr*), die Größe,
la longueur (*lálọgòr*), die Länge,
le regard (*l⁰r⁰gar*), der Blick,
le désir de plaire (*l⁰dézird⁰plèr*), der Wunsch (das Verlangen) zu gefallen,
la fidélité (*láfidélité*), die Treue,
la confiance (*lákọfⁱas*), das Vertrauen, Zutrauen,
l'affection (*lafèksⁱọ*), die Neigung, Zuneigung,
avec (*avèk*), mit, bei,
tout (*tu*), toute (*tut*), jeder, jede, jedes, tous (*tu*), toutes (*tut*), alle.

la taille (*látat*), die Gestalt, der Wuchs, die Statur,
la bête (*lábèt*), das Tier,
le poil (*l⁰pᵘal*), das Haar, die Wolle,
le museau (*l⁰müzó*), die Schnauze,
la tête (*látèt*), der Kopf,
le naturel (*l⁰natürèl*), die Natur, das Naturell,
le maître (*l⁰mètrᵃ*), der Herr, Gebieter, Meister, Lehrer,
la marque (*lámark*), der Beweis,
le secours (*l⁰skur*), die Hilfe,
la queue (*láké*), der Schwanz, Schweif,
ardent (e) (*arda, at*), feurig, hitzig,
fidèle (*fidèl*), treu, zuverlässig,
fier m., fière f. (*fièr*), stolz,
attiré (*atiré*), angelockt, angezogen,
dompté (*doté*), gezähmt, gebändigt,
détruit (*détrᵘi*), zerstört, vernichtet,
différent (e) (*difèra, at*), verschieden,
quand (*ka*), wenn, wann,
toujours (*tužur*), stets, immer,

☞ Der Schüler verwandle das Wort »chien« in den pluriel und ändere dementsprechend die übrigen Satzglieder um.

Le chien.

Le chien a toutes les qualités qui ont toujours attiré les regards de l'homme. Il est d'un naturel ardent, il a le désir de plaire à son maître et une grande fidélité. Quand on a confié au chien la garde de la maison, il est fier de cette marque de confiance. Il a une grande affection pour tous les amis de son maître, et une grande haine pour tous les étrangers. Avec le secours du chien, l'homme a dompté ou détruit toutes les autres bêtes. Le chien a différentes formes; la grandeur de sa taille, la longueur de son museau, la forme de sa tête, la longueur de ses oreilles et de sa queue, la couleur, la qualité et la quantité de son poil sont très différentes. Le chien est le compagnon de l'homme à la chasse, et le fidèle gardien de sa maison.

III. Methodische Grammatik.

Zur Übung der Aussprache:

Der Schüler trenne die Worte der folgenden Leseübung in Silben.

Deux servantes, Louise et Marie, allaient à la ville voisine. Chacune d'elles portait sur sa tête une corbeille de fruits extrêmement lourde. Louise ne cessait pas de se plaindre et de soupirer; Marie, au contraire, badinait et riait sans cesse. «Comment pouvez-vous rire, lui dit Louise, votre corbeille est au moins aussi lourde, que la mienne, et mes forces sont égales aux vôtres?» Marie reprit: «J'ai ajouté une certaine plante à mon fardeau, et de cette manière je le sens à peine; faites comme moi, et vous en serez bien contente.» Louise s'écria: «Cette plante doit être bien précieuse, sans doute. Je désirerais fort en avoir pour rendre ma charge plus légère. Dites m'en le nom, je vous en prie beaucoup!» «La précieuse plante, répondit Marie en riant, qui seule peut alléger tous les fardeaux, s'appelle la patience.»

Le petit Robert avait la rougeole. Il était presque guéri, mais le médecin avait défendu de le laisser lever, et surtout de lui laisser prendre l'air frais. Sa mère restait toujours auprès de lui. Un jour, elle fut obligée de sortir en ville. Robert connaissait très bien la défense du médecin; mais, malgré cela, il se leva, alla à la fenêtre, l'ouvrit et regarda longtemps dans la rue. Le lendemain, il avait mal aux yeux, et lorsque le médecin arriva, il déclara que Robert pourrait bien devenir aveugle. Le pauvre malheureux se repentit bien d'avoir désobéi; mais il était trop tard: le médecin n'avait malheureusement que trop bien dit la vérité.

Leçon 10.

I. Geschlecht und Zahl des Hauptwortes
(genre et nombre du substantif [$\check{z}$arénobr⁰düsübstatif]).

Man unterscheidet beim französischen substantif:
1. Männliches Geschlecht (masculin [maskül$_e$]) und weibliches Geschlecht (féminin [fémin$_e$]).
2. Einzahl (singulier [segül'é]) und Mehrzahl (pluriel [plür'èl]).

II. Bildung der Mehrzahl
(formation du pluriel [förmas'odüplür'èl]).

1. Der pluriel wird meist durch ein am Ende des Wortes an=
gehängtes s (welches nur durch Bindung Lautwert erlangt)
bezeichnet: le frère, les frères.
2. Das s als Zeichen des pluriel wird nicht angehängt, wenn das
betreffende Wort bereits auf: s, x, z endigt: le fils, les fils;
la noix, les noix; le nez, les nez.

III. Formen des (bestimmten) Artikels
(formes de l'article [form⁰dlartikl⁰]).

le (l⁰) m. s. } vor Kon= } l' m. s. } vor Vokalen } der, die,
la (la) f. s. } sonanten   f. s. } u. h muette } das,
les m. und f. plur. (vor Vokalen und Konsonanten) die.

Anm. 1. le und la werden apostrophiert vor Vokal und h muette.
Anm. 2. Das vor Konsonanten verstummte s von les wird stets hörbar vor Vokal und h muette.

Zu lernen:

la famille (láfamil), die Familie,
le père (l⁰pèr), der Vater,
la mère (lámèr), die Mutter,
l'enfant (lafa), das Kind,
le fils (l⁰fis), der Sohn,
la fille (láfil), die Tochter, das Mädchen,
le garçon (l⁰garso), der Knabe,
le frère (l⁰frèr), der Bruder,
la sœur (lásòr), die Schwester,
l'oncle (lokl⁰), der Oheim, Onkel,
la tante (látat), die Tante, Muhme,

l'eau (ló), das Wasser,
le lait (l⁰lè), die Milch,
le thé (l⁰té), der Thee,
le café (l⁰kafé), der Kaffee,
la bière (láb'èr), das Bier,
le vin (l⁰ve), der Wein,
la pomme (lápòm), der Apfel,
la poire (láp"ar), die Birne,
la prune (láprün), die Pflaume,
la cerise (lásriz), die Kirsche,
la noix (lán"a), die Nuß, Walnuß,

6*

les parents (*lėparą*), 1. die Eltern, 2. die Verwandten,
la noisette (*lánᵘazèt*), die Haselnuß,
un (*ǫ*), une (*ün*), ein, eine, eins,
deux (*dó*), zwei,
trois (*trᵘa*), drei,
quatre (*katrᵒ*), vier, et. und,

apporté (*apòrté*), gebracht,
mangé (*mąžé*), gegessen,
bu (*bü*), getrunken,
vu (*rü*), gesehen,
acheté (*aśté*), gekauft,
cherché (*śèrśé*), gesucht,
trouvé (*truré*), gefunden,

    mon (*mǫ*), ma (*má*), mes (*mè*), mein, meine,
    ton (*tǫ*),   ta (*tá*),   tes (*tè*), dein, deine,
    son (*sǫ*),   sa (*sá*),   ses (*sè*), sein, seine.

je (*žə*), ich,   **tu** (*tü*), du,   **il** (*il*), er,   **elle** (*èl*), sie,
nous (*nu*), wir, **vous** (*ru*), Sie, ihr, **ils** (*il*), sie, **elles** (*èl*), sie.

Anm. Die höfliche Anrede ist im Französischen durch die zweite Person des Pluriel zu geben, nicht (wie im Deutschen), durch die dritte.

              avoir (*avᵘar*), **haben.**
        présent de l'indicatif (*prézadlędicatif*).

      bejahend   fragend
(affirmativement [*ajirmativᵒma*]). (interrogativement [*ętèrògativᵒma*]).

j'ai (*žè*), ich habe,   ai-je? (*èž*), habe ich?
tu as (*tüa*), du hast,   as-tu? (*atü*), hast du?
il a (*ila*), er hat,   a-t-il? (*atil*), hat er?
elle a (*èla*), sie hat,   a-t-elle? (*atèl*), hat sie?
nous avons (*nuzavǫ*), wir haben, avons-nous? (*avǫnu*), haben wir?
vous avez (*vuzavé*), Sie haben, avez-vous? (*avévu*), haben Sie?
       ihr habt,   habt ihr?
ils ont (*ilzǫ*), sie haben,   ont-ils? (*ǫtil*), haben sie?
elles ont (*èlzǫ*), sie haben.   ont-elles? (*ǫtèl*), haben sie.

Anm. 1. Um das Zusammentreffen zweier Vokale (hiatus [*iatüs*]) zu vermeiden, steht bei vokalisch endenden Verbalformen vor il und elle stets euphonisches -t- zwischen Bindestrichen (trait d'union [*trèdüniǫ*]).

Anm. 2. Der Anfänger beachte den Bindestrich in der fragenden Form.

A. Die bejahende Form der folgenden Sätze ist in die fragende zu verwandeln: elle a vu sa famille — a-t-elle vu sa famille?

1. J'ai bu l'eau et le vin. 2. Tu as mangé deux pommes. 3. Il a acheté les noix. 4. Elle a fait le thé. 5. Nous avons apporté les cerises. 6. Vous avez bu la bière. 7. Ils ont mangé trois poires. 8. Elles ont bu le café. 9. Tu as cherché ton frère. 10. Elle a vu mon père. 11. Il a vu ta mère. 12. Ils ont trouvé ma sœur

13. Elles ont vu ton fils. 14. Vous avez bu mon vin. 15. Nous avons mangé tes pommes. 16. J'ai bu ton café et ton lait. 17. Tu as bu ma bière. 18. Il a mangé mes cerises. 19. Elle a apporté tes noix. 20. Elles ont trouvé quatre prunes.

B. **Die fragende Form der folgenden Sätze ist in die bejahende zu verwandeln:** a-t-il trouvé la noix? — il a trouvé la noix.

21. Ai-je vu ta famille? 22. As-tu cherché mon père? 23. A-t-il trouvé ses parents? 24. A-t-elle apporté ses noisettes? 25. Avons-nous mangé les prunes? 26. Avez-vous vu mon oncle? 27. Ont-ils cherché les noix? 28. Ont-elles fait le thé et le café? 29. Avez-vous bu la bière? 30. As-tu mangé les prunes? 31. Ai-je bu mon vin? 32. Avons-nous trouvé deux pommes? 33. Avez-vous cherché les noisettes? 34. As-tu mangé trois poires? 35. A-t-il vu mon oncle? 36. A-t-elle cherché ma tante? 37. Ont-ils trouvé mes pommes? 38. Ont-elles fait ton café? 39. A-t-il vu tes parents et ta famille? 40. A-t-elle cherché ses cerises?

C. **Das sujet singulier der folgenden Sätze ist in die gleiche Person des pluriel zu verwandeln:** tu as vu mon père — vous avez vu mon père.

41. Il a trouvé quatre noix. 42. A-t-il cherché mes parents? 43. Elle a mangé mes pommes et mes poires. 44. A-t-elle bu ton lait et ton café? 45. Tu as acheté les cerises. 46. As-tu apporté les poires? 47. J'ai vu ton fils et ta fille. 48. Ai-je bu ta bière? 49. A-t-il mangé les cerises? 50. A-t-elle cherché mes prunes? 51. Ai-je vu tes enfants? 52. As-tu cherché mon père et ma mère? 53. A-t-il trouvé ma fille? 54. A-t-elle apporté mon lait? 55. Tu as mangé mes poires. 56. As-tu vu mes enfants? 57. Il a trouvé les noisettes. 58. Elle a fait le thé. 59. A-t-elle vu ma fille? 60. A-t-il vu mon fils?

61. Meine Mutter hat die Nüsse gekauft. 62. Dein Bruder hat das Wasser getrunken. 63. Hat er den Wein getrunken? 64. Mein Oheim hat den Wein getrunken. 65. Meine Schwester hat deine Mutter gesehen. 66. Das Kind hat die Kirschen gegessen. 67. Haben Sie den Kaffee gemacht? 68. Deine Mutter hat den Kaffee gemacht. 69. Mein Vater hat deine Schwester gesucht. 70. Ich habe deine Tante und deinen Oheim gesehen. 71. Haben Sie die Pflaumen gebracht? 72. Mein Bruder hat die Pflaumen gebracht. 73. Der Knabe hat die Haselnüsse gesucht. 74. Du hast die Milch und den Kaffee getrunken. 75. Hat sie meinen Bruder gesehen? 76. Meine Eltern haben die Äpfel und die

Birnen gekauft. 77. Ich habe das Bier getrunken, und mein Bruder hat den Wein getrunken. 78. Haben wir die Familie gesehen? 79. Meine Tante hat die Familie gesehen. 80. Das Mädchen hat die Nüsse gefunden.

Leçon 11.

I. Das französische substantif (*sübstatif*) ist undeklinierbar (indéclinable [*edéklinablᵉ*]). Die deutschen Kasus werden ersetzt:

    a. durch Stellung,

    b. durch Verhältniswörter (prépositions [*prépòzisᶦọ*]) und Stellung.

1. Das Subjekt (**sujet** [*süžέ*]) steht stets vor der Aussage (verbe [*vέrb*]): le père est venu, der Vater ist gekommen.

2. Das Akkusativobjekt (**régime direct** [*režimdirὲkt*]) steht stets nach der Aussage: j'ai vu le père, ich habe den Vater gesehen.

3. Die préposition tritt unmittelbar zur Nennform des substantif: chez le père, bei dem Vater, sous ton père, unter deinem Vater.

4. Zusammengesetzte Verbformen werden nie durch das régime direct von einander getrennt: j'ai vu ton père = ich habe deinen Vater gesehen.

Anm. Der Anfänger übersehe nicht, daß sujet und régime direct sich nicht durch ihre Form, sondern nur durch die Stellung von einander unterscheiden, also folgende Wortstellung (construction [*kọstrüksᶦọ*]) streng inne zu halten ist:

    1. sujet.   2. verbe (participe passé).   3. régime direct.

II. Tonloses (verbundenes) besitzanzeigendes Fürwort
(adjectif possessif [*adžὲktifposὲsif*]):

auf einen Besitzer bezogen	mon (*mọ*), ton (*tọ*), son (*sọ*)	ma (*ma*), ta (*ta*), sa (*sa*)	mes (*mέ*), mein, meine, tes (*tὲ*), dein, deine, ses (*sὲ*), 1. sein, seine. 2. ihr, ihre.
auf mehrere Besitzer bezogen	notre (*nὸtr*), votre (*vὸtr*), leur (*lὲr*)	nos (*nó*), vos (*vó*), leurs (*lὲr*)	unser, unsere, 1. euer, eure. 2. Ihr, Ihre. ihr, ihre.

Anm. 1. Das Geschlecht des Besitzers wird in der dritten Person des singulier ebensowenig unterschieden, wie in der ersten und zweiten und in allen drei Personen des pluriel; sein und ihr also son, sa, ses: le père aime ses (seine) enfants; la mère aime ses (ihre) enfants.

Anm. 2. Da dem Franzosen stets die zweite Person des pluriel als höfliche Anrede dient, so muß Ihr, Ihre stets durch votre, vos übersetzt werden.

Zu lernen:

le cousin (*lᵒkuzę*), der Vetter,
la cousine (*lákuzin*), die Cousine, Base,
le neveu (*lᵒnᵒró*), der Neffe,
la nièce (*lánⁱès*), die Nichte,
l'homme m. (*lòm*), der Mann, Mensch,
le mari (*lᵒmari*), der Mann, Gatte,
le monsieur (*lᵒmsⁱó*), der Herr,
la dame (*ládam*), die Dame, Frau,
la femme (*laſam*), die Frau, Gattin,
la demoiselle (*ládᵒmᵘazèl*), das Fräulein,
le maître (*lᵒmètrᵒ*), der Meister, Lehrer, Herr, Gebieter,
l'élève m. u. f. (*lélèv*), der Schüler, die Schülerin,
l'école (*lékòl*), die Schule,
la classe (*láklas*), die Klasse,
la table (*látabl*), der Tisch, die Tafel,
la chaise (*láśèz*), der Stuhl,
le siège (*lᵒsⁱèž*), der Sessel, Sitz,

le cahier (*lᵒkaⁱé*), das Heft, Schreibheft,
la plume (*laplüm*), die Feder, Schreibfeder,
le crayon (*lᵒkrèⁱǫ*), der Stift, Bleistift,
l'encre (*lakr*), die Tinte,
l'encrier m. (*lakrⁱé*), das Tintenfaß,
la règle (*lárèglᵒ*), die Regel, das Lineal,
oublié (*ublⁱé*), vergessen,
le livre (*lᵘlivrᵒ*), das Buch,
le banc (*lᵘba̧*), die Bank,
payé (*péⁱé*), bezahlt,
perdu (*pèrdü*), verloren,
donné (*dòné*), gegeben,
chez (*śé*), bei, pour (*pur*), für,
dans (*da̧*), in, innerhalb,
sous (*su*), unter,
mais (*mè*), aber,
et (*é*), und, ou (*u*), oder,
oui (*ui*), ja,
si (*si*), ja doch, freilich,
non (*no̧*), nein;
ne (*nᵛ*) .... pas (*pa*), nicht.

Anm. 1. Das t des Bindewortes et wird nie gebunden.

Anm. 2. Der höflichen Anrede ist stets eine Bezeichnung der angeredeten Person beizufügen: monsieur (*msⁱó*) messieurs (*mèsⁱó*); madame (*mᵃdam*); mesdames (*mèdam*); mademoiselle (*mᵃdmᵘazèl*): mesdemoiselles (*mèdmᵘazèl*); maman (*mama̧*), Mama; papa (*papa*), Papa; mon père (*mǫpèr*) etc.

avoir, haben.
présent de l'indicatif.

verneinend
(négativement [*négativᵒma̧*]).

verneinend und fragend
(interrogativement et négativement).

je n'ai pas (*žnépa*), ich habe nicht,   n'ai-je pas? (*nézpa*), habe ich nicht?
tu n'as pas (*tünapa*), du hast nicht,   n'as-tu pas? (*natüpa*), hast du nicht?
il n'a pas (*ilnapa*), er hat nicht,   n'a-t-il pas (*natilpa*), hat er nicht?
elle n'a pas (*èlnapa*), sie hat nicht,   n'a-t-elle pas? (*natèlpa*), hat sie nicht?

nous n'avons pas (*nunavǫpa*), wir haben nicht,

n'avons-nous pas (*navǫnupa*), haben wir nicht?

vous n'avez pas (*runarépa*), Sie haben nicht, ihr habt nicht,

n'avez-vous pas? (*navérupa*), haben Sie nicht? habt ihr nicht?

ils n'ont pas (*ilnǫpa*), sie haben nicht,

n'ont-ils pas? (*nǫtilpa*), haben sie nicht?

elles n'ont pas (*élnǫpa*), sie haben nicht.

n'ont-elles pas? (*nǫtèlpa*), haben sie nicht?

Anm. 1. Die Verneinung (négation [*négasiǫ*]) beim verbe besteht stets aus zwei Worten ne ... pas. ne tritt vor, pas hinter das verbe.

Anm. 2. Die Bejahung oui bestätigt si berichtigt: oui antwortet also auf eine Frage, welche „ja", si auf eine Frage, welche „nein" als Antwort erwartete.

A. In den folgenden Sätzen ist die Verneinung auszulassen: je n'ai pas vu ton frère — j'ai vu ton frère.

1. N'ai-je pas perdu mes livres? 2. N'as-tu pas mangé tes cerises? 3. N'a-t-il pas vu mon cousin et ma cousine? 4. N'a-t-elle pas oublié sa nièce? 5. N'avons-nous pas apporté notre livre et nos cahiers? 6. N'avez-vous pas cherché votre encrier et vos plumes? 7. N'ont-ils pas bu leur vin et leur bière? 8. N'ont-elles pas mangé leurs cerises et leurs prunes? 9. N'avez-vous pas vu les hommes et les femmes? 10. N'as-tu pas oublié ton encrier et ta règle? 11. N'avons-nous pas payé notre table et nos chaises? 12. Je n'ai pas acheté les bancs. 13. N'as-tu pas vu mon frère dans la classe? 14. N'avez-vous pas oublié vos cahiers chez nos parents? 15. Ils n'ont pas vu ma nièce chez leur tante. 16. N'ont-elles pas acheté leurs cahiers chez mon oncle? 17. N'avez-vous pas perdu votre crayon dans l'école? 18. N'a-t-il pas cherché son livre sous la table? 19. Elle n'a pas oublié son cahier chez ses parents. 20. Ils n'ont pas trouvé les pommes dans leur classe.

B. Das sujet der folgenden Sätze ist aus dem singulier in den pluriel umzuwandeln: il a perdu son livre — ils ont perdu leur livre; je — nous, tu — vous.

21. N'as-tu pas vu mon livre sur la table? Si, monsieur, j'ai vu votre livre. 22. As-tu mangé tes pommes? Oui, madame, j'ai mangé deux pommes et trois poires. 23. A-t-il trouvé son livre sur le banc? Non, mademoiselle, il n'a pas trouvé son livre. 24. N'a-t-elle pas oublié ses plumes et ses crayons? Si, mon père, elle a oublié ses plumes et ses cahiers. 25. N'ai-je pas vu ton frère chez notre oncle? Non, mon enfant, tu as vu mon cousin. 26. N'as-tu pas payé ses livres et ses cahiers? Si, monsieur, j'ai payé les livres, les cahiers

et les plumes. 27. A-t-il perdu sa règle et ses crayons dans l'école? Non, maman, il a perdu sa règle, mais il n'a pas perdu les crayons. 28. A-t-elle bu le lait ou la bière? Elle a bu le lait, et son frère a bu la bière. 29. N'a-t-il pas acheté son encrier chez mon père? Si, mon enfant, il a acheté son encrier et ses plumes chez ton père. 30. A-t-elle cherché ses livres sous la table? Oui, papa, elle a cherché ses livres sous la table.

31. Hast du deine Bücher vergessen, mein Kind? Nein, aber ich habe meine Feder und das Lineal vergessen. 32. Haben Sie nicht meine Tochter in der Klasse gesehen? Ja, ich habe Ihre Tochter in der Klasse gesehen. 33. Hat er die Bücher und die Hefte bezahlt? Ja, aber er hat die Tinte nicht bezahlt. 34. Hast du nicht mein Tintenfaß und meine Bleistifte auf dem Tische gesehen? Ja, ich habe Ihre Bleistifte gesehen, aber ich habe Ihr Tintenfaß nicht gesehen. 35. Meine Nichte hat ihre Bücher bei ihrer Tante vergessen. 36. Meine Brüder haben ihre Federn in der Klasse gesucht. 37. Meine Schwester hat ihre Äpfel und ihre Birnen gegessen, aber meine Vettern haben ihre Äpfel nicht gegessen. 38. Hast du nicht deine Hefte bezahlt? 39. Haben Sie nicht die Knaben und die Mädchen gesehen? 40. Wir haben Ihren Knaben gesehen, aber wir haben Ihre Mädchen nicht gesehen.

Leçon 12.

I. Bildung des weiblichen Geschlechts
(formation du féminin [fòrmas'odü'féminę]).

1. Das féminin des Eigenschaftswortes (adjectif [adžėktif]) und einiger Hauptwörter (substantifs) wird durch ein am Ende des Wortes angehängtes e (ohne Lautwert, aber vielfach den Lautwert des vorangehenden Konsonanten ändernd) gebildet: grand m., grande f. (Eigenschaftswort zweier Endungen, adjectif de deux terminaisons [adžėktif- d⁰détèrminėsǫ]).

2. e wird nicht angehängt, wenn das Wort bereits auf e endigt. riche m. und f., pauvre m. und f. (Eigenschaftswort einer Endung, adjectif d'une terminaison [adžėktifdüntèrminèsǫ]).

II. Tonloses (verbundenes) hinweisendes Fürwort
(adjectif démonstratif [adžėktifdémǫstratif]).

sing. { ce (sö) / cet (sèt) } masc. / cette (sèt) fem. } dieser, diese, dieses, der, derjenige ꝛc. plur. { ces (sè), diese, die, diejenigen.

Anm. 1. Die Form cet wird nur vor Vokalen und h muette verwendet, zur Vermeidung des hiatus.

Anm. 2. Aus demselben Grunde werden ma, ta, sa vor Vokalen und h muette durch mon, ton, son ersetzt.

III. Das französische adjectif richtet sich stets in Geschlecht (genre) und Zahl (nombre) nach seinem substantif, gleichviel ob es als attribut, prédicat oder apposition gebraucht ist.

Anm. Der Anfänger gewöhne sich, vor Anwendung des adjectif stets zu fragen: „wer oder was besitzt die genannte Eigenschaft?" — und ausnahmslos, je nach Geschlecht und Zahl des die Antwort bildenden substantif, das adjectif abzuändern. Grammatik und Wörterbuch geben ihm stets masc. sing. an, für fém. sing. hat er also ein e, für masc. plur. ein s, für fém. plur. ein es anzuhängen. Es ergiebt sich aus dem Gesagten, daß die Behandlung des französischen adjectif ungleich einfacher ist als die des deutschen; trotzdem schleichen sich, namentlich bei dem (im Deutschen unveränderlichen) prädikativen adjectif, leicht Fehler ein.

Zu lernen:

le vêtement (*l°rètma*). die Kleidung,
le manteau (*l°mató*), der Mantel,
l'habit (*labi*), der Rock, Leibrock,
la redingote (*làr°degòt*), der Rock, Überzieher,
le gilet (*l°žilè*), die Weste,
le pantalon (*l°patalọ*), die Hose, das Beinkleid,
le caleçon (*l°kalsọ*), die Unterhose,
la chemise (*làšmiz*), das Hemd,
le bas (*l°ba*), der Strumpf,
le soulier (*l°sulé*), der Schuh,
la botte (*làbòt*), der Stiefel,
la pantoufle (*làpatuf̣l*), der Hausschuh,
le chapeau (*l°šapó*), der Hut,
la casquette (*làkaskèt*), die Mütze,
la cravate (*làkravat*), die Halsbinde,
le col (*l°kòl*), der Kragen,
le faux-col (*l°fókòl*), der Hemdkragen,
le gant (*l°gạ*), der Handschuh,
ici (*isi*), hier, là (*là*), dort.

grand m. (*grạ*), grande f. (*grạd*), groß,
petit m. (*pti*), petite (*ptit*), klein,
pauvre m. u. f. (*pórr°*), arm,
riche m. u. f. (*riš*), reich,
utile m. u. f. (*ütil*), nützlich,
inutile m. u. f. (*inütil*), unnütz, nutzlos,
facile m. u. f. (*fasil*), leicht,
difficile m. u. f. (*difisil*), schwer,
content m. (*kọtạ*), contente f. (*kọtạt*), zufrieden,
mécontent m. (*mékọtạ*), mécontente f. (*mékọtạt*), unzufrieden,
bon m. (*bọ*), bonne f. (*bòn*), gut,
mauvais m. (*mòvè*), mauvaise f. (*mòvèz*), schlecht,
joli m., jolie f. (*žòli*), hübsch, niedlich,
beau (*bó*), bel m., belle f. (*bèl*), schön,
nouveau (*nuvó*), nouvel (*nuvèl*) m., nouvelle f. (*nuvèl*), neu,
souvent (*suvạ*), oft,
toujours (*tužur*), immer,
où (*u*), wo, quand (*kạ*), wann,

Verbe auxiliaire être.

être (*ètrᵒ*), fein.

présent de l'indicatif.

bejahend (affirmativement).

je suis (*ž̄ᵘsᵘi*), ich bin,
tu es (*tüè*), du bist,
il est (*ilè*), er ist,
elle est (*èlè*), sie ist,
nous sommes (*nusòm*), wir sind,
vous êtes (*vusèt*), Sie sind, ihr seid,
ils sont (*ilsǫ*), sie sind,
elles sont (*èlsǫ*), sie sind,

fragend (interrogativement).

suis-je? (*sᵘiž̄*), bin ich?
es-tu? (*ètü*), bist du?
est-il? (*ètil*), ist er?
est-elle? (*ètèl*), ist sie?
sommes-nous? (*sòmnu*), sind wir?
êtes-vous? (*ètvu*), sind Sie? seid ihr?
sont-ils? (*sǫtil*), sind sie?
sont-elles? (*sǫtèl*), sind sie?

A. Das sujet der folgenden Sätze ist aus dem singulier in den pluriel zu verwandeln und dementsprechend das adjectif abzuändern: je ne suis pas riche — nous ne sommes pas riches.

1. Je suis toujours content. 2. Tu es souvent mécontente. 3. Son frère est riche, mais sa sœur est pauvre. 4. Cet enfant est petit. 5. Est-elle contente ou mécontente? 6. Est-il riche ou pauvre? 7. Ce livre est utile, mais ce cahier est inutile. 8. Cette pantoufle est belle. 9. Ce gant est bon. 10. Ce soulier est grand, mais cette botte est petite. 11. Ton frère est souvent mécontent, mais ta sœur est toujours contente. 12. Votre cousin est grand et votre cousine est petite. 13. Notre pantalon est joli et notre casquette est belle. 14. Son frère est bon et sa cousine est bonne. 15. Ce garçon est grand et cette fille est petite. 16. Ce gant est joli et cette cravate est belle. 17. Cette chaise est inutile, mais ce banc est utile. 18. Cet homme est grand et sa femme est petite. 19. Le crayon est mauvais, mais la plume est bonne. 20. La pomme est grande, et la cerise est petite.

B. Das régime direct der folgenden Sätze ist aus dem singulier in den pluriel zu verwandeln, und die adjectifs sind dementsprechend abzuändern; das **sujet** bleibt unverändert: Ton frère a perdu son petit cahier — ton frère a perdu ses petits cahiers.

21. Où as-tu acheté cette belle cravate? 22. Nous n'avons pas oublié cette règle difficile. 23. Ton frère a mangé cette belle pomme. 24. Ta cousine n'a pas perdu son joli crayon et sa belle plume. 25. Vos parents ont payé ce gilet et cet habit. 26. Son oncle n'a pas acheté ce livre inutile. 27. Où a-t-il trouvé cette belle chemise? 28. Quand avez-vous vu cet enfant mécontent? 29. Mon fils n'a pas

mangé cette belle poire, il a mangé la grande pomme. 30. Ta fille a apporté cette belle noix, et cette petite noisette. 31. Où avons-nous acheté cette grande table et ce joli siège? 32. Quand avez-vous vu mon enfant? 33. Ta tante n'a pas trouvé son gant. 34. Mon neveu n'a pas vu cette belle cravate? 35. Où ont-ils trouvé cette grande prune et cette belle cerise. 36. Les élèves ont oublié leur cahier et leur plume, mais ils ont apporté leur livre. 37. Ce pauvre garçon a perdu son joli crayon et sa belle plume. 38. Ma sœur n'a pas oublié son gant. 39. Mes parents ont vu souvent cet homme et ses enfants. 40. Nos enfants ont acheté ce livre, ce cahier, ce crayon, cette plume et cet encrier.

41. Wo hast du dieses schöne Buch gekauft, mein kleiner Freund? Mein guter Vater hat das Buch gekauft. 42. Dieser Rock ist schön und diese Halsbinde ist hübsch. 43. Wann haben Sie meinen kleinen Bruder gesehen? 44. Die Kinder haben diese Kirschen und diese Pflaumen gebracht. 45. Wo haben wir diese Handschuhe gekauft? 46. Deine Schwester ist hier, sie hat ihre Hefte nicht vergessen. 47. Wir haben das Tintenfaß nicht auf Ihrem Tische gefunden. 48. Du bist immer unzufrieden und deine Schwester ist immer zufrieden. 49. Diese Regeln sind nützlich aber schwer. 50. Dieser Knabe ist groß und seine Schwestern sind klein. 51. Mein Neffe hat deine Tanten nicht gesehen. 52. Das kleine Mädchen hat ihren Bleistift unter der Bank gesucht. 53. Haben wir nicht deine Schwestern bei meinem Oheim gesehen? 54. Wann hast du dein Heft vergessen? 55. Haben Sie diese Hefte für meinen Bruder oder für meine Schwester gekauft? 56. Dein Mantel ist groß und schön. 57. Ich habe diese Schuhe gekauft, mein Bruder hat diese Stiefeln gekauft. 58. Haben Sie nicht meine Kleider bezahlt? 59. Ich habe Ihren Rock bezahlt, aber ich habe Ihre Hose nicht bezahlt. 60. Diese kleinen Knaben sind meine Brüder, und dieses kleine Mädchen ist meine Cousine.

Leçon 13.

I. 1. Der deutsche Genitiv wird französisch meist ersetzt durch die préposition de — von, aus.

2. Der deutsche Dativ wird französisch meist ersetzt durch die préposition à — zu, nach, in, auf.

3. de und à verschmelzen mit einigen Formen des **article**:

   de le = **du**; à le = **au**, (vergl. in dem = im),
   de les = **des**; à les = **aux**, (durch das = durchs).

Die verschiedenen zur Anwendung kommenden Formen des bestimmten Artikels (article) sind also:

le, la, l', les, der, den, die, das,
du, de la, de l', des, des, der, vom, von der, von den,
au, à la, à l', aux, dem, der, zum, zur, zu den.

II. 1. Alle vom verbe abhängig gedachten, demselben untergeordneten Satzglieder, mögen sie mit oder ohne préposition stehen, heißen régimes (Regierte) und stehen hinter dem verbe.

2. Sie werden bezeichnet:
  a. als **régime direct** (*rézimdirèkt*), wenn sie unmittelbar abhängig sind, also ohne préposition stehen: j'admire la vertu.
  b. als **régime indirect** (*rézimedirèkt*), wenn sie mittelbar abhängig, also mit préposition verbunden sind. In: je pardonne à mon ami, j'ai besoin d'argent sind .... à mon ami, ... d'argent — régimes indirects.

3. Das régime direct steht vor dem régime indirect, es ist also folgende Wortstellung inne zu halten:
1. sujet, 2. verbe (participe passé), 3. régime direct, 4. régime indirect.

III. Verbundenes fragendes Fürwort
  (adjectif interrogatif [*adzèktifetèrogatif*]).

quel (masc. sing.)   **quels** (masc. pl.) ⎫
quelle (fem. sing.) **quelles** (fem. pl.) ⎬ welcher, welche, welches.

IV. Auf **au, eau, eu** und **œu (ou)** auslautende substantifs und adjectifs hängen **x** statt **s** als Zeichen des pluriel an: au — aux, beau — beaux, neveu — neveux, genou — genoux.

Zu lernen:

la profession (*láprofès'ǫ*), der Stand, Beruf,
le professeur (*lᵉpròfèsèr*), der Lehrer,
le maître (*lᵉmètrᵒ*), der Meister, Lehrer,
la maîtresse (*lámètrès*), die Lehrerin,
l'instituteur (*lęstitütèr*), der Erzieher,
l'institutrice (*lęstitütris*), die Erzieherin,
l'institution (*lęstitus'ǫ*), die Erziehungsanstalt,
la pension (*lápąs'ǫ*), die Pension,

la marchandise (*lámarsądiz*), die Ware,
l'acheteur (*lastòr*), der Käufer,
l'imprimeur (*leprimòr*), der Buchdrucker,
l'imprimerie (*leprimri*), 1. die Buchdruckerei, 2. die Buchdruckerkunst,
le médecin (*lᵉmédsę*), der Arzt,
la médecine (*lamédsin*), die Medizin, Arzneikunde,
le pharmacien (*lᵉfarmas'ę*), der Apotheker,

le pensionat (*l°pas'òna*), das Pensionat,
le précepteur (*l°prĕsŏptòr*), der Hauslehrer,
la gouvernante (*láguvĕrnąt*), die
 Gouvernante, Erzieherin, Bonne,
le libraire (*l°librèr*), der Buchhändler,
la librairie (*lálibrĕri*), die Buchhandlung,
le livre (*l°livr°*), das Buch,
la livre (*lálivr°*), das Pfund,
le négoce (*l°nĕgòs*), der Handel, Verkehr,
le négociant (*l°nĕgòsłą*), der Kauf-
 (Handels)mann,
le commerce (*l°kòmers°*), der Handel,
 das Geschäft,
le commerçant (*l°kòmersąg*), der
 Großhändler, Handelsherr,
le marchand (*l°marsą*), der Kaufmann, Händler.

la pharmacie (*láfarmasi*), die Apotheke,
vendu (*vądü*), verkauft,
rendu (*vądü*), zurückgegeben,
expliqué (*èksplikĕ*), erklärt,
parlé (*parlĕ*), gesprochen,
demandé (*dmągdĕ*), abgefordert, verlangt,
jeune m. u. f. (*žòn*), jung,
vieux (*v'ó*), vieil, vieille (*v'èt*), alt,
déjà (*dĕža*), schon, bereits,
encore (*akòr*), noch,
pas encore (*paząkòr*), noch nicht,
voici (*v"asi*), (vois ici), hier ist, hier sind,
voilà (*v"alà*), (vois là), da ist, da sind,
c'est (*sè*), das ist, est-ce? (*ès*), ist das?
ce sont (*s°sǫ*), das sind,
ce ne sont pas (*s°ns̨ǫpa*), das sind
 nicht.

être, sein.
présent de l'indicatif.

verneinend
(négativement).

je ne suis pas (*žǒns"ipa*), ich bin
 nicht,
tu n'es pas (*tünèpa*), du bist nicht,
il n'est pas (*ilnèpa*), er ist nicht,
elle n'est pas (*èlnèpa*), sie ist nicht,

nous ne sommes pas (*nunǒsòmpa*),
 wir sind nicht,
vous n'êtes pas (*vunètpa*), Sie sind
 nicht, ihr seid nicht,
ils ne sont pas (*ilnǒsǫpa*), sie sind
 nicht,
elles ne sont pas (*èlnǒsǫpa*), sie sind
 nicht,

fragend-verneinend
(interrogativement-négativement).

ne suis-je pas? (*nǒs"ižpa*), bin ich
 nicht?
n'es-tu pas? (*nètüpa*), bist du nicht?
n'est-il pas? (*nètilpa*), ist er nicht?
n'est-elle pas? (*nètèlpa*), ist sie
 nicht?
ne sommes-nous pas? (*nǒsommupa*),
 sind wir nicht?
n'êtes-vous pas? (*nètvupa*), sind Sie
 nicht? seid ihr nicht?
ne sont-ils pas? (*nǒsǫtilpa*), sind sie
 nicht?
ne sont-elles pas? (*nǒsǫtèlpa*), sind
 sie nicht?

A. Jn den folgenden Sätzen ist die Verneinung auszulassen: n'ai-je pas rendu ce livre? — ai-je rendu ce livre? Non, monsieur — oui, monsieur. Pas encore — déjà.

1. N'as-tu pas acheté ces beaux livres chez notre libraire? Non, madame, nous n'avons pas acheté les livres chez votre libraire. 2. N'êtes-vous pas les élèves de ce professeur? Non, monsieur, nous ne sommes pas ses élèves. 3. Ne suis-je pas ici chez un médecin? Non, mon ami, tu n'es pas chez un médecin. 4. N'avez-vous pas parlé de ces marchandises à votre marchand? Non, papa, nous n'avons pas parlé des marchandises. 5. N'avons-nous pas rendu les livres à l'imprimeur? Non, mademoiselle, nous n'avons pas encore rendu ces livres. 6. N'as-tu pas encore rendu ton cahier à ton maître? Non, maman, notre maître n'a pas encore demandé nos cahiers. 7. Ne sont-ce pas là les vêtements de ton frère? Non, mon père, ce ne sont pas ses vêtements. 8. N'est-ce pas là l'imprimerie de vos parents? Non, mon oncle, ce n'est pas là notre imprimerie. 9. N'avez-vous pas vendu votre pharmacie, monsieur? Non, messieurs, je n'ai pas encore trouvé un bon acheteur. 10. N'a-t-il pas rendu le crayon et la plume à son frère? Non, messieurs, il n'a pas encore rendu le crayon.

B. Das Subjet der folgenden Sätze ist aus dem singulier in den pluriel zu verwandeln und das adjectif interrogatif etc. dementsprechend abzuändern: quel est votre professeur? — quels sont vos professeurs?

11. Quel est le livre de ton frère? 12. Quelle est la chaise de ta sœur? 13. Quel est le cahier de ce petit garçon? 14. Quelle est la plume de cette jeune fille? 15. Quelle est la profession de vos neveux? 16. Quelle est la nièce de votre gouvernante? 17. Quel est le crayon de ton cousin? 18. Quelle est la redingote de ce monsieur? 19. Quel est le gant de ta sœur? 20. Quel est l'encrier de votre précepteur?

C. Das Subjet der folgenden Sätze ist aus dem pluriel in den singulier zu verwandeln und das adjectif interrogatif etc. dementsprechend abzuändern.

21. Quelles sont les élèves de cette gouvernante? 22. Quels sont les gants de ta mère? 23. Quels sont les élèves de ce professeur? 24. Quels sont les cahiers de votre frère? 25. Quelles sont les plumes de ma sœur? 26. Quelles sont les marchandises de ce négociant? 27. Quelles sont les maîtresses de ces enfants? 28. Quels sont les livres de mes parents? 29. Quelles sont les sœurs de ce monsieur? 30. Quels sont les chapeaux de ces enfants?

D. Die **régimes indirects** der folgenden Sätze sind aus dem pluriel in den singulier zu verwandeln; **sujets** und **régimes directs** bleiben unverändert: nous avons donné ces livres à tes amis — nous avons donné ces livres à ton ami.

31. A-t-il rendu les pommes à mes frères ou à mes sœurs? 32. Nous avons donné nos plumes à ces petits garçons et à ces petites filles. 33. N'as-tu pas payé les prunes à ces pauvres femmes? 34. J'ai apporté les cahiers à mes professeurs. 35. Un garçon a apporté ces cahiers aux imprimeurs. 36. Nous n'avons pas encore parlé de ces règles. 37. Le professeur a expliqué ces règles à mes sœurs. 38. N'avons-nous pas payé les noix à ces hommes? 39. Avez-vous vendu cet encrier à mes enfants, monsieur? 40. Le professeur n'a pas encore rendu le cahier à ces élèves.

41. Ist das da dein Hut, mein Kind? Nein, das ist nicht mein Hut, das ist der Hut meines Bruders. 42. Wo hast du diese schönen Waren gekauft? Mein Vater hat diese Waren gekauft. 43. Unser Apotheker hat seine Apotheke verkauft. 44. Der Lehrer hat meinem Sohne und meiner Tochter ein nützliches Buch gegeben. 45. Welches sind die Schüler dieses alten Lehrers? 46. Meine Söhne sind die Schüler dieses Lehrers, aber er ist nicht alt, er ist noch jung. 47. Die Handschuhe meiner Schwester sind klein. 48. Haben Sie den Kindern die Äpfel und die Birnen gegeben? 49. Der Lehrer hat seinen Schülern diese Regel erklärt. 50. Hast du dem Kaufmann diese Waren bezahlt?

Leçon 14.

I. Jeder französische Gesamtname (§ 61) muß von einem Bestimmungswort (déterminatif) begleitet sein, so lange er nicht selbst déterminatif ist. Die nähere Bestimmung (détermination) betrifft: entweder die Art, oder die Menge, oder beide zugleich (§ 62—66). Ist ein anderweitiges déterminatif (adjectif possessif, démonstratif, interrogatif oder indéfini) nicht vorhanden, so steht der **article** als déterminatif.

II. Die articles: **le, la, l', les** stehen ohne préposition **de** bei sujet und régimes, wenn die Aussage von einer (bestimmten) Gesamtheit (§ 70) gilt; dem betreffenden substantif kann man in solchem Falle „ganz" oder „alle" zufügen. Le fer est un métal, (alles) Eisen ist Metall.

III. Die articles stehen mit der préposition **de** verbunden: du, de la, de l', des, wenn die Aussage von einem Teile einer (bestimmten) Gesamtheit (§ 65) gilt: dem betreffenden substantif kann man in solchem Falle „etwas" oder „einige" beifügen: j'ai acheté du fer, ich habe (etwas von dem) Eisen gekauft.

IV. Die meisten auf al und einige auf ail auslautende substantifs verwandeln diese Silben im pluriel in aux: le cheval — les chevaux; le travail — les travaux.

Zu lernen:

les meubles (*lᵉmòbl*), das Hausgerät,
le secrétaire (*lᵉskrétèr*), der Schreibtisch,
le fauteuil (*lᵉfótòt*), der Lehnstuhl,
le canapé (*lᵉkanapé*), das Kanapee,
le sopha, sofa (*lᵉsòfa*), das Sofa,
le tapis (*lᵉtapi*), der Teppich,
le tabouret (*lᵉtaburè*), die Fußbank, Hütsche,
le lit (*lᵉli*), das Bett,
l'oreiller (*lòrèlé*), das Kopfkissen,
le matelas (*lᵉmatla*), die Matratze,
la couverture (*lákuvèrtür*), die Decke, das Deckbett,
le rideau (*lᵉridó*), der Vorhang,
la glace (*láglas*), 1. der (große) Spiegel, 2. das Eis,
le miroir (*lᵉmirᵘar*), der (kleine) Spiegel,
la lampe (*lálap*), die Lampe,
le piano (*lᵉpⁱano*), das Klavier,
la pendule (*lápadül*), die Stutzuhr, der Regulator,
la montre (*lámotrᵉ*), die Taschenuhr,

l'armoire (*larmᵘar*), der (Kleider)=Schrank,
la nourriture (*lánuritür*), die Nahrung,
les vivres (*lèvivrᵉ*), die Lebensmittel,
le déjeuner (*lᵉdéžèné*), das Frühstück,
le dîner (*lᵉdiné*), das Mittagessen,
le souper (*lᵉsupé*), das Abendessen,
le goûter (*lᵉguté*), das Vesperbrot,
le dessert (*lᵉdèsèr*), der Nachtisch, das Dessert,
le pain (*lᵉpę*), das Brot,
la viande (*lávⁱad*), das Fleisch,
du bœuf (*dübèf*), Rindfleisch,
du mouton (*dümutǫ*), Schöpfenfleisch,
du porc (*düpòr*), Schweinefleisch,
du gibier (*düžibⁱé*), Wildpret,
du jambon (*düžabǫ*), Schinken,
du poisson (*düpᵘasǫ*), Fisch,
de la volaille (*dlávòlal*), Geflügel,
des légumes m. (*dèlégüm*), das Gemüse,
du beurre (*dübòr*), Butter,
du fromage (*düfròmaž*), Käse.

futur simple.

Anm. Man beachte, daß der Auslaut des futur simple (*fütürsepl*) genau dem

avoir.	être.

affirmativement.

j'aurai (*žóré*), ich werde haben (bekommen),
tu auras (*tüóra*), du wirst haben (bekommen),
il aura (*ilóra*), er wird haben (bekommen),
elle aura (*èlóra*), sie wird haben (bekommen),
nous aurons (*nuzóro*), wir werden haben (bekommen),
vous aurez(*vuzóré*), Sie werden haben, ihr werdet haben (bekommen),
ils auront (*ilzóro*), sie werden haben (bekommen),
elles auront (*èlzóro*), sie werden haben (bekommen),

je serai (*žᵒsᵒré*), ich werde sein (werden),
tu seras (*tüsᵒra*), du wirst sein (werden),
il sera (*ilsᵒra*), er wird sein (werden),
elle sera (*èlsᵒra*), sie wird sein (werden),
nous serons (*nusᵒro*), wir werden sein (werden),
vous serez (*vusᵒré*), Sie werden sein, ihr werdet sein (werden),
ils seront (*ilsᵒro*), sie werden sein (werden),
elles seront (*èlsᵒro*), sie werden sein (werden).

négativement.

je n'aurai pas (*žnórépa*), ich werde nicht haben (bekommen),
tu n'auras pas (*tünórapa*), du wirst nicht haben (bekommen),
il n'aura pas (*ilnórapa*), er wird nicht haben (bekommen),
elle n'aura pas (*èlnórapa*), sie wird nicht haben (bekommen),
nous n'aurons pas (*nunóropa*), wir werden nicht haben (bekommen),
vous n'aurez pas (*vunórépa*), Sie werden, ihr werdet nicht haben (bekommen),
ils n'auront pas (*ilnóropa*), sie werden nicht haben (bekommen),
elles n'auront pas (*èlnóropa*), sie werden nicht haben (bekommen),

je ne serai pas (*žᵒnsᵒrépa*), ich werde nicht sein (werden),
tu ne seras pas (*tünsᵒrapa*), du wirst nicht sein (werden),
il ne sera pas (*ilnsᵒrapa*), er wird nicht sein (werden),
elle ne sera pas (*èlnsᵒrapa*), sie wird nicht sein (werden),
nous ne serons pas (*nunsᵒropa*), wir werden nicht sein (werden),
vous ne serez pas (*vunsᵒrépa*), Sie werden, ihr werdet nicht sein (werden),
ils ne seront pas (*ilnsᵒropa*), sie werden nicht sein (werden),
elles ne seront pas (*èlnsᵒropa*), sie werden nicht sein (werden).

futur simple.

présent de l'indicatif von avoir: ai, as, a, ons, ez, ont entspricht.

avoir.   être.
interrogativement.

aurai-je? (*oréž*), werde ich haben? (bekommen),
   serai-je? (*s⁰réž*), werde ich sein? (werden),

auras-tu? (*oratü*), wirst du haben? (bekommen),
   seras-tu? (*s⁰ratü*), wirst du sein? (werden),

aura-t-il? (*oratil*), wird er haben? (bekommen),
   sera-t-il? (*s⁰ratil*), wird er sein? (werden),

aura-t-elle? (*oratèl*), wird sie haben? (bekommen),
   sera-t-elle? (*s⁰ratèl*), wird sie sein? (werden),

aurons nous? (*oronu*), werden wir haben? (bekommen),
   serons-nous? (*s⁰ronu*), werden wir sein? (werden),

aurez-vous? (*orévu*), werden Sie, werdet ihr haben? (bekommen),
   serez-vous? (*s⁰révu*), werden Sie, werdet ihr, sein? (werden),

auront-ils? (*orotil*), werden sie haben? (bekommen),
   seront-ils? (*s⁰rotil*), werden sie sein? (werden),

auront-elles? (*orotèl*), werden sie haben? (bekommen),
   seront-elles? (*s⁰rotèl*), werden sie sein? (werden).

interrogativement-négativement.

n'aurai-je pas? (*norézpa*), werde ich nicht haben? (bekommen),
   ne serai-je pas? (*n⁰s⁰rézpa*), werde ich nicht sein? (werden),

n'auras-tu pas? (*noratüpa*), wirst du nicht haben? (bekommen),
   ne seras-tu pas? (*n⁰s⁰ratüpa*), wirst du nicht sein? (werden),

n'aura-t-il pas? (*noratilpa*), wird er nicht haben? (bekommen),
   ne sera-t-il pas? (*n⁰s⁰ratilpa*), wird er nicht sein? (werden),

n'aura-t-elle pas? (*noratèlpa*), wird sie nicht haben? (bekommen),
   ne sera-t-elle pas? (*n⁰s⁰ratèlpa*), wird sie nicht sein? (werden),

n'aurons-nous pas? (*noronupa*), werden wir nicht haben?(bekommen),
   ne serons-nous pas? (*n⁰s⁰ronupa*), werden wir nicht sein? (werden),

n'aurez-vous pas? (*norévupa*), werden Sie, werdet ihr nicht haben? (bekommen),
   ne serez-vous pas? (*n⁰s⁰révupa*), werden Sie, werdet ihr nicht sein? (werden),

n'auront-ils pas? (*norotilpa*), werden sie nicht haben? (bekommen),
   ne seront-ils pas? (*n⁰s⁰rotilpa*), werden sie nicht sein? (werden),

n'auront-elles pas? (*norotèlpa*), werden sie nicht haben?(bekommen),
   ne seront-elles pas? (*n⁰s⁰rotèlpa*), werden sie nicht sein? (werden).

A. Verwandle die im Teilbegriff stehenden **régimes directs** der folgenden Sätze in solche mit Gesamtbegriff: j'ai mangé du pain, ich habe (etwas) Brot gegessen — j'ai mangé le pain, ich habe das (ganze, alles) Brot gegessen.

1. Nous avons mangé du pain et du beurre. 2. Avez-vous bu de l'eau ou de la bière? Non, mon ami, j'ai bu du vin. 3. Ma mère a apporté des cerises et des prunes. 4. Ces marchands ont vendu des tables, des chaises et des fauteuils à mon frère. 5. Le nouveau médecin a acheté des rideaux, des glaces, des pendules et un piano. 6. Avez-vous mangé du pain et du fromage? 7. Les élèves ont apporté des vivres. 8. As-tu trouvé des noix ou des noisettes? 9. Ai-je mangé du pain ou de la viande? 10. Notre tante aura acheté du poisson et de la volaille. 11. N'avez-vous pas bu de la bière de votre frère? 12. Mes frères auront acheté des livres chez notre libraire. 13. Ce garçon aura apporté des cerises pour sa mère. 14. Les enfants auront des cerises et des noisettes pour le goûter. 15. Avez-vous mangé du pain et bu de l'eau? 16. Ont-elles trouvé des chaises et des fauteuils chez ce marchand? 17. Nous aurons du pain, du beurre et du fromage au dessert. 18. Nos enfants auront acheté des pommes et des poires chez ce marchand. 19. Tu as oublié des livres et des cahiers chez ma tante. 20. Les petites filles ont trouvé des crayons et des plumes sous la table.

B. Verwandle die im Gesamtbegriff stehenden **régimes directs** der folgenden Sätze in solche mit Teilbegriff: j'ai vu les enfants, ich habe die (alle, sämtliche) Kinder gesehen — j'ai vu des enfants, ich habe (einige) Kinder gesehen.

21. Aurons-nous les livres, les crayons et les plumes? 22. Il a bu la bière et le vin. 23. Vous aurez l'encre dans un encrier. 24. Elle a fait le thé et le café. 25. Nous avons acheté le pain et le fromage. 26. Ce garçon aura apporté les gants et les cravates. 27. Mes frères auront mangé le jambon et les légumes. 28. Ma sœur aura trouvé la volaille et le poisson. 29. Ce négociant a vendu le thé et le café à ma tante. 30. Ces femmes auront acheté les habits, les souliers et les chapeaux pour leurs enfants. 31. Nous avons vu les élèves de votre professeur. 32. Avez-vous acheté le fromage pour notre déjeuner? 33. Tes frères auront payé les livres à leur libraire. 34. Vos sœurs ont acheté les gants chez ma nièce. 35. Les enfants ont oublié les cahiers et les plumes à l'école. 36. Ces demoiselles ont acheté les casquettes pour ces petits garçons, et les pantoufles pour ces petites filles. 37. Ces messieurs ont demandé le vin et la bière pour leurs enfants. 38. Avez-vous vu les

élèves de notre école? 39. Nous avons acheté les meubles pour votre frère. 40. Cet homme a apporté les bottes et les souliers.

41. Meine Mutter hat Butter, Käse und Gemüse gekauft. 42. Wer hat die schönen Handschuhe gebracht? 43. Meine Cousine hat Handschuhe für ihre Schwestern gekauft. 44. Habt ihr schon Kirschen gegessen? Wir haben Kirschen und Pflaumen gegessen. 45. Haben Sie Wein oder Bier getrunken, meine Herren? Wir haben Wein und Bier getrunken. 46. Ist der Wein bezahlt? Ich habe den Wein nicht bezahlt. 47. Mein Vater hat Nüsse gebracht für diese Knaben, haben sie die Nüsse gegessen? 48. Unser Lehrer hat Bücher, Hefte, Federn, Bleistifte und Tinte gekauft. 49. Dieser Händler hat Tische, Stühle, Lehnstühle, Schränke und Schreibtische für diese Dame gebracht. 50. Mein Oheim hat diesen armen Kindern Schuhe und Strümpfe gegeben.

Leçon 15.

I. Die préposition «**de**» vor Gesamtnamen (noms communs [§ 61]) wird ohne article, also ohne déterminatif verwendet:

1. vor dem **sujet** und dem **régime**, wenn die Aussage von einem (unbestimmten) Teile gilt, welchem ein adjectif qualificatif vorangeht: de bon fer, (nicht näher bestimmtes, aber) gutes Eisen (§ 66).

2. vor dem **régime**, wenn die dazu gehörige Aussage verneint ist: je n'ai pas de fer (§ 66, 3).

3. vor jedem substantif, welches als déterminatif dient, besonders nach einem substantif oder adverbe de quantité: trop de fer, un peu de fer, un kilo de fer, (§ 66, 1, 2), un homme de fer, etc.

II. Das Mittelwort der Vergangenheit (**participe passé**) mit être verbunden, richtet sich in genre und nombre nach seinem **sujet**: le livre est perdu, les livres sont perdus, la lettre est perdue, les lettres sont perdues.

Zu lernen:

la tête (*látèt*), das Haupt, der Kopf,
les cheveux (*lèsvó*), die Haare, Kopfhaare,
la figure (*lífigür*), das Gesicht, Antlitz,
la taille (*látat*), der Wuchs, die Figur,
l'oreille f. (*lòrèl*), das Ohr,
la bouche (*lábuš*), der Mund,
la dent (*láda*), der Zahn,
la langue (*lálag*), 1. die Zunge, 2. die Sprache,
le bras (*lóbra*), der Arm,

les yeux m. (*lᵉzʻó*), die Augen,
le front (*lᵉfrǫ*), die Stirn,
la main (*lámę*), die Hand,
le doigt (*lᵉdᵘa*), der Finger,
la jambe (*lázǫb*), das Bein,
le genou (*lᵉznu*), das Knie,
le pied (*lᵉpʻé*), der Fuß,
le doigt du pied(*lᵉdᵘadüpʻé*),die Zehe,
la livre (*lálivrᵒ*), das Pfund,
le quintal (*lᵉkętal*), der Zentner,
le gramme (*lᵒgram*), das Gramm,
le kilogramme (*kilógrammè*), das Kilogramm,
le mètre (*lᵒmètrᵒ*), das Meter,
le kilomètre (*lᵒkilómètrᵒ*), das Kilometer,
le litre (*lᵒlitrᵒ*), das Liter,

la bouteille (*lábutʻt*), die Flasche,
le verre (*lᵉvèr*), das Glas,
la tasse (*látas*), die Tasse,
combien (*kǫbʻę*), wie viel,
beaucoup (*bóku*), viel,
peu (*pó*), wenig,
trop (*tró*), zu, zu viel, zu sehr,
tant (*tą*), so, so viel, so sehr,
très (*trè*), sehr, si (*si*), so sehr,
arrivé (*ariré*), angekommen,
venu (*vᵒnü*), gekommen,
entré (*ątré*), eingetreten,
reçu (*rᵒsü*), empfangen,
ne ... pas (*nᵒ...pa*), nicht, kein,
ne ... point (*nᵒ ... pᵘę*), nicht, (gar) kein,
ne ... jamais (*nᵒ...zamè*), nie.

imparfait de l'indicatif.
avoir.   être.
affirmativement.

j'avais (*zavè*), ich hatte (besaß),
tu avais (*tüavè*), du hattest (besaßest),
il avait (*ilavè*), er hatte (besaß),
elle avait (*èlavè*), sie hatte (besaß),
nous avions (*nuzavʻǫ*), wir hatten (besaßen),
vous aviez (*vuzavʻé*), Sie hatten, ihr hattet (besaßen),
ils avaient (*ilzavè*), sie hatten (besaßen),
elles avaient (*èlzavè*), sie hatten (besaßen)

j'étais (*zétè*), ich war,
tu étais (*tüétè*), du warst,
il était (*ilétè*), er war,
elle était (*èlétè*), sie war,
nous étions (*nuzétʻǫ*), wir waren,
vous étiez (*vuzétʻé*), Sie waren, ihr waret,
ils étaient (*ilzétè*), sie waren,
elles étaient (*èlzétè*), sie waren.

Anm. Das imparfait (unvollständig vergangen) bezeichnet der Vergangenheit angehörige Handlungen (oder Vorgänge) als unabgeschlossen, noch in der Entwickelung begriffen. j'étais malade bedeutet also: ich war krank, d. h. lag zu Bett.

A. Die in den folgenden Sätzen beim **régime direct** als determinatifs verwendeten: **adjectifs, substantifs de quantité** und **adverbes de quantité** sind wegzulaſſen und dementſprechend **articles** zu ſetzen: 1. cet enfant a **de bons** livres — cet enfant a **des** livres. 2. tu n'as pas bu **de** vin — tu as bu **du** vin. 3. j'ai acheté une livre **de** café — j'ai acheté **du** café.

1. Sa sœur a de belles dents et de beaux yeux. 2. Nous avons acheté deux litres de vin. 3. Tu as bu trop de café et de thé. 4. Vous n'avez pas de livres. 5. Son cousin a apporté de belles cerises et de grandes pommes. 6. Ma mère a acheté un quintal de café et deux livres de thé. 7. Mes enfants ont mangé trop de noix et de noisettes. 8. Tu as lu de mauvais livres. 9. Ce médecin a beaucoup de malades. 10. Elle a acheté de bonnes plumes. 11. Mes frères ont de beaux habits et de belles bottes. 12. Cet imprimeur n'a pas demandé de papier. 13. Les malades ont bu de bon vin, et mangé de bonne viande. 14. Nos garçons n'ont pas apporté de cahiers. 15. Vos sœurs n'ont pas mangé de fromage. 16. Avez-vous trouvé de beaux légumes et de bon beurre? 17. Nous avons vu de belles dames et de jolies demoiselles. 18. Avez-vous de grands enfants, monsieur? 19. Nous n'avons pas de souliers. 20. Nous avons acheté de très beaux livres chez notre libraire.

B. Die in Parentheſe ſtehenden **adjectifs, substantifs de quantité** und **adverbes de quantité** ſind den **sujets** der folgenden Sätze voranzuſtellen und das **déterminatif** dementſprechend durch **de** zu erſetzen.

21. Des enfants ont apporté ces livres. (jeune). 22. Des pommes sont arrivées chez nos parents. (beau, belle). 23. Des garçons ont cherché ton chapeau. (grand). 24. Des acheteurs sont venus chez ce marchand. (bon). 25. Des femmes ont cherché des noisettes. (pauvre). 26. Des élèves sont entrés dans notre pensionnat. (beaucoup). 27. Des médecins sont arrivés chez le malade. (vieux). 28. Des malades ont demandé ce médecin. (peu). 29. Des élèves ont oublié cette règle. (trop). 30. Des professeurs sont entrés dans notre école. (nouveau, x). 31. Les marchandises sont arrivées. (combien). 32. Des meubles sont arrivés pour ton frère. (beau, x). 33. Les livres seront payés par son oncle. (beaucoup). 34. Des fautes seront faites par ces élèves. (peu). 35. Des livres seront trouvés sous la table. (joli). 36. Des élèves ont apporté ces cahiers. (grand). 37. Des négociants sont venus chez mon oncle. (vieux). 38. Des institutrices sont entrées dans notre pensionnat. (jeune). 39. Des hommes ont apporté ces meubles. (grand). 40. Des enfants ont bu cette bière. (petit).

C. Die in Parentheſe als masc. sing. ſtehenden **participes passés** ſind in **genre** und **nombre** dem **sujet** des betreffenden Satzes anzupaſſen.

41. Les sœurs de mon ami ne sont pas encore (arrivé).

42. Combien d'élèves sont (entré) dans votre école? 43. Ces marchandises sont (vendu), mais pas encore (payé). 44. Les habits de ton frère ne sont pas encore (venu). 45. Le vin est déjà (bu), mais la bière n'est pas encore (bu). 46. Le livre de ton cousin n'est pas perdu, mais les livres de nos cousines sont (perdu). 47. Les élèves étaient déjà (entré) dans la classe. 48. Ces jolies casquettes sont déjà (vendu) et les nouveaux chapeaux ne sont pas encore (arrivé). 49. Les marchandises n'étaient pas encore (arrivé). 50. Les meubles de mon frère sont déjà (payé).

51. Wir hatten ein wenig Brot und viel Fleisch gegessen. 52. Meine Kinder haben große Augen und sehr schöne Zähne. 53. Diese jungen Mädchen hatten hübsche Gesichter und schöne Haare. 54. Große Hände sind nicht hübsch, aber kleine Hände sind hübsch. 55. Unsere Tante hat kleine Hände, kleine Füße und einen sehr kleinen Mund. 56. Diese Herren haben schöne Köpfe und einen schönen Wuchs. 57. Sie hatten einen Liter Wein getrunken, wir haben ein Glas Bier und eine Flasche Wasser getrunken. 58. Hatten wir nicht einen Liter Milch und eine Tasse Kaffee verlangt? 59. Dein Nachbar hatte ein Glas Wein verlangt, aber die Frau hat ein Glas Bier gebracht, sie hat keinen Wein. 60. Neue Schüler sind nicht in unsere Klasse eingetreten.

Leçon 16.

I. Die tonlosen (stets mit dem verbe verbundenen) persönlichen Fürwörter (pronoms personnels conjoints) haben besondere Formen für régime direct und régime indirect, bedürfen also keiner préposition und keiner Nachstellung: régime direct und régime indirect des pronom personnel conjoint stehen unmittelbar vor dem verbe.

Die Verneinung (négation) ne ... pas behält ihre gewöhnliche Stellung bei; ne steht unmittelbar hinter dem sujet (also vor den pronoms personnels conjoints régimes), pas hinter der flektierten Form des verbe: je le lui ai donné — je ne le lui ai pas donné.

II. 1) Das Bindewort (la conjonction) si im Bedingungssatze (wenn) wird stets nur mit dem **présent** und **imparfait de l'indicatif** verbunden, kann also weder mit dem **futur** und **conditionnel**, noch mit dem **subjonctif** stehen, wie im Deutschen. 2) Nur vor **il** und **ils** wird si apostrophiert: s'il, s'ils, aber **si elle**, **si on** etc.

Tonloses persönliches Fürwort (pronom personnel conjoint).
Einzahl (singulier).

sujets:	**je,** ich,	**tu,** du,	**il,** er,	**elle,** sie,
rég. dir.:	**me,** mich,	**te,** dich,	**le,** ihn,	**la,** sie,
rég. indir.:	**me,** mir,	**te,** dir,	**lui,** ihm,	**lui.** ihr.

Mehrzahl (pluriel).

sujets:	**nous,** wir,	**vous,** Sie, ihr,	**ils,** sie,	**elles,** sie,
rég. dir.:	**nous,** uns,	**vous,** Sie, euch,	**les,** sie,	**les,** sie,
rég. indir.:	**nous,** uns,	**vous,** Ihnen, euch,	**leur,** ihnen,	**leur,** ihnen.

Zu lernen:

le chef (*l⁰šef*), der Prinzipal, das Oberhaupt,
le patron (*l⁰patro*), der Herr, Meister, Arbeitgeber,
le marchand (*l⁰marša*), der Kaufmann, Händler,
le marchand de soieries (-*d⁰sᵘari*), der Seidenwarenhändler,
le marchand de tabac (-*d⁰taba*), der Cigarren(Tabaks-)händler,
le marchand de volaille (-*d⁰vólať*), der Geflügelhändler,
le marchand de poisson(-*d⁰pᵘaso*), der Fischhändler,
le marchand de légumes(-*d⁰légüm*), der Gemüsehändler,
le marchand de drap (-*d⁰dra*), der Tuchhändler,
le marchand de vin (-*d⁰ve*), der Weinhändler,
le marchand de nouveautés (-*d⁰ nuvóté*), der Modewarenhändler,
le mercier (*l⁰mèrs'é*), der Kurzwarenhändler,
l'épicier (*lépis'é*), der Kolonialwarenhändler,

le commis (*l⁰kòmi*), der Kommis, Gehilfe,
l'apprenti (*laprati*), der Lehrling,
le garçon (*l⁰garso*), der Laufbursche, Markthelfer,
l'horloger (*lòrlòžé*), der Uhrmacher,
le tailleur (*l⁰talèr*), der Schneider,
le cordonnier (*l⁰còrdòn'é*), der Schuhmacher,
le bottier (*l⁰bòt'é*), der Stiefelmacher,
le chapelier (*l⁰šapºl'é*), der Hutmacher,
le boucher (*l⁰bušé*), der Fleischer, Metzger,
le charcutier (*l⁰šarküt'é*), der Schweineschlächter,
le boulanger (*l⁰bulažé*), der Bäcker,
le menuisier (*l⁰mºnⁿiz'é*), der Tischler,
le maçon (*l⁰maso*), der Maurer,
le couvreur (*l⁰kurròr*), der Dachdecker,
le coiffeur (*l⁰kᵘafèr*), der Friseur,
le cuir (*l⁰kᵘir*), das Leder,
le coutelier (*l⁰kutºl'é*), der Messerschmied,

l'orfèvre (*lòrfèvrᵒ*), der Goldschmied, Goldarbeiter,
le bijoutier (*lᵒbiẑut'é*), der Juwelier, Juwelenhändler,
le canif (*lᵒkanif*), das Federmesser,
la vitre (*làvitrᵒ*), die Scheibe, (Fensterscheibe),

le vitrier (*lᵒvitré*), der Glaser,
le drapier (*lᵒdrap'é*), der Tuchmacher,
coupé (*kupé*), geschnitten,
le couteau (*lᵒkutó*), das Messer,
le drap (*lᵒdra*), das Tuch,
envoyé (*avᵘa'é*), geschickt, gesandt.

conditionnel présent.
avoir.   être.
(affirmativement).

j'aurais (*żóre*), ich würde haben (ich hätte),
tu aurais (*tüóre*), du würdest haben (du hättest),
il aurait (*ilóre*), er würde haben (er hätte),
elle aurait (*èlóre*), sie würde haben (sie hätte),
nous aurions (*nuzórǫ*), wir würden haben (wir hätten),
vous auriez (*vuzóré*), (Sie würden), ihr würdet haben (Sie [ihr] hättet),
ils auraient (*ilzóre*), sie würden haben (sie hätten),
elles auraient (*èlzóre*), sie würden haben (sie hätten),

je serais (*żᵒsᵒre*), ich würde sein (ich wäre),
tu serais (*tüsᵒre*), du würdest sein (du wärest),
il serait (*ilsᵒre*), er würde sein (er wäre),
elle serait (*èlsᵒre*), sie würde sein (sie wäre),
nous serions (*nusᵒrǫ*), wir würden sein (wir wären),
vous seriez (*vusᵒré*), (Sie würden), ihr würdet sein (Sie [ihr] wäret),
ils seraient (*ilsᵒre*), sie würden sein (sie wären),
elles seraient (*èlsᵒre*), sie würden sein (sie wären).

Anm. In mit Bedingungssätzen verbundenen Hauptsätzen steht das verbe im **futur** oder **conditionnel** (im Deutschen gleichfalls zulässig), nicht im **subjonctif**. s'il avait bu ce vin, il serait malade, wenn er diesen Wein getrunken hätte, wäre er krank (würde er krank sein). Nachstellung des **sujet** findet nicht statt.

A. Die in den folgenden Sätzen verwendeten pronoms personnels conjoints régimes sind aus dem **singulier** in den **pluriel** zu verwandeln: le boulanger m'a apporté du pain — le boulanger nous a apporté du pain.

1. Le cordonnier ne m'a pas apporté les nouvelles bottes. 2. Le marchand de modes t'avait envoyé ces beaux habits. 3. Ne lui as-tu pas rendu cette petite montre? 4. Le professeur m'a expliqué ces règles difficiles. 5. Quel marchand t'a vendu cette volaille? 6. L'épicier lui a donné du café, du sucre et du thé. 7. Le menuisier ne

m'a pas vendu cette grande table. 8. Quel coiffeur t'a coupé les cheveux? 9. Le marchand de vin lui a vendu de bon vin. 10. Quel horloger t'a vendu cette montre? 11. Ce marchand m'a envoyé du poisson, du beurre et des légumes. 12. Ce boucher t'avait vendu de bonne viande. 13. Quels boulangers t'ont apporté ces pains? 14. Le boucher ne m'a pas apporté du bœuf, il m'a envoyé du porc. 15. Ces enfants lui ont apporté des chaises et des fauteuils. 16. Quel charcutier t'avait envoyé du porc? 17. Vous m'avez donné du jambon et du fromage. 18. Mon père lui a acheté un encrier, des crayons et des plumes. 19. Tu m'as demandé des pommes, des noix et des prunes. 20. Quels charcutiers m'avaient vendu de mauvaise viande de porc?

Die in **Parenthesen stehenden substantifs régimes** sind durch die entsprechenden **pronoms personnels conjoints** zu ersetzen: ton frère est ici, j'ai vu (ton frère) — ton frère est ici, je l'ai vu.

21. Le mercier nous a envoyé ces marchandises, j'ai payé. (le mercier). 22. Le chapelier est venu, j'ai donné votre chapeau. (au chapelier). 23. Le coutelier n'est pas encore venu; nous avons envoyé une lettre. (au coutelier). 24. Tu as vu mes frères et tu as demandé ces livres. (à mes frères). 25. Le tailleur a apporté ta redingote, maman a donné mon pantalon. (au tailleur). 26. Un maçon était au jardin, j'ai vu. (le maçon). 27. Les bijoutiers n'ont pas acheté ces meubles, mon père a parlé. (aux bijoutiers). 28. Les couvreurs ne sont pas arrivés, n'avais-tu pas envoyé ton frère? (aux couvreurs). 29. Le cordonnier était chez le fabricant, n'a-t-il pas apporté des souliers? (au fabricant). 30. Le libraire nous avait vendu un bon livre, n'as-tu pas payé? (le livre).

C. Die **sujets** der folgenden Sätze sind aus dem **pluriel** in den **singulier** zu verwandeln: tes frères ne seraient pas contents, s'ils étaient malades — ton frère ne serait pas content, s'il était malade.

31. Mes sœurs n'auraient pas acheté ce pain, s'il n'était pas bon. 32. Si les chefs n'étaient pas venus, nous n'aurions pas payé ces marchandises. 33. Si vous aviez parlé au bottier, vous auriez reçu ces bottes. 34. Ces maçons auraient bu de l'eau, si elle n'était pas si mauvaise. 35. Nous aurions acheté de ce vin, s'il n'était pas si jeune. 36. Ces bijoutiers seraient très riches, s'ils n'avaient pas perdu beaucoup de marchandises. 37. Vos dents seraient belles, si elles n'étaient pas trop grandes. 38. Si le vin était bon, ces messieurs

l'auraient bu. 39. Si le livre était arrivé, les libraires nous l'auraient envoyé. 40. Mes cousins auraient acheté du tabac, s'ils avaient eu de l'argent.

41. Der Hutmacher ist gekommen, ich habe ihm deinen Hut gegeben. 42. Wenn ich reich wäre, hätte ich diese schöne Uhr gekauft, aber ich bin zu arm. 43. Hast du deinen Freund schon gesehen? Nein, ich habe ihn noch nicht gesehen. 44. Der Fleischer hat dieses Fleisch geschickt. 45. Hat er nicht seinen Burschen geschickt? Er hätte ihn geschickt, wenn er nicht krank wäre. 46. Unser Vater hat viel Seidenwaren gekauft; er hätte noch Tuch gekauft, wenn es gut wäre. 47. Der Schuhmacher hätte meine neuen Stiefeln gebracht, wenn er nicht krank wäre. 48. Der Maurer wäre gekommen, wenn er nicht zu viel getrunken hätte. 49. Meine Schwester hätte Gemüse gekauft, wenn sie den Gemüsehändler gesehen hätte. 50. Wir hätten dir dein Messer zurückgegeben, wenn wir es gefunden hätten.

Leçon 17.

I. 1. Da die pronoms personnels conjoints: **je, tu, il, elle, nous, vous, ils, elles** fast alle besondere Formen als régimes directs haben, die pronoms: **ce** und **on** aber als régimes nie verwendet werden, so treten diese **10 sujets** in der Frageform unmittelbar hinter das verbe **(inversion directe)** suis-je malade? a-ton parlé? est-ce vrai?

2. Da hingegen alle **substantifs, pronoms possessifs, démonstratifs** und **indéfinis** zunächst nur durch ihre Stellung als sujets oder als régimes directs erkannt werden, so verbietet sich in den meisten Fällen die **inversion directe** und als Frageform wird eine der französischen Sprache eigentümliche Satzbildung **(inversion indirecte)** verwendet, in welcher das sujet vor dem verbe stehen bleibt, hinter demselben aber ein zweites sujet, in Geschlecht und Zahl dem ersten entsprechend als pronom personnel conjoint: il, elle, ils, elles eingeschaltet wird: ton **père est-il malade?** tes **sœurs ont-elles parlé?**

II. Außer dem tonlosen pronom personnel hat die französische Sprache noch ein betontes (nicht unmittelbar mit dem verbe verbundenes) pronom personnel **absolu** oder **disjoint** genannt, welches stets verwendet wird 1. nach prépositions. 2. alleinstehend.

Betontes persönliches Fürwort (**pronom personnel absolu**).

singulier: **moi**, ich, **toi**, du, **lui**, er, **elle**, sie,
pluriel: **nous**, wir, **vous**, Sie, ihr, **eux**, sie, **elles**, sie.

Zu lernen:

la capitale (*lákapital*), die Hauptstadt,
la ville (*lávil*), die Stadt,
le village (*l⁰vilaž*), das Dorf,
la place (*láplas*), der Platz,
le marché (*l⁰maršé*), 1. der Marktplatz, 2. der Kauf, das Geschäft,
la rue (*láru̇*), die Straße,
l'église (*légliz*), die Kirche,
la synagogue (*lásinagòg*), die Synagoge,
la poste (*lápòst*), die Post,
la grande poste (*lágradpòst*), die Hauptpost,
la banque (*lábak*), die Bank,
la bourse (*láburs*), die Börse,
le théâtre (*l⁰téatr⁰*), das Theater,
le musée (*l⁰müsé*), das Museum,
la fabrique (*láfabrik*), die Fabrik,
le palais (*l⁰palè*), der Palast,
la maison (*lámèso*), das Haus,
la façade (*láfasad*), die Vorderseite,
le balcon (*l⁰balko*), der Vorbau, Balkon,
le toit (*l⁰t"a*), das Dach,

la porte (*láport*), die Thüre, das Thor,
le vestibule (*l⁰rèstibül*), die Hausflur, der Vorsaal,
l'escalier (*lèskal'é*), die Treppe,
le palier (*l⁰pal'é*), der Treppenabsatz, Flur,
l'étage (*létaž*), das Stockwerk, die Etage,
l'appartement (*lapartmą*), die (größere) Wohnung,
le logement (*l⁰lòžmą*), die (kleinere) Wohnung,
la salle (*lásal*), der Saal,
le salon (*l⁰salǫ*), das Empfangszimmer, der Salon,
la chambre (*lášąbr⁰*), das Zimmer,
le poile (*l⁰p"al*), der Ofen, Stubenofen,
le fourneau (*l⁰furnó*), der Küchenofen,
la cheminée (*láš⁰miné*), das Kamin,
la fenêtre (*láfnètr*), das Fenster,
la cour (*lákur*), der Hof,
le jardin (*l⁰žardę*), der Garten,
ouvert (*uvèr*), geöffnet,
fermé (*fèrmé*), geschlossen,
après (*aprè*), nach, nächst.

chez, bei = im Hause; daher, wenn das sujet des betreffenden Satzes und das von «chez» abhängige pronom personnel absolu die gleiche Person bezeichnen, mit „zu Hause" zu übersetzen.

je suis chez **toi** — ich bin bei dir,
je suis chez **moi** — ich bin zu Hause.

Anm. Das passé défini (endgültig, definitiv vergangen) erweckt stets eine vom imparfait durchaus verschiedene Vorstellung, obgleich die deutsche Übersetzung gleich lautet. Es bezeichnet die der Vergangenheit angehörigen Handlungen oder Vorgänge entweder 1. als abgeschlossen oder 2. als soeben eintretend, beginnend: je fus malade = 1. ich war krank = ich bin krank gewesen (also jetzt gesund), oder 2. ich wurde krank.

passé défini.

avoir.   **être.**

affirmativement.

j'eus (*žū*), ich hatte, ich bekam,	je fus (*žŏfü*), ich war, ich wurde,
tu eus (*tüū*), du hattest (bekamst),	tu fus (*tüfü*), du warst (wurdest),
il eut (*ilü*), er hatte (bekam),	il fut (*ilfü*), er war (wurde),
elle eut (*èlü*), sie hatte (bekam),	elle fut (*èlfü*), sie war (wurde),
nous eûmes (*nuzüm*), wir hatten (bekamen),	nous fûmes (*nufüm*), wir waren (wurden),
vous eûtes (*vuzüt*), Sie hatten, ihr hattet (bekamen),	vous fûtes (*vufüt*), Sie waren, ihr waret (wurden),
ils eurent (*ilzür*), sie hatten (bekamen),	ils furent (*ilfür*), sie waren (wurden),
elles eurent (*èlzür*), sie hatten.	elles furent (*èlfür*), sie waren.

A. Die folgenden Fragesätze sind in Behauptungssätze mit oder ohne Verneinung umzuwandeln: ton père est-il venu? — ton père est venu.

1. Votre chef est-il ici? 2. Ces meubles ne sont-ils pas vendus? 3. Ce garçon n'avait-il pas mangé son pain et bu son vin? 4. Notre mère n'a-t-elle pas acheté des légumes et de la volaille? 5. Ce monsieur n'était-il pas commis chez ton oncle? 6. Mon apprenti vous avait-il payé ces marchandises? 7. Le boulanger n'avait-il pas apporté ce pain avant-hier? 8. Ces cordonniers n'ont-ils pas acheté du cuir? 9. As-tu rendu cette lettre à ton père? 10. Ne m'avais-tu pas payé cette casquette? 11. Nos enfants n'ont-ils pas trouvé des noix et des noisettes? 12. Ne lui a-t-il pas donné ma lettre? 13. Nous avez-vous apporté une bouteille de vin? 14. Ne lui as-tu pas rendu ses livres? 15. Le boucher t'avait-il envoyé du bœuf et du mouton? 16. Les marchandises ne sont-elles pas encore arrivées? 17. Le coiffeur a-t-il coupé les cheveux à ton frère? 18. Notre libraire vous a-t-il envoyé ces livres? 19. Cet horloger ne vous avait-il pas encore rendu votre montre? 20. Le musée n'est-il pas encore ouvert?

B. Die folgenden Behauptungssätze sind in Fragesätze umzuwandeln:

21. La fenêtre de ta chambre n'est pas encore ouverte. 22. Ton frère a fermé la porte du jardin. 23. Cet enfant a trouvé mon canif dans le vestibule. 24. Le cordonnier a acheté du cuir chez ce marchand. 25. Le tailleur ne nous avait pas apporté nos habits. 26. Le vitrier n'a pas encore envoyé cette fenêtre. 27. Tes sœurs ont oublié leurs livres sur notre balcon. 28. Ces messieurs n'ont pas perdu leurs gants sur l'escalier. 29. Ces maisons sont déjà vendues. 30. Cet

enfant a trouvé son cahier et ses livres sur la table. 31. Les maçons n'ont pas encore apporté le nouveau poêle. 32. Le drapier nous a vendu de bon drap. 33. Notre neveu était commis chez ton oncle. 34. Ces légumes ont déjà trouvé des acheteurs. 35. Ces enfants ont bu de l'eau et du lait chez nous. 36. Le coiffeur a coupé les cheveux à cette petite fille. 37. Notre professeur nous a expliqué ces règles. 38. Ton frère ne m'a pas encore rendu mon crayon et ma règle. 39. Ta mère a acheté des souliers ou des pantoufles. 40. La porte de la maison était encore ouverte.

C. In den folgenden Sätzen sind die pronoms personnels absolus derart abzuändern, daß sie mit chez verbunden „zu Hause" bedeuten; cet enfant a mangé chez moi — dieses Kind hat bei mir gegessen, umzuwandeln in: cet enfant a mangé chez lui — dieses Kind hat zu Hause gegessen.

41. Ces marchands ont oublié ces marchandises chez moi. 42. Cet enfant est-il arrivé chez toi? 43. Ces jeunes filles n'ont pas trouvé leurs cahiers chez toi. 44. Le médecin n'a pas vu le malade chez moi. 45. Ma nièce a trouvé cette lettre chez nous. 46. Vos tantes n'ont-elles pas oublié leurs gants chez vous? 47. Ne m'as-tu pas donné ces cahiers chez moi? 48. Mes frères ont oublié leurs livres chez toi. 49. Ne lui as-tu pas expliqué ces règles chez nous? 50. Quand ton frère est-il arrivé chez toi?

51. Hat dein Bruder diese Waren bei uns gekauft? 52. Haben Sie unser schönes Haus gesehen? Ich habe die Vorderseite, den Balkon, das Dach und die Hausflur gesehen. Sind die Zimmer sehr groß? 53. Hat der Schuhmacher das Leder bei deinem Vater gekauft? 54. Haben Ihre Schwestern schon unsere Hauptstadt gesehen? 55. Hatten die Schüler ihre Hefte vergessen? Sie hatten die Hefte zu Hause vergessen. 56. Hat der Markthelfer die Briefe zur Hauptpost gebracht? 57. Sind die Fenster meines Zimmers noch nicht geöffnet? 58. Ist das neue Museum noch geschlossen? 59. Hat der Knabe die Thüre des Gartens nicht geschlossen? 60. Hat der Arzt den Kranken nicht zu Hause gefunden?

Leçon 18.

I. Außer den leçon 16 angeführten pronoms personnels conjoints verwendet die französische Sprache, wenn auf ein (vorhergehendes oder zu ergänzendes) von à oder de abhängiges Satzglied Bezug genommen wird, zwei weitere Formen: y oder en, die im Deutschen durch Adverbien, unbestimmte oder hinweisende Fürwörter zu geben sind, häufig auch unübersetzt bleiben (§ 93).

y wird verwendet für ein von à (dans, chez) abhängiges substantif (nur von Sachen); deutsch: dort, daselbst, dahin, darauf, daran, dazu 2c.

en wird verwendet für ein von de abhängiges substantif (Personen oder Sachen); deutsch: daher, davon, daraus, dessen, deren, welche 2c.

y und en treten unterschiedslos für masc., fém., sing. und pluriel ein, und stehen unmittelbar vor dem verbe.

11. Die sechs Grundzahlen 5—10 haben doppelte Aussprache (§ 85, 5).
A. Der Endkonsonant ist stumm: 5 (sę), 6 (si), 7 (sè), 8 (ᵘi), 9 (nŏ), 10 (di), wenn sie das folgende, konsonantisch anlautende Wort multiplizieren: cinq livres (selivrŏ).
B. Der Endkonsonant wird gehört: 5 (sęk), 6 (sis), 7 (sèt), 8 (ᵘit), 9 (nŏf), 10 (dis):
   a. wenn sie allein stehen oder unbenannt sind: tu as cinq, il a dix (tüasęk, iladis).
   b. wenn das folgende Wort vokalisch anlautet: six enfants (sizafą).
   c. wenn das folgende Wort konsonantisch anlautet, aber nicht von der Zahl multipliziert wird: sept mai (sètmä).

quatre-vingts und die pluriels von cent verlieren ihr s (§ 84, 4):
   a. wenn sie eine Ordnungszahl (also eine Einheit) vertreten: leçon quatre-vingt, page deux cent.
   b. wenn ein weiteres Zahlwort folgt: quatre-vingt-six, trois cent dix.

mille, 1000 wird bei Jahreszahlen zwischen 1001 und 1999 **mil** geschrieben (§ 84, 5). L'an mille, aber en mil huit cent quatre-vingt.

Zu beachten ist, daß Zehner und Einer durch trait d'union zu verbinden sind, gleichviel ob die Einer voranstehen oder folgen (§ 84, 2. 3), ausgenommen in: 21, 31, 41, 51, 61 und 71, wo an die Stelle des trait d'union die conjonction «et» tritt.

Grundzahlen (adjectifs numéraux cardinaux).

1 un (ę), une (ün).	31 trente et un (tratéę),
2 deux (dé),	40 quarante (karąt),
3 trois (trᵘa),	50 cinquante (sękąt),
4 quatre (katrŏ),	60 soixante (sᵘasąt),
5 cinq (sę oder sęk),	70 soixante-dix (sᵘasątis),
6 six (si oder sis),	71 soixante et onze (sᵘasątéǫz),
7 sept (sè oder sèt)	72 soixante-douze (sᵘasątuz),
8 huit (ᵘi oder ᵘit),	73 soixante-treize (sᵘasątrèz),
9 neuf (nŏ oder nŏf),	74 soixante-quatorze (sᵘasant-katorz),
10 dix (di oder dis),	
11 onze (ǫz),	75 soixante-quinze (sᵘasątkęz),

Adjectifs numéraux cardinaux.

12 douze (*duz*),
13 treize (*trèz*),
14 quatorze (*katòrz*),
15 quinze (*kęz*),
16 seize (*sèz*),
17 dix-sept (*disèt*),
18 dix-huit (*diz^{u}it*),
19 dix-neuf (*disnòf*),
20 vingt (*vę*),
21 vingt et un (*vętéǫ*),
22 vingt-deux (*vędó*),
29 vingt-neuf (*vętnòf*),
30 trente (*trąt*),

76 soixante-seize (*s^{u}asątsèz*),
77 soixante-dix-sept (*s^{u}asątisèt*),
80 quatre-vingts (*katr^{ø}vę*),
81 quatre-vingt-un (*katr^{ø}vęǫ*),
82 quatre-vingt-deux (*katr^{ø}vędó*),
90 quatre-vingt-dix (*katr^{ø}vędis*),
91 quatre-vingt-onze *katr^{ø}vęǫz*),
92 quatre-vingt-douze (*katr^{ø}vęduz*),
100 cent (*są*),
200 deux cents (*dósą*),
1000 mille (*mil*),
2000 deux mille (*dómil*),
10000 dix mille (*dimil*).

Zu lernen:

le métal m. (*l^{ø}métal*), das Metall,
l'or m. (*lòr*), das Gold,
l'argent m. (*laržą*), das Silber, das Geld,
le cuivre (*l^{ø}k^{u}ivr^ø*), das Kupfer,
le fer (*l^{ø}fèr*), das Eisen,
l'étain (*lété*), das Zinn,
le plomb (*l^{ø}pló*), das Blei,
le nikel (*l^{ø}nikèl*), das Nickel,
la monnaie (*lámònè*), das Kleingeld, die Münze,
le marc (*l^{ø}mark*), das Markstück, die Mark,
le fenin (*l^{ø}f^{ø}nę*), der Pfennig,
l'an m. (*lą*), l'année f. (*lané*), das Jahr,
le mois (*l^{ø}m^{u}a*), der Monat,
la semaine (*lás^{ø}mèn*), die Woche,
le jour (*l^{ø}žur*), la journée (*lážurné*), der Tag,
l'heure f. (*lòr*), die Stunde,
la minute (*láminüt*), die Minute,
la seconde (*lás^{ø}gǫd*), die Sekunde,

le magasin (*l^{ø}magązę*), das Magazin, der Laden,
la boutique (*lábutik*), der Kramladen, Laden,
le capital (*l^{ø}kapital*), das Kapital,
le fonds (*l^{ø}fǫ*), das (Anlage-)Kapital,
le billet de banque (*l^{ø}bitèd^{ø}bąk*), die Banknote,
malade (*malad*), krank,
bien-portant(e) (*b'ęportą[t]*), gesund,
appliqué (e) (*apliké*), fleißig,
paresseux (se) (*parèsó[z]*), faul, träge,
laid (e) (*lè[d]*), häßlich,
méchant(e) (*mèsą[t]*), böse, boshaft,
hardi (e) (*àrdi*), kühn, beherzt,
peureux (se) (*pöré[z]*), furchtsam, ängstlich,
fatigué (e) (*jatigé*), müde,
adroit (e) (*adr^{u}a[t]*), geschickt,
maladroit (e) (*maladr^{u}a[t]*), ungeschickt,
aussi (*ósi*), auch,
non plus (*noplü*), auch nicht.

Die Namen der Monate und Wochentage sind sämtlich masculins.
lundi (*lŏdi*), Montag, mardi (*mardi*), Dienstag, mercredi(*mĕrkrŏdi*), Mittwoch
jeudi(*žŏdi*), Donnerstag, vendredi(*vadrŏdi*), Freitag, samedi (*samdi*), Sonnabend,
dimanche (*dimas̀*), Sonntag.

janvier (*žarv́ẻ*), Januar,   février (*fevrẻ*), Februar,   mars (*mars*), März,
avril (*avril*), April,   mai (*mè*), Mai,   juin (*žȣ̈è*), Juni,
juillet (*žȣ̈ite*), Juli,   août (*u*), August,   septembre(*sĕptabrŏ*),Sept.
octobre(*ŏktòbrŏ*),Oktober, novembre(*nòvabrŏ*),November, décembre(*dẻsabrŏ*),Dezbr.

Die umschreibenden Zeiten (temps composés) werden bei beiden Hilfszeitwörtern mit **avoir** gebildet:

1. passé indéfini:

j'ai eu (*žèü*). ich habe gehabt.   j'ai été (*žèètè*), ich bin gewesen,

2. plus-que-parfait:

j'avais eu (*žavèzü*), ich hatte gehabt,   j'avais été (*žavèzètè*), ich war gewesen,

3. passé antérieur:

j'eus eu (*žüzü*), ich hatte gehabt,   j'eus été (*žüzètè*), ich war gewesen,

4. futur antérieur;

j'aurai eu (*žòrèü*), ich werde gehabt haben,   j'aurai été (*žòrètè*), ich werde gewesen sein,

5. conditionnel présent:

j'aurais eu (*žòrèzü*), ich würde gehabt haben.   j'aurais été (*žòrèzètè*), ich würde gewesen sein.

A. Die in den folgenden Sätzen verwendete einfache Zeit ist durch die entsprechende umschreibende Form zu ersetzen: je suis au théâtre — j'ai été au théâtre.

1. Nous sommes riches et vous êtes pauvres. 2. Ces messieurs avaient de grands fonds. 4. Nos dames n'étaient-elles pas dans ce magasin? 3. Ce jeune homme n'est-il pas commis dans cette boutique? 5. Ton frère avait un marc et cinquante fenins. 6. Ces fabricants ont un capital de cent mille marcs. 7. Notre cordonnier n'est pas content de ce cuir. 8. Ces métaux sont très utiles. 9. Cet enfant a un billet de cent marcs. 10. Si ce billet de banque n'était pas bon, il ne me le donnerait pas. 11. Si nous n'étions pas malades, nous serions contents. 12. Si ta sœur était paresseuse, elle ne serait pas si contente. 13. Ce marchand de nouveautés serait riche, s'il n'était pas si maladroit. 14. Cette jeune fille ne serait pas malade, si elle n'était pas si appliquée. 15. Vous ne seriez pas si étourdis,

si vous n'étiez pas si jeunes. 16. Si ton frère n'était pas très appliqué, il ne serait pas si riche. 17. Tu es étourdi, mais ton frère est méchant. 18. Notre cousine était fatiguée, mais tu étais paresseuse. 19. Ce petit garçon est très adroit, mais sa sœur est maladroite. 20. Ces enfants sont trop peureux.

B. Die in den folgenden Sätzen in Parenthese stehenden **substantifs** mit de sind durch en, die mit à oder **dans** verbundenen durch y zu ersetzen: nous avons été au théâtre, vous étiez aussi (au théâtre) — vous y étiez aussi.

21. Ma mère est entrée dans cette boutique, vous êtes aussi entré. (dans cette boutique). 22. Vous avez parlé de ce fleuve, nous avons aussi parlé. (de ce fleuve). 23. Tes frères ont été souvent dans cette île, as-tu été aussi? (dans cette île). 24. Notre voisin a acheté du plomb et de l'étain, avez-vous acheté aussi? (du plomb et de l'étain). 25. Ces cordonniers ont vendu des souliers, des bottes et des pantoufles, avez-vous acheté? (des souliers, des bottes et des pantoufles). 26. Ces demoiselles ne sont pas entrées au magasin; n'êtes-vous pas entré non plus? (au magasin). 27. Ma sœur n'a pas trouvé de beaux légumes; n'avez-vous pas non plus trouvé? (de beaux légumes). 28. Le garçon n'a pas été à la grande poste; ton frère n'a-t-il pas été non plus? (à la grande poste). 29. Je n'ai pas été dans ce pensionnat, et mes sœurs n'ont pas été non plus. (dans ce pensionnat). 30. Ces petites filles ont mangé des pommes, des poires et des prunes; les petits garçons ont-ils mangé aussi? (des pommes, des poires et des prunes).

C. Folgende Sätze sind französisch zu beantworten: combien de bras un homme a-t-il? — un homme a deux bras.

31. Combien de semaines une année a-t-elle? 32. Combien de jours une semaine a-t-elle? 33. Combien de jours le mois de janvier a-t-il? 34. Combien d'heures une journée a-t-elle? 35. Combien de minutes une heure a-t-elle? 36. Combien de livres un quintal a-t-il? 37. Combien de grammes le kilogramme a-t-il? 38. Combien de secondes une minute a-t-elle? 39. Combien de mois une année a-t-elle? 40. Combien de jours le mois de février a-t-il?

41. Mein Prinzipal hat heute keine Briefe erhalten, haben Sie welche erhalten? 42. Deine Mutter ist gestern im Theater gewesen, waren deine Schwestern auch dort? 43. Wir haben viel Geld verloren, hat Ihr Vater auch welches verloren? 44. Haben die Kinder Blumen im Garten gefunden? Wir sind nicht dort gewesen, aber unser Bruder ist dort gewesen, er hat keine (frz. deren nicht) gefunden. 45. Hast du

die Fenster im Empfangszimmer geöffnet? Ich habe deren drei geöffnet. 46. Haben Sie viele Waren gekauft? Ich habe deren wenig gekauft, aber mein Freund hat deren viel gekauft. 47. Hat er das Buch in meinem Zimmer gesucht? Es ist dort. — Ist es dort? Ich habe es nicht gefunden. 48. Unsere Stadt hat ein schönes Theater, sind Sie darin gewesen? 49. Dieser Herr hat zwei hundert Mark und achtzig Pfennige bezahlt.

Folgende Zahlen sind französisch auszusprechen:
50. 6, 16, 36, 4, 14, 44, 3, 13, 28, 2, 12, 52, 1, 11, 61, 71, 81, 91, 66, 73, 63, 67, 77, 87, 92, 97, 99, 100, 200, 408, 418, 1283, 1777, 1586, 1003, 1013, 1887.

Leçon 19.

I Die meisten französischen Grammatiker teilen, nach den verschiedenen Infinitivendungen, die französischen Zeitwörter in vier Konjugationsgruppen (conjugaisons).

Die weitaus zahlreichste dieser Gruppen bilden: 1. die verbes auf **er** (aimer), sodann folgen 2. die verbes auf **ir** (finir), 3. die verbes auf **(ev)oir** (devoir) und 4. die verbes auf **re** (vendre).

Die Personalform des verbe (mode personnel) zerfällt in:

1. **Stamm (radical)**, welcher den Namen der Thätigkeit (des Vorganges) angiebt, und 2. **Endung (terminaison)**, welche die Beziehungen der Handlung (oder des Vorganges) zu: 1. Person (personne), 2. Zahl (nombre), 3. Zeit (temps), 4. Modus (mode) ausdrückt.

Man erhält den Stamm, wenn man vom **infinitif** die Endungen **er, ir, evoir, re** abtrennt:

aim (er)　　fin (ir)　　d (evoir)　　vend (re),

man konjugiert, wenn man zu dem Stamme die Endung fügt, welche die dem Gedankengang entsprechende Person, Zahl und Zeit im geeigneten Modus bezeichnet.

terminaisons des quatre conjugaisons.

présent de l'indicatif.

		Ière conjug.	IIe conjug.	IIIe conjug.	IVe conjug.
1ère	personne:	e	is	ois	s
2ème		es	is	ois	s
3ème	singulier:	e	it	oit	(t)
1ère	personne:	ons	(iss)ons	(ev)ons	ons
2ème		ez	(iss)ez	(ev)ez	ez
3ème	pluriel:	ent	(iss)ent	(oiv)ent	ent

Présent des quatre conjugaisons.

		Iᵉʳᵉ conjugaison	IIᵉ conjugaison	IIIᵉ conjugaison	IVᵉ conjug.
1ᵉʳᵉ	pers.: sing.:	aim(e) (*èm*)	fin(is) (*f̣inī*)	d(ois) (*dᵘa*)	vend(s) (*va*)
2ᵉ		aim(es) (*èm*)	fin(is) (*f̣inī*)	d(ois) (*dᵘa*)	vend(s) (*va*)
3ᵉ		aim(e) (*èm*)	fin(it) (*f̣inī*)	d(oit) (*dᵘa*)	vend (*va*)
1ᵉʳᵉ	pers.: plur.:	aim(ons) (*èmǫ*)	fin(issons) (*f̣inisǫ*)	d(evons)(*dᵉrǫ*)	vend(ons)(*vadǫ*)
2ᵉ		aim(ez) (*èmé*)	fin(issez) (*f̣inisé*)	d(evez) (*dᵉré*)	vend(ez) (*vadé*)
3ᵉ		aim(ent) (*èm*)	fin(issent) (*f̣inis*)	d(oivent)(*dᵘar*)	vend(ent) (*vad*)

II. Die Ordnungszahlen (adjectifs numéraux ordinaux) werden aus den adjectifs numéraux cardinaux durch Anhängung der Silbe -ième gebildet. trois — troisième: cent — centième.

Anm. 1. Nur die letzte Zahl einer Zahlenreihe hängt -ième an.

Anm. 2. cinq wird cinqu, neuf wird neuv, sämtliche auf e muet endigende Zahlen verlieren ihr e muet vor der Anhängesilbe -ième: es sind die 12 Zahlen: 4, 11, 12, 13, 14, 15, 16, 30, 40, 50, 60 und 1000.

Anm. 3. Statt unième, welche Form nur am Ende einer Zahlenreihe verwendet wird, steht als einzelne Zahl stets premier; statt deuxième oft second.

Zu lernen:

le premier (*lᵉpʳᵉmi̯é*), der erste,
le deuxième (*dóz'èm*), le second (*sᵉgǫ*), la seconde(*sᵉgǫd*), der zweite,
le troisième (*trᵘaz'èm*), der dritte,
le quatrième (*katr'èm*), der vierte,
le cinquième (*sęk'èm*), der fünfte,
le neuvième (*nèr'èm*), der neunte,
le onzième (*lᵉoz'èm*), der elfte,
le douzième (*duz'èm*), der zwölfte,
le treizième (*trèz'èm*), der dreizehnte,
le quatorzième (*katòrz'èm*), der vierzehnte,
le vingt et unième (*vęteün'èm*), der einundzwanzigste,

le vingt-deuxième (*vędóz̦'èm*), der zweiundzwanzigste,
le vingt-cinquième (*vętsęk'èm*), der fünfundzwanzigste,
le trentième(*trąt'èm*),der dreißigste,
le soixante-dixième (*sᵘasądiz'èm*), der siebenzigste,
le soixante et onzième (*sᵘasątí-oz'èm*),
le quatre-vingtième (*katrᵉvęt'èm*),
le quatre-vingt-dixième (*katrᵉvędiz'èm*).
le centième (*sąt'èm*),
le millième (*mil'èm*).

A. Die in der folgenden Aufgabe im **singulier** stehenden substantifs: cheval und Arabe sind in den **pluriel** zu verwandeln und die davon abhängigen Satzglieder demgemäß abzuändern (vocabulaire f. fortan Seite 153 und folgende).

Le cheval arabe — les chevaux arabes.

Le cheval arabe est d'une constitution délicate, mais il supporte avec facilité les fatigues des longues marches. Il est très actif et d'une grande vitesse; son caractère est très docile; souvent les enfants de son maître le soignent, et il couche avec eux sous la même tente. On le nourrit avec du lait de chameau; il supporte très bien la soif pendant deux ou trois jours. L'Arabe regarde son cheval comme un ami; pour lui c'est la première créature après l'homme; il lui attribue des sentiments nobles et généreux, et trouve un grand plaisir à le monter.

B. Die in der folgenden Aufgabe im **pluriel** stehenden substantifs: **chameaux** und **Arabes** sind in den **singulier** zu verwandeln und die davon abhängigen Satzglieder demgemäß abzuändern.

Les chameaux — le chameau.

Les chameaux ont une ou deux bosses; les premiers sont nommés dromadaires. Les chameaux ont une hauteur de deux mètres aux épaules; leurs jambes sont très longues, leur tête est courte, leurs oreilles sont petites, leur cou est long et flexible. Les pieds des chameaux sont plats, durs et très propres à traverser les déserts où ils passent leur vie. Ces animaux supportent la soif pendant une semaine, ils mangent les plantes et les herbes de la route, et pourtant ils nourrissent leurs maîtres de leur lait, les habillent de leur poil, et les sauvent, à l'approche de l'ennemi, par leur grande vitesse.

C. Das in der folgenden Aufgabe im **pluriel** stehende substantif: **les deux garçons** ist durch den **singulier: un (le) garçon** zu ersetzen, die davon abhängigen Satzglieder sind demgemäß abzuändern.

Les petits voleurs — le petit voleur.

Un jour, deux petits garçons aperçoivent de leur fenêtre, dans le jardin du voisin, beaucoup de belles pommes, éparses sur l'herbe. Ils descendent vite, entrent dans le jardin par une ouverture de la haie, choisissent de belles pommes et en remplissent les poches de leur pantalon. Mais le voisin a aperçu les petits voleurs, il arrive, il entre dans le jardin. Leurs poches trop remplies empêchent les deux garçons de courir vite; ils sont obligés de rendre les pommes volées, et leurs pères les punissent encore de leur vol.

Das Pferd und das Kamel.

Die arabischen Pferde ertragen die langen Märsche, ihr Charakter ist sehr fügsam, oft besorgen die Kinder die Tiere und schlafen mit ihnen unter demselben Zelt. Die arabischen Pferde ertragen sehr gut den Durst; sie sind für den Araber ein Freund, und er schreibt ihnen edle Gefühle zu.

Das Kamel hat einen oder zwei Buckel. Wenn dieses Tier einen Buckel hat, nennt man es Dromedar, wenn es zwei Buckel hat, nennt man es Kamel. Dieses Tier verbringt sein Leben in der Wüste, es erträgt oft Hunger und Durst, es frißt die Pflanzen und Kräuter des Weges. Oft rettet es seinen Herrn durch seine große Schnelligkeit, es ernährt ihn mit seiner Milch und bekleidet ihn mit seiner Wolle.

Leçon 20.

Die Befehlsform (impératif) lautet gleich den entsprechenden Formen (2ᵉ pers. sing. 1ᵉʳᵉ et 2ᵉ pers. plur.) des présent de l'indicatif ohne pronom sujet. Nach e geht jedoch das s verloren.

présent de l'indicatif.				impératif.			
tu aimes	finis	dois	vends	— aime	finis	dois	vends
				(èm)	(fini)	(dᵘa)	(va)
nous aimons	finissons	devons	vendons	— aimons	finissons	devons	vendons
				(èmǫ)	(finisǫ)	(dᵉvǫ)	(vadǫ)
vous aimez	finissez	devez	vendez	— aimez	finissez	devez	vendez
				(èmé)	(finisé)	(dᵉvé)	(vadé)

Der in der 1ᵉʳᵉ pers. plur. enthaltene Stamm findet sich wieder 1. im imparfait de l'indicatif, 2. im participe présent.

présent de l'indicatif.	imparfait de l'indicatif.			
nous **aim**ons	— **aim** ais,	-ais, -ait	-ions	-iez -aient
(èmè),	(èmɑ̓ǫ)	(èm'é)	(èmè),	
nous **finiss**ons	— **finiss** ais,	-ais, -ait	-ions	-iez -aient
(finisè),	(finisǫ)	(finisé)	(finisè),	
nous **dev**ons	— **dev** ais,	-ais, -ait	-ions	-iez -aient
(dᵉvè),	(dᵉrǫ)	(dᵉrié)	(dᵉrè).	
nous **vend**ons	— **vend** ais,	-ais, -ait	-ions	-iez -aient
(vadè),	(vadǫ)	(vadé)	(vadè).	

présent de l'indicatif.	participe présent.
nous **aim** ons,	**aim** ant (èmɑ).
nous **finiss** ons.	**finiss** ant (finisɑ),
nous **dev** ons.	**dev** ant (dᵉvɑ)
nous **vend** ons.	**vend** ant (vadɑ).

Das bezügliche Fürwort
(pronom relatif).

qui, welcher, welche, welches, der, die das,
de qui (dont), dessen, deren, von welchem, welcher, von welchen,
à qui, welchem, welcher, welchen, dem, der, denen,
que, welchen, welche, welches, den, die das.

Anm. 1. Das pronom relatif hat gleiche Form für masculin, féminin, singulier, pluriel, Personen und Sachen; es muß deshalb unmittelbar zu dem Worte, auf welches es sich bezieht (antécédent), hinzutreten, und darf nicht durch Komma von demselben getrennt werden, wenn der Relativsatz bestimmend wirkt.

Anm. 2. Die im Deutschen nach dem Genitiv des pronom relatif übliche Umstellung der Satzglieder und Auslassung des article bei den régimes darf im Französischen nicht nachgeahmt werden: Der Schüler, dessen Heft mein Bruder verloren hat . . . . l'élève dont mon frère a perdu le cahier . . . .

Mit dem pronom relatif ist nicht zu verwechseln das Bindewort (la conjonction) que, daß, als.

A. Das im **singulier** stehende **sujet** der folgenden Aufgabe ist in den **pluriel** zu setzen und die davon abhängigen Formen sind demgemäß abzuändern.

Le chien de Terre-Neuve — les chiens de Terre-Neuve.

Le chien de Terre-Neuve est de haute taille, il est d'une grande force et ses formes sont élégantes. Cet animal est en même temps très vigoureux et très léger; sa tête est assez grande sans être difforme, ses regards sont pleins d'intelligence et de douceur. Son poil est long et touffu, mais d'une grande finesse; il est assez épais pour le protéger contre le froid, et pas assez long pour le gêner dans les marais qu'il a souvent à traverser dans les pays qu'il habite. Le chien de Terre-Neuve montre une grande affection pour son maître, dont il est le fidèle compagnon à la chasse, et à qui il rend de grands services. Il donne l'alarme à l'approche du danger, et montre un grand courage. Quand il a perdu son maître, il le cherche partout; ce chien est un animal dont la fidélité est à l'épreuve.

B. Die in der folgenden Aufgabe in der 2e pers. sing. stehenden **impératifs** sind: 1. in die **2e pers. plur.,** 2. in die **1ère pers. plur.** umzuwandeln und die davon abhängigen Formen dementsprechend abzuändern.

N'oublie jamais les services que tes parents te rendent, les soins qu'ils te prodiguent, les plaisirs qu'ils sacrifient pour te nourrir, t'habiller, t'élever. Montre la reconnaissance que tu leur dois, travaille avec zèle à ton instruction; consacre ton temps aux études, et procure-leur ainsi des joies pures. Imite les vertus de tes bons camarades, évite les mauvaises habitudes des méchants, et pense que tu agis ainsi dans ton propre intérêt: réfléchis que tu jouiras des connaissances qu'une vie studieuse te procure, des avantages qui résultent d'une conduite exemplaire.

C. Die im **pluriel** ſtehenden substantifs: **rennes** und **Lapons** der folgenden Aufgabe ſind in den **singulier** zu ſetzen, und die davon abhängigen Formen ſind demgemäß abzuändern.

Les rennes — le renne.

Les rennes se distinguent des cerfs par leurs jambes courtes, leur long poil et leurs longues oreilles; ils habitent la Laponie et les pays froids du Nord. Les Lapons tirent le plus grand profit des rennes qui, pour eux, remplacent la vache, la brebis, la chèvre et le cheval. Les rennes leur fournissent du lait dont ils tirent du fromage et du beurre; ils en mangent la chair; de leurs peaux ils confectionnent leurs habits; leurs tendons leur donnent du fil à coudre et des cordes pour leurs arcs; leurs os sont transformés en cuillers et en marteaux. Les Lapons, montés sur le traîneau que tirent les rennes, traversent des distances de cent vingt à cent cinquante kilomètres par jour, et pourtant ces pauvres animaux qui sont si laborieux et si utiles se nourrissent seulement de la mousse qu'ils trouvent sur leur chemin, et qu'ils sont forcés de chercher sous la neige.

Unſere Hunde.

Mein Vater hat geſtern zwei neufundländer Hunde gekauft, welche zierliche Formen haben und deren Kraft ſehr groß iſt. Dieſe Tiere ſind ſehr leichtfüßig, ſie haben einen ſchönen, großen Kopf und langes Haar, welches dicht genug iſt, um ſie gegen die Kälte zu ſchützen. Dieſe Hunde ſind noch ſehr jung, aber ſie zeigen ſchon eine große Zuneigung für meinen Vater, deſſen treue Begleiter auf der Jagd ſie ſein werden, und welcher hofft, daß ſie ihm gute Dienſte leiſten. Mein Vater verſichert oft, daß ein guter Hund ein guter Freund iſt, der den Blick ſeines Herrn verſteht, der ihn verteidigt in der Gefahr, der nie die Wohlthaten vergißt, die man ihm erweiſt, der ſtets eine bewährte Treue zeigt.

Leçon 21.

I. Am deutlichsten treten die Kennlaute a. i. u der verschiedenen Konjugationen im passé défini hervor:

terminaisons des quatre conjugaisons.
passé défini.

		Ire conjug.	IIe conjug.	IIIe conjug.	IVe conjug.
1ère	personne: singulier:	ai *(é)*,	is *(i)*,	us *(ü)*,	is *(i)*,
2ème		as *(a)*,	is *(i)*,	us *(ü)*,	is *(i)*,
3ème		a *(a)*,	it *(i)*,	ut *(ü)*,	it *(i)*,
1ère	personne: pluriel:	âmes *(äm)*,	îmes *(im)*,	ûmes *(üm)*,	îmes *(im)*,
2ème		âtes *(ät)*,	îtes *(it)*,	ûtes *(üt)*,	îtes *(it)*,
3ème		èrent *(èr)*,	irent *(ir)*,	urent *(ür)*,	irent *(ir)*,

		Ire conjug.	IIe conjug.	IIIe conjug.	IVe conjug.
1ère	pers.: sing.:	aimai *(èmé)*,	finis *(fini)*,	dus *(dü)*,	vendis *(vadi)*,
2ème		aimas *(èma)*,	finis *(fini)*,	dus *(dü)*,	vendis *(vadi)*,
3ème		aima *(èma)*,	finit *(fini)*,	dut *(dü)*,	vendit *(vadi)*,
1ère	pers.: plur.:	aimâmes *(èmam)*,	finîmes *(finim)*,	dûmes *(düm)*,	vendîmes *(vadim)*,
2ème		aimâtes *(èmat)*,	finîtes *(finit)*,	dûtes *(düt)*,	vendîtes *(vadit)*,
3ème		aimèrent *(èmèr)*,	finirent *(finir)*,	durent *(dür)*,	vendirent *(vadir)*,

Anm. Das passé défini (entschieden [definitiv] vergangen) wird von Handlungen und Vorgängen verwendet, die als vollständig abgeschlossen geschildert werden; es heißt deshalb auch passé narratif, erzählende Vergangenheit, oder passé historique, historische Vergangenheit.

II. Das betonte hinweisende Fürwort
(pronom démonstratif).

celui, derjenige,	celui-ci, der hier, dieser,	celui-là, der dort, jener,
celle, diejenige,	celle-ci, die hier, diese,	celle-là, die dort, jene,
ceux \ diejenigen,	ceux-ci \ die hier, diese,	ceux-là \ die dort, jene,
celles/	celles-ci/	celles-là/
ce, das,	ceci, das hier, dieses,	cela, das da, jenes.

Anm. Das pronom démonstratif: celui, celle, ceux, celles kann nur verwendet werden: 1. gefolgt von einem pronom relatif: celui qui, ceux qui etc. 2. gefolgt von einem substantiv oder pronom mit de: celle de vous, celles des femmes etc. oder 3. verbunden mit dem adverbe: ici, hier, gekürzt in ci: celui-ci etc. oder dem adverbe là, dort: celle-là, jene.

III. Steigerungsgrade des Eigenschaftswortes (les degrés de signification de l'adjectif). Das französische adjectif wird durch Umschreibung gesteigert. Ein dem positif vorangesetztes plus (mehr) erhebt den=

selben zum comparatif; ein dem comparatif vorangestellter article (oder adjectif possessif) erhebt denselben zum superlatif.

Regelmäßige Steigerung
(comparaison régulière).

positif:	**grand** (*grą*),	**grande** (*grąd*), groß,
comparatif:	**plus grand** (*plügrą*),	**plus grande** (*plügrąd*), größer
superlatif:	**le (son) plus grand,**	**la (sa) plus grande,** der (sein) größter ꝛc.

Ein einziges adjectif hat stets unregelmäßige Steigerung:
bon, bonne, gut, **meilleur (e),** besser, **le (la) meilleur (e),** der (die) beste.

Zwei weitere adjectifs haben, je nach ihrer Bedeutung, regel= mäßige, oder unregelmäßige Steigerung:

petit (e), klein (vom Umfang),	**plus petit (e),** kleiner,	**le (la) plus petit (e),** der (die) kleinste,
petit (e), gering (vom Wert),	**moindre,** geringer,	**le (la) moindre,** der (die) geringste,
mauvais (e), schlecht, übel (von der Beschaffenheit),	**plus mauvais (e),** schlechter,	**le (la) plus mauvais (e),** der (die) schlechteste,
mauvais (e), schlecht, schäd= lich (von der Wirkung),	**pire,** schlimmer,	**le (la) pire,** der (die) schlimmste.

A. Die **verbes** der folgenden Aufgabe sind in das **présent de l'indicatif** umzuwandeln, ausgenommen diejenigen, die im **futur** und **conditionnel** stehen.

La mort d'Abel.

Adam et Eve eurent un grand nombre d'enfants. Parmi eux on compte Caïn et Abel. Celui-ci était pâtre, celui-là cultivait la terre. Un jour, Caïn et Abel sacrifiaient à Dieu; l'un ses plus belles brebis, l'autre les meilleurs fruits de la terre. Dieu eut pour agréable les présents d'Abel, qui était plus pieux que son frère; mais il détourna les yeux de ceux de Caïn, dont le cœur n'était pas pur. Dès lors, celui-ci conçut une violente jalousie contre son frère Abel. Un jour, étant seuls dans les champs, Caïn qui était le plus grand et le plus fort des deux, se jeta sur Abel et le tua.

Le meurtrier pensait que son crime resterait impuni; mais il entendit bientôt la voix de Dieu qui lui criait: «Où est ton frère?»

Celui-ci répondit: «Suis-je donc le gardien de mon frère?» Dieu, irrité, ajouta: «Le sang d'Abel crie contre toi; tu cultiveras la terre, mais celle-ci sera stérile pour toi; tu seras errant et vagabond et tu ne trouveras point d'asile!» La mort d'Abel fut le premier meurtre qui ensanglanta la terre.

B. Die in den Hauptsätzen der folgenden Aufgabe verwendeten **présents de l'indicatif** sind durch das **passé défini** zu ersetzen; in den Relativsätzen bleibt das **présent** stehen:

La création du monde et le paradis.

Dieu, par sa parole et sa volonté, crée le monde en six jours. Le premier jour, il forme le ciel et la terre, sépare la lumière d'avec les ténèbres, et nomme la lumière «jour» et les ténèbres «nuit». Le troisième jour, il rassemble les eaux dans un seul lieu, qui est appelé «mer», et ordonne aux plantes et aux arbres de sortir de la terre. Le quatrième jour, le soleil, la lune et les étoiles brillent au firmament. Le cinquième jour, Dieu donne la vie aux oiseaux, qui volent dans l'air, et aux poissons qui nagent dans l'eau. Le sixième jour, il tire du néant les animaux terrestres, et forme l'homme à son image et à sa ressemblance. Le septième jour, Dieu se repose; il sanctifie ce jour et ordonne à l'homme de se reposer le septième jour.

Le premier homme est nommé Adam, nom qui signifie «tiré de la terre»; la première femme reçoit le nom d'Eve, nom qui signifie «la vie», parce que Eve donne la vie à tous les autres hommes. Dieu donne à nos premiers parents pour demeure un jardin délicieux, et ce lieu est nommé dans la suite le Paradis terrestre. Adam et Eve y restent jusqu'au jour où ils mangent du fruit de l'arbre de la science du bien et du mal, qu'ils ne devaient pas toucher. Le démon, jaloux de leur bonheur, se cache sous forme d'un serpent, s'approche de la femme, et lui persuade de désobéir à Dieu. Eve succombe à la tentation; elle mange du fruit défendu, et en donne à son mari. Alors Dieu les chasse du paradis et leur défend d'y retourner jamais.

C. Die in der folgenden Aufgabe im **passé défini** verwendeten **verbes** sind sämtlich durch das **présent de l'indicatif** zu ersetzen:

Le rouge-gorge.

Pendant un hiver rigoureux, un rouge-gorge frappa avec son bec à la fenêtre d'un bon villageois. Le paysan, touché de compassion, répondit à la confiance du petit animal, et le reçut avec bonté dans sa demeure. L'oiseau vola d'abord de tous côtés, puis il chercha sur le plancher les miettes qui étaient tombées de la table de son bienfaiteur. Les enfants du paysan caressèrent le petit oiseau, qui se laissa toucher de la main et qui leur montra la plus grande confiance. Tous les jours, ils jouèrent avec lui comme avec un petit camarade. Lorsque le printemps fut revenu, que le soleil brilla au dehors, et que les feuilles repoussèrent sur les arbres, le petit hôte quitta la maison et vola dans la forêt voisine, où il bâtit son nid et chanta sa joyeuse chanson. Mais au commencement de l'hiver, le rouge-gorge arriva encore devant la maison du paysan, amenant avec lui sa petite compagne, et frappa à la fenêtre. Le paysan et ses enfants furent heureux de cette marque de confiance; ils laissèrent entrer les oiseaux qui restèrent chez eux jusqu'au retour du printemps, époque où ils quittèrent de nouveau leurs bienfaiteurs pour passer les beaux jours dans la forêt.

Der Tod Abels.

Adam hatte zwei Söhne, von denen der eine Kain und der andere Abel genannt wurde (imp.); dieser war (imp.) Schäfer, jener war Ackerbauer. Die zwei Brüder opferten Gott die schönsten Gaben, dieser die besten Früchte der Erde, jener die größten Schafe seiner Heerde. Abel war (imp.) frömmer und besser als sein Bruder, Gott nahm seine Geschenke wohlgefällig auf; aber er wendete die Augen ab von denjenigen Kains, dessen Herz nicht rein war. Dieser faßte den Entschluß, seinen Bruder zu töten. Eines Tages, als sie allein auf dem Felde waren (imp.), griff Kain den Abel an, warf ihn zu Boden und tötete ihn. Er dachte, daß das Verbrechen unbestraft bleiben würde, aber bald hörte er die Stimme Gottes, der ihm zurief: „Kain, wo ist dein Bruder Abel?" „Bin ich denn der Hüter meines Bruders?" antwortete der Mörder. „Das Blut deines Bruders schreit gegen dich," fügte Gott hinzu, „du wirst streng bestraft werden."

Leçon 22.

I. Das **futur simple** und das **conditionnel présent** sind zusammengesetzte Formen, entstanden aus der Verbindung des **infinitif** mit dem **présent**, beziehentlich **imparfait** von avoir, ohne av- die Stammsilbe dieses verbe. Die infinitifs der dritten conjugaison verlieren: oi, die der vierten e, bevor die Anhängung geschieht.

terminaisons des quatre conjugaisons.
futur simple.

		Iᵉʳᵉ conj.	IIᵉ conj.	IIIᵉ conj.	IVᵉ conj.
1ᵉʳᵉ	personne:	erai (ré),	irai (iré),	evrai (ᵉeré),	rai (ré),
2ᵉᵐᵉ	singulier:	eras (ra),	iras (ira),	evras (ᵉera),	ras (ra),
3ᵉᵐᵉ		era (ra),	ira (ira),	evra (ᵉera),	ra (ra),
1ᵉʳᵉ	personne:	erons(ro),	irons(iro),	evrons(ᵉero),	rons (ro),
2ᵉᵐᵉ	pluriel:	erez (ré),	irez (iré),	evrez (ᵉeré),	rez (ré),
3ᵉᵐᵉ		eront(ro),	iront(iro),	evront(ᵉero),	ront (ro),

futur simple

Iᵉʳᵉ conjugaison.	IIᵉ conjugaison.	
aimerai-je? (èmré⸝),	finirai-je? (finiré⸝),	werde ich)
aimeras-tu? (èmratü),	finiras-tu? (finiratü),	wirst du
aimera-t-il (elle)? (èmratil),	finira-t-il (elle)? (finiratil),	wird er (sie) ⎱ lieben?
aimerons-nous? (èmronu),	finirons-nous? (finironu),	werden wir ⎱ endigen?
aimerez-vous? (èmréru),	finirez-vous? (finiréru),	werden Sie / werdet ihr
aimeront-ils (elles)? (èmrotil),	finiront-ils (elles)? (finirotil),	werden sie

conditionnel présent

Iᵉʳᵉ conjugaison.	IIᵉ conjugaison.	
je n'aimerais pas (⸝ᵉnèmrépa),	je ne finirais pas (⸝ᵉnᵉfinirépa),	ich würde nicht
tu n'aimerais pas (tünèmrépa),	tu ne finirais pas (tünᵉfinirépa),	du würdest nicht ⎱ lieben
il (elle) n'aimerait pas (ilnèmrépa),	il (elle) ne finirait pas (ilnᵉfinirépa),	er (sie) würde nicht
nous n'aimerions pas (nunèmriopa),	nous ne finirions pas (nunᵉfiniriopa),	wir würden nicht ⎱ endigen
vous n'aimeriez pas (vunèmriépa),	vous ne finiriez pas (vunᵉfiniriépa),	Sie würden / ihr würdet nicht
ils(elles)n'aimeraient pas (ilnèmrépa),	ils(elles)ne finiraient pas (ilnᵉfinirépa),	sie würden nicht

Futur simple, conditionnel présent.

terminaisons des quatre conjugaisons.
conditionnel présent.

Ire conj.	IIe conj.	IIIe conj.	IVe conj.
erais (*rè*),	irais (*irè*),	evrais (*ᵉrrè*),	rais (*rè*),
erais (*rè*),	irais (*irè*),	evrais (*ᵉrrè*),	rais (*rè*),
erait (*rè*),	irait (*irè*),	evrait (*ᵉrrè*),	rait (*rè*),
erions (*riọ*),	irions (*iriọ*),	evrions (*ᵉvriọ*),	rions (*riọ*),
eriez (*rié*),	iriez (*irié*),	evriez (*ᵉrié*),	riez (*rié*),
eraient (*rè*),	iraient (*irè*),	evraient (*ᵉrrè*),	raient (*rè*),

(interrogativement).

IIIe conjugaison.	IVe conjugaison.		
devrai-je? (*dᵉrré?*),	vendrai-je (*vadré?*),	werde ich)	
devras-tu? (*dᵉrratü*),	vendras-tu? (*vadratü*),	wirst du	
devra-t-il (elle)? (*dᵉrratil*),	vendra-t-il (elle)? (*vadratil*),	wird er (sie)	müssen?
devrons-nous? (*dᵉrronu*),	vendrons-nous (*vadronu*),	werden wir	verkaufen?
devrez-vous? (*dᵉrrévu*),	vendrez-vous? (*vadrévu*),	werden Sie werdet ihr	
devront-ils (elles)? (*dᵉrrotil*),	vendront-ils (elles)? (*vadrotil*),	werden sie	

(négativement).

IIIe conjugaison.	IVe conjugaison.		
je ne devrais pas (*žᵉnᵈdᵉcrèpa*),	je ne vendrais pas (*žᵉnᵈvadrèpa*),	ich würde nicht	
tu ne devrais pas (*tünᵈdᵉcrèpa*),	tu ne vendrais pas (*tünᵈvadrèpa*),	du würdest nicht	müssen
il (elle) ne devrait pas (*ilnᵈdᵉcrèpa*),	il (elle) ne vendrait pas (*ilnᵈvadrèpa*),	er (sie) würde nicht	
nous ne devrions pas (*nunᵈdᵉrr opa*),	nous ne vendrions pas (*nunᵈvadriopa*),	wir würden nicht	verkaufen
vous ne devriez pas (*vundᵉvriépa*),	vous ne vendriez pas (*runᵈvadriépa*),	Sie würden ihr würdet nicht	
ils (elles) ne devraient pas (*ilnᵈdᵉcrèpa*),	ils (elles) ne vendraient pas (*ilnᵈvadrèpa*),	sie würden nicht	

II. Das betonte besitzanzeigende Fürwort
(pronom possessif).

auf einen Besitzer bezogen:	le mien, la mienne, les miens, miennes,	der, die meinige, die meinigen,
	le tien, la tienne, les tiens, tiennes,	der, die deinige, die deinigen,
	le sien, la sienne, les siens, siennes,	der, die seinige, die seinigen,
		der, die ihrige, die ihrigen,
auf mehrere Besitzer bezogen:	le nôtre, la nôtre, les nôtres, nôtres	der, die unsrige, die unsrigen,
	le vôtre, la vôtre, les vôtres, vôtres,	der, die Ihrige, die Ihrigen,
		der, die eurige, die eurigen,
	le leur, la leur, les leurs, leurs,	der, die ihrige, die ihrigen.

Anm. 1. Das Geschlecht des Besitzers wird in der dritten Person des singulier, nicht unterschieden, ebensowenig wie in der ersten und zweiten und in allen drei Personen des pluriel: also der seinige und der ihrige — le sien etc.

Anm. 2. Da dem Franzosen stets die zweite Person des pluriel, als höfliche Anrede gilt, so muß le vôtre etc. meist durch der Ihrige ꝛc. übersetzt werden.

A. Die verbes der folgenden Aufgabe sind in die in der Parenthese angegebenen Zeiten umzuwandeln: (imp.) imparfait, (d.) passé défini, (f.) futur simple.

Les trois amis.

Un homme qui a (imp.) trois amis éprouve (imp.) une vive affection pour deux d'entre eux, et de l'indifférence pour le troisième, qui pourtant l'aime (imp.) sincèrement. Un jour, cet homme est (d.) injustement accusé d'un crime; il prie (d.) ses amis de l'accompagner devant le juge et de témoigner en sa faveur. Le premier s'excuse (d.) aussitôt de ne pas l'accompagner, mais il a (imp.) des affaires pressantes et mille autres raisons pour refuser. Le deuxième ami, homme bon, mais faible, s'attendrit (d.) sur son sort et l'accompagne (d.), en pleurant, jusqu'à la porte du tribunal; mais, arrivé devant le juge, il le quitte (d.) et retourne (d.) chez lui. L'accusé est (imp.) au désespoir, lorsqu'il entend (d.) une voix éloquente parler en sa faveur: c'est (imp.) celle de son troisième ami qui parle (imp.) pour lui et proclame (imp.) son innocence.

L'homme a trois amis en ce monde. Le plus cher, son argent, le quitte (f.) le premier; ses parents et ses amis l'accompagnent (f.) jusqu'à sa dernière demeure pour retourner chez eux; mais ses bonnes actions le précèdent (f.) au tribunal de Dieu, témoignent (f.) en sa faveur et le justifient (f.).

B. In der folgenden Aufgabe sind zu ersetzen: 1. die im **futur simple** stehen den verbes durch das **présent de l'indicatif**; 2. das substantif **un élève** durch **les élèves**.

Un bon élève évitera avec soin la compagnie de ceux qui donnent le mauvais exemple; il travaillera avec zèle, il écoutera avec attention les leçons de son maître, il réfléchira avant de parler, il recevra avec politesse les leçons qu'on lui donnera, il détestera le mensonge et le regardera comme le commencement de tous les vices. En agissant ainsi, un élève sera l'honneur de l'école et celui de sa famille; il sera heureux, car le plus doux bonheur est celui que procure le travail. Le travail éveillera ses forces et déracinera ses erreurs, il lui donnera le moyen d'être utile plus tard à ses concitoyens, il lui enseignera les bonnes habitudes qui lui seront utiles pour le reste de sa vie. La faim frappera peut-être à la porte de l'homme laborieux, mais elle n'en franchira jamais le seuil, elle n'osera pas entrer chez lui.

C. Die in der folgenden Aufgabe im **impératif** stehenden verbes sind: 1. durch die zweite Person des **singulier** und 2. durch die zweite Person des **pluriel** des **futur simple** zu ersetzen: 1. tu n'adoreras pas 2. vous n'adorerez pas.

Le décalogue ou les dix commandements.
Die zehn Gebote.

1. N'adorez point d'autre Dieu que moi, ne vous prosternez pas devant les idoles, ne les adorez pas.
2. Ne prononcez point en vain le nom du Seigneur votre Dieu.
3. Sanctifiez le jour de sabbat, travaillez six jours, mais reposez-vous le septième jour que Dieu a béni.
4. Honorez votre père et votre mère pour mériter de vivre longtemps sur la terre.
5. Ne tuez point.
6. Ne soyez point adultère.
7. Ne dérobez point.
8. Ne portez point de faux témoignage contre votre prochain.
9. Ne convoitez point la maison de votre prochain.
10. Ne convoitez point la femme de votre prochain, ni son esclave, ni sa servante, ni son bœuf, ni son âne, ni rien de ce qui est à lui.

C. In der folgenden Aufgabe sind zu ersetzen: 1. die im **présent de l'indicatif** stehenden verbes durch das **imparfait de l'indicatif**, die im **futur simple** durch das **conditionnel présent**; 2. das substantif **mon pupille** durch **ma pupille**.

Lettre.
Paris, le 28 février 1887.

Mon cher monsieur,

Dans votre dernière lettre vous m'annoncez que mon pupille est tombé malade. A mon avis, il sera vite guéri si vous lui donnez

trois fois par jour douze gouttes de l'élixir que j'ai acheté pour lui
l'année dernière. Depuis longtemps, ce pauvre enfant a été sujet à
ces crises qui finiront par épuiser toutes ses forces, si on n'a pas
bien soin de lui. Il travaille trop, sa mère le lui a dit cent fois,
mais il ne l'écoute pas. Si dans quelques jours il ne se porte pas
mieux, vous aurez la bonté de m'envoyer une dépêche que je porterai
moi-même à sa mère. Pour le moment, il sera plus prudent de ne
lui rien communiquer, elle se tourmentera inutilement. Mais si vous
n'êtes pas de mon avis, vous agirez comme bon vous semblera.

Un mot seulement sur la question que vous m'adressez. Oui,
monsieur, je suppose bien que mon frère partira dans quelques jours
pour se rendre à St. Pétersbourg, mais j'ignore s'il passera par Berlin. S'il se décide à visiter cette ville, je le prierai de s'arrêter un
jour chez vous, selon votre désir. Si vous me nommez la personne
dont il est question dans votre lettre, vous me rendrez service. Je
pense bien que la nouvelle que vous me communiquez sera confirmée
quand ma lettre vous arrivera; si je me trompe, vous aurez la bonté
de m'en avertir.

Agréez, cher monsieur et ami, mes meilleures salutations. Bien
à vous.
N. N.

Die drei Freunde.

Ein Mann hatte drei Freunde, von denen zwei ihm sehr teuer
waren; der dritte, welcher ihn aufrichtig liebte, war ihm gleichgültig.
Eines Tages wurde dieser Mann vor den Richter gefordert. Er fragte
seine Freunde: „Wer von euch wird mich begleiten, und wird zu meinen
Gunsten zeugen?" Der erste antwortete ihm: „Du wirst mich entschuldigen, wenn ich dich nicht begleite; ich habe dringende Geschäfte!" Der
zweite begleitete (p. d.) ihn bis an die Thüre des Gerichtsgebäudes, aber
dann verließ (p. d.) er ihn und kehrte (p. d.) nach Hause zurück. Der
dritte trat (p. d.) mit ihm ein, sprach zu seinen Gunsten und rechtfertigte
(p. d.) ihn.

Der Mensch hat drei Freunde in dieser Welt. Wie handeln sie,
wenn Gott ihn vor seinen Richterstuhl fordert? Das Geld, sein liebster
Freund, verläßt ihn zuerst; seine Verwandten und seine Freunde begleiten
ihn bis ans Grab; dann verlassen sie ihn und kehren nach Hause zurück.
Aber der dritte Freund, seine guten Werke, sprechen zu seinen Gunsten
und rechtfertigen ihn.

Leçon 23.

I. Die umschreibenden Formen (temps composés) des **verbe actif** werden sämtlich durch Verbindung des **participe passé** mit **avoir** gebildet.

présent de l'indicatif	mit participe passé —	passé indéfini,
imparfait de l'indicatif	„ „ „ —	plus-que-parfait,
passé défini	„ „ „ —	passé antérieur,
futur simple	„ „ „ —	futur antérieur,
conditionnel présent	„ „ „ —	conditionnel passé.

1. **passé indéfini de l'indicatif** — j'ai, tu as, il (elle) a, nous avons, vous avez, ils (elles) ont — aimé, fini, dû, vendu.

2. **plus-que-parfait de l'indicatif** — j'avais, tu avais, il (elle) avait, nous avions, vous aviez, ils (elles) avaient — aimé, fini, dû, vendu.

3. **passé antérier** — j'eus, tu eus, il (elle) eut, nous eûmes, vous eûtes, ils (elles) eurent — aimé, fini, dû, vendu.

4. **futur antérieur** — j'aurai, tu auras, il (elle) aura, nous aurons, vous aurez, ils (elles) auront — aimé, fini, dû, vendu.

5. **conditionnel présent** — j'aurais, tu aurais, il (elle) aurait, nous aurions, vous auriez, ils (elles) auraient — aimé, fini, dû, vendu.

II. Das fragende Fürwort.
(pronom interrogatif).

qui? wer?	que? (quoi?) was?
de qui? von wem (wessen)?	de quoi? von was? wovon?
à qui? zu wem, an wen (wem)?	à quoi? zu, an was, woran?
qui? wen?	que? (quoi?) was?

Anm. Die betonte Form **quoi?** wird statt des unbetonten **que?** verwendet: 1. wenn das **pronom interrogatif** ohne **verbe** steht. 2. wenn es mit einer **préposition** verbunden ist. Quoi, vous-avez faim? aber qu'avez-vous? de quoi parlez-vous?

III. Die französischen adverbes sind einfach oder zusammengesetzt. Alle zusammengesetzten adverbes werden aus den entsprechenden adjectifs durch Anhängung von -ment gebildet. Die adjectifs werden zuvor ins féminin verwandelt.

riche — richement, tel — tellement, pur — purement.

A. In der folgenden Aufgabe sind die substantifs: **père** durch **mère, fils** durch **fille** zu ersetzen; die abhängigen Satzglieder sind dementsprechend abzuändern.

Le diamant.

Un père riche et âgé avait partagé ses biens entre ses trois fils. Il n'avait conservé qu'un diamant précieux qu'il destinait à celui d'entre eux qui, au bout de trois mois, aurait accompli une action noble et généreuse. Quand son premier fils fut de retour à la maison, le père lui demanda: «Qu'as-tu fait pour mériter le diamant?» Son fils lui répondit: «Un étranger m'avait confié toute sa fortune; je lui ai rendu ses biens sans exiger aucune reconnaissance.» «Mon fils, lui répliqua le père, tu n'as fait que ton devoir, le diamant n'est pas pour toi.»

«Et toi, qu'as-tu fait pour mériter le diamant?» demanda-t-il à son deuxième fils. Celui-ci lui répondit: «En voyageant j'ai vu un pauvre enfant qui se noyait dans un lac profond, je lui ai sauvé la vie au risque de la mienne.» «Tu as été bon et généreux, mais tout homme de bien aurait agi de même à ta place.» «Et toi, demanda-t-il alors à son troisième fils, qu'as-tu fait pour mériter le diamant?» «En passant près d'un précipice, lui répliqua celui-ci, j'ai vu mon ennemi mortel endormi sur le bord de l'abîme, alors je l'ai éveillé pour l'empêcher d'y tomber.» «Bien, mon fils, répondit le père, ton action est vertueuse et héroïque, le diamant est à toi.»

B. In der folgenden Aufgabe sind die substantifs féminins: **Louise, la mère,** durch die masculins: **Louis, le père** zu ersetzen; die abhängigen Satzglieder sind dementsprechend abzuändern.

L'enfant désobéissante — l'enfant désobéissant.

La petite Louise examinait un jour, au jardin, des plantes étrangères qui étaient déposées dans des vases élégants. L'une de ces plantes était un arbuste peu élevé, qui portait de beaux fruits oblongs dont la rougeur dépassait celle de la pourpre. «C'est le plus beau fruit du jardin, s'écria Louise, il doit certainement avoir meilleur goût que les pommes que ma mère me donne tous les matins et qui ne sont pas si belles.» Elle regarda donc si sa mère l'observait, et, comme celle-ci était occupée dans la maison, elle arracha vite un des fruits et le porta à sa bouche. Mais aussitôt elle rejeta ce fruit qui lui brûlait les lèvres, et, versant des larmes, elle cria au secours, car la douleur qu'elle éprouvait ne se calmait point. Sa mère, entendant ces cris, lui demanda: «Qu'as-tu donc? Pourquoi pleures-tu? Qu'as-tu mangé?» Louise lui avoua alors qu'elle avait porté un des fruits inconnus à sa bouche. «Quoi, s'écria sa mère, ne t'avais-je pas défendu d'y toucher? Tu as été dûment punie de ta désobéissance, méchante enfant que tu es! Tu es heureuse de ne pas avoir avalé le fruit, car tu serais maintenant très malade.» «J'ai été trompée par l'apparence, maman, répondit Louise, pardonne-moi ma faute, je ne te désobéirai plus. Mais quel est donc ce fruit dont la couleur est si belle et qui pourtant est si dangereux?» «On le nomme le poivre d'Espagne, répliqua la mère; il est la meilleure image du péché, qui nous trompe par son apparence, mais dont la jouissance entraine la douleur et la mort.»

C. In der folgenden Aufgabe ist das substantif féminin: mère durch das masculin: père zu ersetzen: die abhängigen Satzglieder sind dementsprechend abzuändern:

La cassette merveilleuse.

Une mère de famille éprouvait journellement des pertes considérables dans son ménage; son bien diminuait considérablement chaque année. Enfin elle se rendit chez un solitaire qui demeurait dans une grande forêt près de son village, pour lui raconter le mauvais état de ses affaires et lui demander conseil. «Que dois-je faire? lui demanda-t-elle; indiquez-moi un moyen pour remédier à ce mal.»

Le solitaire, qui était un vieillard sage et jovial, la pria d'attendre quelques moments; il quitta la chambre; deux, trois minutes plus tard, il rentra, portant une cassette bien fermée dans sa main. «Pendant toute une année, vous porterez cette cassette à la cuisine, à la cave, dans les écuries, dans tous les coins de votre maison, trois fois le jour, et trois fois la nuit. A la fin de l'année, vous me rapporterez ma cassette: je suis sûr qu'alors vous serez plus contente de votre ménage.»

La brave femme n'oublia pas une seule fois de faire sa ronde. Le lendemain matin, elle arriva à la cave au moment où un domestique lui dérobait une cruche de vin. A dix heures du soir, en entrant dans la cuisine, elle trouva les servantes en train de manger les meilleurs mets de son garde-manger. Un autre jour, elle remarqua que les vaches étaient presque enfoncées dans leur fumier, et que les chevaux avaient reçu du foin au lieu d'avoine. Journellement elle eut à corriger de nouveaux abus.

A la fin de l'année, la femme retourna chez le solitaire, pour le prier de lui laisser la cassette. «Vous aviez raison, ajouta-t-elle, je suis plus contente de mon ménage, cette cassette doit renfermer un excellent remède.» Le solitaire lui répondit: Je ne vous laisserai pas la cassette, mais vous aurez le remède qui y est enfermé. C'était un petit morceau de papier qui portait ces mots: Il n'est pour surveiller que l'œil du maître!

Ein Vater hatte seine Besitztümer unter seine drei Söhne verteilt, aber er hatte einen kostbaren Diamanten zurück behalten. „Ich bestimme diesen Diamanten für denjenigen unter (von) euch," hatte er gesagt, „welcher eine edle Handlung vollzieht." Die drei Söhne verließen (p. d.) das Haus. Nach drei Monaten waren (p. d.) sie zurück, und der erste erzählte (p. d.) seinem Vater, daß ein Fremder ihm sein ganzes Vermögen anvertraut habe (imp. de l'ind.), und daß er ihm seine Besitztümer zurück gegeben habe, ohne irgendwelche Dankbarkeit zu beanspruchen. Der zweite erzählte (p. d.), daß er unterwegs ein armes Kind gesehen habe (imp. de l'ind.), welches in einem tiefen See ertrank (imp.), und daß er es gerettet habe (imp. de l'ind.) mit Gefahr seines Lebens. Der dritte erzählte (p. d.), daß er seinen Todfeind am Rande eines Abgrundes eingeschlafen gefunden habe (imp. de l'ind.), und daß er ihn geweckt habe (imp. de l'ind.), um ihn vor dem Hinabstürzen zu bewahren. Der Vater antwortete (p. d.) dem ersten, daß er nur seine Pflicht gethan habe (imp. de l'ind.) und dem zweiten, daß jeder rechtschaffene Mann ebenso gehandelt haben würde. „Aber du," antwortete er dem dritten Sohne, „du hast eine edle Handlung vollzogen; der Diamant gehört dir."

Leçon 24.

Die leidenden Formen des Zeitwortes (formes passives) werden sämtlich mit der entsprechenden Zeit von être und dem participe passé gebildet:

1. présent de l'indic.: je suis aimé, ée; puni, ie; reçu, ue; vendu, ue.
2. imparfait de l'indic.: j'étais aimé, ée; puni, ie; reçu, ue; vendu, ue,
3. passé défini: je fus aimé, ée; puni, ie; reçu, ue; vendu, ue,
4. futur simple: je serai aimé, ée; puni, ie; reçu, ue; vendu, ue,
5. conditionnel prés.: je serais aimé, ée; puni, ie; reçu, ue; vendu, ue.

1. passé indéfini de l'indicatif:
j'ai été aimé, ée; puni, ie; reçu, ue; vendu, ue.

2. plus-que-parfait de l'indicatif:
j'avais été aimé, ée; puni, ie; reçu, ue; vendu, ue.

3. passé antérieur:
j'eus été aimé, ée; puni, ie; reçu, ue; vendu, ue.

4. futur antérieur:
j'aurai été aimé, ée; puni, ie; reçu, ue; vendu, ue.
5. conditionnel passé:
j'aurais été aimé, ée; puni, ie; reçu, ue; vendu, ue,

Anm. Wohl zu beachten ist, daß das **participe passé**, mit **être** verbunden, sich stets in **genre** und **nombre** nach seinem sujet zu richten hat, also: vous êtes aimé, aimée, aimés oder aimées, je nachdem vous masculin, féminin, singulier oder pluriel ist.

Unbestimmte Fürwörter.
(pronoms indéfinis).

on (l'on), man,   aucun(e), irgend ein, -e, -es,
personne, jemand (irgend jemand),   aucun(e...ne), fein, fein einziger, -e, -es,
ne...personne, niemand,   chacun(e), jeder, -e, -es,
rien, etwas (irgend etwas),   quelqu'un(e), jemand,
ne...rien, nichts,   le (la) même, der-, die-, dasselbe,
                                               der, die, das gleiche,
tout m. s., toute f. s., jeder, jede, tous m. pl., toutes f. pl., alle.

Anm. tous als pronoms zu sprechen *tus*; als adjectif zu sprechen *tu*, also Les hommes sont tous mortels (*lèzòmsŏtusmortèl*), aber tous les hommes (*tulèzòm*).

A. In der folgenden Aufgabe ist das pronom indéfini **on**: 1. durch das pronom personnel **nous**, 2. durch das pronom personnel **vous** zu ersetzen; die abhängigen Satzglieder sind dementsprechend abzuändern.

On perd souvent tous ses amis en perdant sa fortune. Personne n'a mieux exprimé cette pensée que le poète latin Ovide: tant qu'on sera heureux, a-t-il dit quelque part, on aura beaucoup d'amis, mais si on est malheureux, on sera seul. Quelqu'un douterait-il de la vérité de ces paroles? Je ne le pense pas; en tout cas, je n'ai jamais rien entendu de plus vrai, et chacun a été à même, plus d'une fois peut-être, d'en vérifier la triste exactitude. Qu'est-ce que cela prouve? Cela ne prouve qu'une chose, mais cette chose mérite bien d'attirer l'attention de tout homme sérieux: cela prouve que l'amitié vraie est une chose bien rare. On aime quelqu'un, non pas pour lui-même, mais pour sa fortune. Dès que cette dernière croule, l'amitié n'a plus de racines, elle s'évanouit. Rien n'est plus triste à constater, mais rien n'est plus vrai. On a vu pourtant quelques exemples de personnes qui ont aimé d'une amitié vraie et sincère et l'histoire nous en rapporte quelques-uns; mais que ces exemples sont rares! La Fontaine avait donc bien raison de dire en parlant de l'amitié: «Rien n'est plus commun que le nom, rien n'est plus rare que la chose.»

B. Alle **formes passives** des Zeitwortes sind in der folgenden Aufgabe durch **formes actives** zu ersetzen, und ist der Text demeutsprechend abzuändern: Le signal est donné par le roi — le roi donne le signal.

Le combat de taureaux.

Aussitôt que le signal du combat est donné par le roi, le taureau est lâché par les gardiens. Au premier instant, l'animal est troublé par la vue des spectateurs, mais aussitôt après il est rendu furieux par les cris de la foule. La lutte commence. Le taureau est provoqué au combat par les piqueurs; pour exciter encore sa colère, des morceaux d'étoffe rouge sont agités devant ses yeux par d'adroits combattants à pied. L'animal se précipite sur son adversaire, mais déjà il est attaqué par celui-ci, ses flancs ont été percés d'une lance aiguë. Mais si, par malheur, l'animal avait été manqué par le piqueur, son cheval aurait été infailliblement éventré par les cornes du taureau et le cavalier aurait été renversé par le choc sur le sable de l'arène. Ce spectacle n'est pas rare. Alors le taureau est aussitôt détourné de sa victime par des hommes à pied, un voile léger est suspendu sur ses cornes par l'un d'eux, tandis que le pauvre cheval blessé est transporté par les gardiens dans un coin. Si sa blessure n'est pas grave, la pauvre bête est ramenée par son cavalier à une lutte nouvelle, ou plutôt à un nouveau martyre. Mais qu'importe? Les cris enthousiastes de la foule sont provoqués par la vue du sang, et la même scène sanglante recommence trois, quatre, cinq fois pour chaque taureau. Enfin quand l'animal est épuisé par les blessures, il est attaqué par un dernier acteur; un coup sec et vigoureux lui est porté en plein front par celui-ci, et le drame sanglant est terminé par ce coup.

C. Alle **formes actives** des Zeitwortes in der folgenden Aufgabe sind durch **formes passives** zu ersetzen, und ist der Text demeutsprechend abzuändern. Das deutsche „von" nach einem Passiv frz. «par»: Le serpent trompa Eve — Eve fut trompée par le serpent.

Après que le serpent eut trompé Eve, Dieu chassa Adam et Eve du paradis, et les condamna à gagner leur pain à la sueur de leur front. Pour exterminer leur descendants, le déluge inonda la terre, mais le Seigneur sauva Noé et sa famille dans l'arche. Bientôt les hommes oublièrent de nouveau les commandements de Dieu. Quelques saints personnages cependant n'oublièrent pas le vrai Dieu. Abraham fut de ce nombre, et, pour récompenser sa fidélité, Dieu lui donna la terre de Chanaan pour y établir son culte. Dans ce pays, Dieu lui donna un fils nommé Isaac.

Joseph, fils de Jacob fut vendu par ses frères à des marchands ismaélites; ceux-ci l'emmenèrent en Egypte. Moïse délivra les Israélites du joug des Egyptiens. D'abord Pharaon empêcha les enfants d'Israël de quitter son pays. Alors une peste horrible ravagea l'Egypte: la grêle dévasta les champs, une nuée de sauterelles dévora les fruits et les plantes, et au milieu de la nuit, l'ange exterminateur frappa tous les premiers-nés des Egyptiens. Enfin Pharaon accorda aux Israélites la permission de quitter son pays, et Moïse éleva un autel pour remercier le Seigneur. Moïse consacra Aaron grand-prêtre, et il désigna les enfants de la tribu de Lévi pour l'aider dans ses fonctions.

Wenn man sein Vermögen verliert, verliert man oft alle seine Freunde. Schon der lateinische Dichter Ovid hat diesen Gedanken ausgedrückt mit den Worten: „Du wirst viele Freunde haben so lange (tant que) du glücklich bist, aber wenn du unglücklich bist, wirst du allein sein." Niemand wird an der Wahrheit dieser Worte zweifeln, jeder ist imstande (à même de), die traurige Genauigkeit derselben (en) zu bestätigen. Aber die Aufmerksamkeit jedes ernsthaften Mannes wird durch die Thatsache angezogen werden, daß die Freundschaft oft keine Wurzeln mehr hat, wenn das Vermögen zu Grunde gegangen ist, daß man also niemand um seiner selbst willen liebt, sondern um seines Vermögens willen. Nichts ist trauriger, aber nichts ist wahrer, und Lafontaine hatte recht, indem er von der Wahrheit spricht (part. pr.), zu behaupten: „Nichts ist alltäglicher als der Name, nichts ist seltener als die Sache!"

Leçon 25.

I. Bei den reflexiven Zeitwörtern (verbes pronominaux) sind sujet und régime ein und dieselbe Person; bei transitiven Zeitwörtern wird also die Thätigkeit von derselben Person ausgeübt, welche sie erduldet.

Im Gegensatze zum deutschen Sprachgebrauche werden sämtliche **verbes pronominaux** in den umschreibenden Zeiten (temps composés) mit **être** verbunden.

Die dritte Person des reflexiven Fürwortes heißt se im **singulier** und im **pluriel**, also: me, te, se, nous, vous, se.

présent de l'indicatif,
affirmativement.

je me défends, nous nous défendons,
tu te défends, vous vous défendez,
il (elle) se défend, ils (elles) se défendent.

imparfait de l'indicatif,
interrogativement.

me défendais-je? (*mᵒdéfadèž*), nous défendions-nous? (*nudéfadᵒonu*),
te défendais-tu? (*tᵒdéfadètū*), vous défendiez-vous? (*rudéfadᵎévu*),
se défendait-il (elle)? (*sᵒdéfadètil*), se défendaient-ils (elles)?(*sᵒdéfadètil*).

passé défini,
négativement.

je ne me défendis pas
(*žᵒnmᵒdéfadipa*),
tu ne te défendis pas
(*tūntᵒdéfadipa*),
il (elle) ne se défendit pas
(*ilnsᵒdéfadipa*).

nous ne nous défendîmes pas
(*nunᵒnudéfadimpa*),
vous ne vous défendîtes pas
(*vunᵒvudéfaditpa*),
ils (elles) ne se défendirent pas
(*ilnsᵒdéfadirpa*).

futur simple,
interrogativement et négativement.

ne me défendrai-je pas?
(*nᵒmᵒdéfadréžpa*),
ne te défendras-tu pas?
(*nᵒtᵒdéfadratāpa*),
ne se défendra-t-il (elle) pas?
(*nᵒsᵒdéfadratilpa*),

ne nous défendrons-nous pas?
(*nᵒnudéfadronnpa*),
ne vous défendrez-vous pas?
(*nᵒrudéfadrévnpa*).
ne se défendront-ils (elles) pas?
(*nᵒsᵒdéfadrotilpa*).

conditionnel présent,
affirmativement.

je me défendrais
(*žᵒmᵒdéfadrè*),
tu te défendrais
(*tūtᵒdéfadrè*),
il (elle) se défendrait
(*ilsᵒdéfadrè*).

nous nous défendrions
(*nunudéfadrio*),
vous vous défendriez
(*ruvudéfadrᵎé*),
ils (elles) se défendraient
(*ilsᵒdéfadrè*).

impératif,
affirmativement.

défends-toi (*défatᵘa*), défendons-nous (*défadonu*), défendez-vous (*défadévu*).

impératif,
négativement.

ne te défends pas
(*nᵒtᵒdéfapa*).

ne nous défendons pas
(*nᵒnudéfadopa*).

ne vous défendez pas
(*nᵒrudéfadᵎpa*).

passé de l'infinitif.
s'être défendu, ue, us, ues.

passé indéfini: je me suis défendu, ue, nous nous sommes défendus, ues,
plus-que-parfait: je m'étais défendu, ue, nous nous étions défendus, ues,
passé antérieur: je me fus défendu, ue, nous nous fûmes défendus, ues,
futur antérieur: je me serai défendu, ue, nous nous serons défendus, ues,
conditionnel passé: je me serais défendu, ue, nous nous serions défendus, ues.

II. Stellung der pronoms personnels conjoints vor dem Zeitwort. Wenn mehrere pronoms personnels dem Zeitwort voranzustellen sind, so werden sie in folgender Weise geordnet:

1. 2. régimes indirects. 3. régimes directs, 4. régimes indirects. 5.

sujet.						verbe.
	me,	nous,	le,	lui,	leur,	
	te,	vous,	la,	y,	en,	
	se,	se.	les,			

Der erste Teil der Verneinung «ne» tritt stets vor die régimes, der zweite Teil derselben hinter das Zeitwort, bei umschreibenden Formen hinter das Hilfszeitwort.

je te le donne — 1. 2. 3. 5. — je ne te le donne pas
($\check{z}^ot^ol^u\grave{d}\grave{o}n$) ($\check{z}^on^ot^ol^u\grave{d}\grave{o}npa$),

tu le lui donnes — 1. 3. 4. 5. — tu ne le lui donnes pas
($t\ddot{a}l^ol^u id\grave{o}n$) ($t\ddot{a}n^ol^ol^u id\grave{o}npa$).

Die Frageform ändert nichts an der Stellung der régimes oder der Verneinung.

te le donné-je? — 2. 3. 5. 1. — ne te le donné-je pas?
($t^ol^o d\grave{o}n\acute{e}\check{z}$) ($n^ot^ol^o d\grave{o}n\acute{e}\check{z}pa$),

le lui donnes-tu? — 3. 4. 5. 1. — ne le lui donnes-tu pas?
($l^ol^u id\grave{o}nt\ddot{u}$) ($n^ol^ol^u id\grave{o}nt\ddot{a}pa$).

A. In der folgenden Aufgabe ist «un brave gentilhomme» durch «deux braves gentilshommes» zu ersetzen: die abhängigen Satzglieder sind dement sprechend abzuändern.

Le généreux pardon.

Un brave gentilhomme allemand avait reçu d'un chevalier français, nommé Rodolphe, une grave offense qui le chagrinait beaucoup. La colère avait enflammé son cœur, et il attendait le jour avec impatience pour tirer de son ennemi une vengeance éclatante. Il passa toute la nuit sans sommeil, et au petit jour il quitta son château pour chercher son adversaire. En chemin, il s'arrêta dans une chapelle et regarda les images qui décoraient les murs. La première représentait Jésus-Christ devant Pilate; en bas se trouvait cette inscription: «Il n'injuriait pas, même quand on l'injuriait». La deuxième image représentait la flagellation, avec ces mots: «Il ne s'irritait pas, même quand on le tourmentait». La troisième image montrait le crucifiement, avec cette prière: «Mon Dieu, pardonne-leur comme je leur pardonne.»

Quand le gentilhomme eut contemplé ces images, il pria longtemps, et se décida à rentrer dans son château. Mais à la porte de la chapelle, il rencontra l'écuyer de Rodolphe. «Vous me cherchez?» lui demanda-t-il. «Oui, seigneur, je vous cherchais; mon maître qui est très malade, désire vous voir.» Le gentilhomme accompagna le serviteur de son ennemi, et lorsqu'il entra dans la salle où se trouvait le malade, celui-ci s'écria: «Ah, pardonnez-moi ma faute, je vous ai gravement offensé.» «Mon frère, lui répondit l'Allemand, je n'ai plus rien à vous pardonner.» Et ils se tendirent la main, s'embrassèrent, se consolèrent et se quittèrent avec une cordiale affection.

B. Die substantifs «chèvre, animal, brebis» sind in der folgenden Aufgabe aus dem singulier in den pluriel, montagnards aus dem pluriel in den singulier umzuwandeln, und die davon abhängigen Formen demgemäß abzuändern:

La chèvre — les chèvres.

La chèvre est vive et capricieuse, indocile et vagabonde; elle ne se laisse pas facilement mener en troupeau; elle se choisit ses paturages, elle s'amuse à franchir des précipices, et se repose souvent avec sécurité sur des rochers escarpés, qui se trouvent sur le bord de la mer. La chèvre se montre plus sensible que la brebis aux caresses et à la douceur, et elle s'attache à son maître plus que celle-ci. Cet animal se trouve souvent dans les pays de montagnes, il se nourrit d'herbes et de feuilles, son lait est gras et nourrissant et ne s'épaissit pas dans l'estomac, comme celui de la vache. La chèvre forme souvent la principale richesse des montagnards, qui se couchent sur des lits faits de ses peaux, s'habillent de vêtements faits de son poil, mangent sa chair et transforment une partie de son lait en beurre et en fromage, dont ils se nourrissent pendant l'hiver.

C. Die substantifs: chats, renards, animaux sind in der folgenden Aufgabe aus dem pluriel in den singulier umzuwandeln, und die davon abhängigen Formen demgemäß abzuändern:

Les chats sauvages — le chat sauvage.

Les proportions des chats sauvages diffèrent beaucoup de celles des chats domestiques: leurs pattes sont plus longues et plus grosses, leur queue est plus courte, leur tête plus forte, tout leur corps plus vigoureux que celui des chats domestiques. La longueur des chats sauvages complètement développés est d'un mètre, depuis le bout du museau jusqu'à l'extrémité de la queue. Ces animaux sont très agiles, ils exécutent des bonds à une très grande distance. Les chats sauvages sont, après les renards, les plus grands destructeurs de gibier dans nos forêts, et lorsqu'ils se trouvent dans le voisinage des fermes ou des basses-cours, ils n'épargnent pas la volaille, et leurs déprédations sont plus à craindre que celles des renards. Les chats sauvages se distinguent par la légèreté de leurs mouvements; ils ne se familiarisent jamais avec la vie domestique et ne se laissent pas dompter.

Großmütige Verzeihung.

Ein tapfrer Ritter, Namens Rudolph, war von einem andern Ritter, namens Bruno, beleidigt worden. Diese Beleidigung schmerzte (imp.) ihn sehr und er erwartete (imp.) mit Ungeduld den Tag, wo er sich an seinem Feinde rächen würde. Bei Tagesanbruch verließ er sein Schloß, um seinen Gegner aufzusuchen. Unterwegs fand (p. d.) er eine Kapelle und trat hinein, um zu beten. Als er sein Gebet beendet hatte, betrachtete er die Bilder, welche die Mauern schmückten. Eins dieser Bilder stellte die Kreuzigung Jesu Christi dar, darunter befand sich die Inschrift: „Mein Gott, vergieb ihnen, wie ich ihnen vergebe!" Der Ritter Rudolph wurde (p. d.) so (tellement) gerührt von diesen Worten, daß er sich entschloß, seinem Gegner zu verzeihen. Als er die Kapelle verlassen hatte (p. d.), begegnete er einem Diener Brunos, der ihn bat, (p. d.) ihn zu seinem Herrn zu begleiten. „Mein Herr ist sehr krank," fügte er hinzu, „und wünscht Sie zu sprechen!" Als Rudolph in das Zimmer seines Gegners trat, rief dieser aus: „Verzeihe mir meinen Fehler, ich habe dich schwer beleidigt." „Ich habe dir nichts zu verzeihen," antwortete ihm Rudolph und reichte (p. d.) ihm die Hand und umarmte (p. d.) ihn.

Leçon 26.

I. Das französische **participe passé**, mit **être** verbunden, richtet sich stets in Geschlecht und Zahl (en genre et en nombre) nach seinem **sujet: la vertu est souvent opprimée.**

II. Das **participe passé**, ohne Hilfszeitwort verwendet, richtet sich stets in Geschlecht und Zahl (en genre et en nombre) nach dem **substantif,** zu dem es gehört.

Anm. Die mit être verbundenen, ebenso wie die ohne Hilfszeitwort verwendeten **participes passés** sind also stets veränderlich: der Anfänger gewöhne sich, jedesmal die Frage: wer oder was ist? (part. p.) zu stellen und nach dem die Antwort bildenden substantif Geschlecht und Zahl des participe passé einzurichten: la lettre perdue a été retrouvée, wer oder was ist verloren? (la lettre), wer oder was ist wieder gefunden worden? (la lettre).

III. Stellung der pronoms personnels conjoints **nach dem Zeit= wort.** Nur beim **nicht verneinten impératif** stehen die pronoms personnels conjoints **hinter** dem Zeitwort; sie werden alsdann durch **trait d'union** mit demselben verbunden; das régime direct steht in diesem Falle stets vor dem régime indirect:

donne-le-nous (*dònlᵘnu*) aber ne nous le donne pas (*nᵉnulᵘdònpa*).
donne-le-lui (*dònlᵉlᵘi*) „ ne le lui donne pas (*nᵉlᵉlᵘidònpa*).

IV. **Unpersönliche Zeitwörter** (verbes impersonnels) dienen zur Bezeichnung von Vorgängen und werden mit dem grammatischen **sujet il — es** verbunden.

il y a (*ilia*), es giebt (es kommt vor), 　il arrive (*ilariv*), es ereignet sich,

il est (*ilè*), es giebt, 　　　　　　　il s'agit (de) (*ilsaži*), es handelt sich um,

il importe (*ileport*), es ist wichtig, 　il résulte (*ilrésült*), es folgt.

A. In der folgenden Aufgabe ist das substantif »lion« aus dem singulier in den **pluriel** und das substantif »esclave« aus dem masculin in das **féminin** umzuwandeln.

Le lion.

Le lion a une démarche fière, grave et lente, tous ses mouvements sont majestueux. Son cri, appelé rugissement est prolongé et terrible, surtout quand l'animal est irrité. Le lion se précipite sur sa proie, il tombe sur elle comme la foudre, et aussitôt la pauvre bête est saisie avec les pattes de devant, elle est déchirée avec les ongles et ensuite devorée avec avidité. Si le lion est jeune, il se nourrit du produit de la chasse, mais s'il est vieux, il s'approche des lieux qui sont habités par les hommes pour enlever les animaux domestiques. On a remarqué cependant que l'homme lui-même est rarement attaqué par le lion; et que le roi des animaux est effrayé par la voix humaine.

Un jeune esclave fugitif était tombé entre les mains d'un détachement de soldats, il fut mené à Rome et condamné à être dévoré par les bêtes féroces. L'heure de son supplice est arrivée: sur un signal donné, un énorme lion est lâché sur le malheureux.

Mais le terrible animal, arrivé près de sa victime, lèche doucement les pieds et les mains de l'esclave évanoui, au lieu de le dévorer. L'esclave interrogé par l'empereur à ce sujet, lui raconte qu'il a rencontré ce lion au désert avec une grosse épine enfoncée dans une de ses pattes. Il a arraché l'épine de la blessure, et le lion reconnaissant témoigne maintenant sa gratitude à son bienfaiteur.

B. In der folgenden Aufgabe sind Louise und Julie durch Louis und Jules zu ersetzen, und die davon abhängigen Formen demgemäß abzuändern.

Rencontre de deux amies. (Dialogue.)

Julie. Bonjour, Louise, tu sembles bien contente et bien réjouie ce matin; qu'y a-t-il de nouveau?

Louise. Oui, ma chère Julie, tu as raison, je suis contente, charmée même. J'ai été bien appliquée à l'école pendant les derniers mois et papa, pour m'en récompenser, a acheté pour moi deux jolis livres qui sont arrivés ce matin.

Julie. Je t'en félicite et j'en suis ravie pour toi. Tu as donc beaucoup travaillé cette année?

Louise. J'ai été plus appliquée que l'année passée; mais j'étais très fatiguée pendant les dernières semaines, et je suis enchantée de ce que les vacances ont commencé. Et toi, ma chère Julie, comment te portes-tu?

Julie. Pas très bien. Je n'ai pas travaillé autant que toi, et pourtant je suis plus fatiguée, plus épuisée que toi. Je suis sortie pour respirer un peu l'air frais. Je me suis reposée plus d'une heure sur ce banc; quand tu es arrivée, j'étais occupée à regarder les passants.

Louise. Si j'avais pensé te trouver ici, je serais venue plus tôt. J'étais à peine levée ce matin que deux de mes amies sont arrivées pour jouer avec moi. Mais où est donc ta sœur aînée? N'est-elle pas encore rétablie de sa maladie?

Julie. Mais si, elle est tout à fait rétablie, mais il y a huit jours qu'elle est rentrée dans sa pension.

Louise. Je suis un peu pressée aujourd'hui, ma mère m'attend, mais demain je serai chez toi à trois heures de l'après-midi. Adieu, mon amie.

Julie. Adieu, et jusqu'à demain.

C. Die **substantifs**: **colibris**, **oiseaux** sind in der folgenden Aufgabe aus dem **pluriel** in den **singulier** umzuwandeln und die davon abhängigen Formen dementsprechend abzuändern.

Les colibris — le colibri.

Les colibris sont, de tous les êtres animés, les plus élégants pour la forme et les plus brillants pour les couleurs. Ce sont les plus petits oiseaux, mais ils ont été comblés de tous les dons de la nature. Les contrées, habitées par les colibris, sont les plus chaudes du nouveau monde et ces oiseaux semblent être confinés entre les deux tropiques. Le bec des colibris est une aiguille fine; leur langue est uniquement destinée à sucer le miel des fleurs, elle est composée de deux fibres creuses qui forment ensemble un petit canal. Pour tirer le suc des fleurs, les oiseaux l'avancent hors de leur bec et le plongent jusqu'au fond du calice des fleurs. La vivacité des colibris est seulement égalée par leur courage, ou plutôt par leur audace. Ils attaquent sans crainte des oiseaux vingt fois plus gros qu'eux, se laissent emporter par eux et les frappent à coups redoublés pour assouvir leur colère.

Die Löwen.

Alle Bewegungen der Löwen sind stolz aber hastig, die Stimme dieser Tiere ist schrecklich, besonders wenn sie erzürnt sind. Wie der Blitz springen die Löwen auf ihre Beute, sie packen ihr Opfer mit den Vorderpfoten, zerreißen es mit den Tatzen und zermalmen es dann mit den Zähnen. Die jungen Löwen ernähren sich vom Ertrage der Jagd, aber die alten nähern sich den Wohnungen der Menschen, um Haustiere zu stehlen. Die Menschen werden von den Löwen selten angegriffen.

Eine flüchtige Sklavin war einer Abteilung römischer Soldaten in die Hände gefallen und nach Rom geführt worden, wo sie verurteilt wurde, von einem wilden Tiere zerrissen zu werden. Ein ungeheurer Löwe wurde auf die Unglückliche losgelassen, aber als das schreckliche Tier in der Nähe seines Opfers angelangt war, leckte es sanft die Hände und das Gesicht der ohnmächtig gewordenen Sklavin, statt sie zu verschlingen. Vom Kaiser darüber befragt, erzählte sie, daß sie den Löwen in der Wüste angetroffen habe (imp. de l'ind.) mit einem großen Dorn in einer seiner Vordertatzen. Sie hatte den Dorn aus der Wunde entfernt und der dankbare Löwe hatte seine Wohlthäterin nicht vergessen.

Leçon 27.

I. Das **participe passé**, mit **avoir** verbunden, richtet sich en genre et en nombre nach seinem **régime direct**, wenn ihm dasselbe **voransteht**.

II. Das **participe passé** der **verbes pronominaux**, obgleich stets mit **être** verbunden, richtet sich en genre et en nombre nach seinem **régime direct**, wenn ihm dasselbe **voransteht**.

Anm. Im Gegensatze zu den stets **veränderlichen** participes passés der vorigen Lektion sind die oben bezeichneten **unveränderlich**:
  1. wenn das régime direct **nachsteht**: j'ai vu ta sœur.
  2. wenn kein régime direct vorhanden ist.

Das régime direct wird dem Zeitwort **vorangestellt**:
  1. als **pronom personnel conjoint**: me, te, se, nous, vous, le, la, les, se; ta sœur est ici, je l'ai vue.
  2. als **pronom relatif**: que; ta sœur que j'ai vue.
  3. als **pronom interrogatif**: lequel, laquelle, lesquels, lesquelles: mes deux sœurs sont ici, laquelle as-tu vue?
  4. als **substantif** verbunden mit: **combien de**, wie viel; **que de**, wie, wie sehr, wie viel; **quel, quelle, quels, quelles**, welcher, (e, es), welche: quelle faute as-tu trouvée? combien de fautes as-tu trouvées? que de fautes tu as trouvées!

III. Das betonte persönliche Fürwort (**pronom personnel absolu**): moi, toi, lui, elle, nous, vous, eux, elles steht:
  1. wenn kein Zeitwort vorhanden ist. Qui a dit cela? Toi.
  2. nach **Präpositionen**; pour moi, sans toi, contre nous,
  3. nach c'est, ce sont — c'est moi, ich bin's.

c'est moi (*sèmᵘa*), ich bin es,   je suis chez moi (*žᵘsᵘišémᵘa*), ich bin zu Hause,

c'est toi (*sètᵘa*), du bist es,   tu es chez toi (*tüèsétᵘa*), du bist zu Hause,

c'est lui (*sèlᵘi*), er ist es,   il est chez lui (*ilèsélᵘi*), er ist zu Hause,

c'est elle (*sètèl*), sie ist es,   elle est chez elle (*èlèsézèl*), sie ist zu Hause,

c'est nous (*sènu*), wir sind es,   nous sommes chez nous (*nusòmsénu*), wir sind zu Hause,

c'est vous (*sèvu*), Sie sind es, ihr seid es,   vous êtes chez vous (*vuzètsévu*), Sie sind, ihr seid zu Hause,

ce sont eux (*sᵉsotó*), sie sind es,   ils sont chez eux (*ilsosézó*), sie sind zu Hause,

ce sont elles (*sᵉsotèl*), sie sind es,   elles sont chez elles (*èlsosézèl*), sie sind zu Hause.

A. In der folgenden Aufgabe ist «**un prince**» durch «**deux princes**» und «**hommes**» durch «**femmes**» zu ersetzen; die abhängigen Formen sind dementsprechend abzuändern:

Anecdote.

Un jour, un prince oriental était arrivé dans une riche contrée de l'Afrique. Les habitants s'étaient présentés devant lui et lui avaient apporté des coupes pleines de pommes d'or. «Mange-t-on ces pommes chez vous?» demanda le prince. «Je ne suis pas venu ici pour admirer vos richesses, mais pour étudier vos mœurs.» Alors les habitants le menèrent sur la place du marché, où leur roi rendait la justice.

Deux hommes s'avancèrent et l'un d'eux parla ainsi: «O roi, j'ai acheté de cet homme un champ; en le fouillant, j'y ai trouvé un trésor; celui-ci n'est pas à moi, car je n'ai acheté que le terrain et non le trésor qui y était caché. Pourtant le vendeur me force de garder aussi le trésor.» Son adversaire répondit: «Je suis aussi consciencieux que mon concitoyen; je lui ai vendu tout le champ et par conséquent le trésor est à lui.» D'abord le roi répéta les paroles de chacun d'eux, pour leur montrer qu'il les avait bien entendues; ensuite il ajouta: «Toi, tu as un fils, mon ami?» — «Oui, Sire.» «Et toi, tu as une fille?» — «Oui, Sire.» «Vos enfants s'aiment-ils?» «Beaucoup!» «Eh bien, mariez-les ensemble, et donnez leur le trésor comme dot; c'est ma décision.»

Le prince fut étonné en entendant cette sentence. «Ai-je mal jugé?» demanda le roi. «Oh non, répondit le prince, mais dans mon pays on jugerait autrement; on donnerait le trésor au roi.» «Le soleil brille-t-il chez vous? ajouta le juge étonné, et la pluie tombe-t-elle du ciel?» «Oui», répondit le prince. «En ce cas, cela doit être pour les animaux innocents qui y sont, car les habitants de ce pays-là ne méritent ni le soleil ni la pluie».

B. In der folgenden Aufgabe sind **Louise** und **Julie** durch **Louis** und **Jules** zu ersetzen, und die davon abhängigen Formen demgemäß abzuändern.

Une visite. (Dialogue.)

Louise. Bonjour, ma chère Julie, hier je t'ai promis d'être chez toi à trois heures; tu m'avoueras que je suis exacte. Malheureusement je ne resterai pas longtemps, je dois être de retour chez moi à quatre heures.

Julie. Quoi! tu es si pressée? J'en suis bien fâchée: mais comment te portes-tu aujourd'hui? A quelle heure t'es-tu levée ce matin?

Louise. Je me suis couchée de bonne heure, mais je suis restée longtemps éveillée pendant la nuit, et ce matin j'étais si fatiguée que je me suis levée très tard. Mais montre-moi les livres que tu as reçus.

Julie. Ils sont là sur cette table. Les trouves-tu jolis?

Louise. Ils sont charmants. Que tu es heureuse de les avoir reçus! Mais enferme-les dans ton armoire: la poussière les gâterait.

Julie. Tu as raison. As-tu déjà vu la boite à musique que j'ai reçue de mon oncle Richard.

Louise. Je n'ai jamais vu, ni entendu jouer une boite à musique; est-ce joli?

Julie. C'est très joli. Malheureusement j'ai égaré la clef pour la remonter, sans cela tu jugerais toi-même.

Louise. Je n'ai pas le temps aujourd'hui, n'oublie pas que je dois être chez moi à quatre heures, et il est déjà quatre heures moins un quart. Demain tu auras retrouvé la clef. Adieu, ma chère Julie.

Julie. Porte-toi bien, Louise. A demain, à la même heure.

C. In der folgenden Aufgabe ist: 1. die höfliche Anrede «vous» durch das vertrauliche «tu» zu ersetzen; 2. das **sujet** «je» durch «nous» (masc. und fém.); die davon abhängigen Formen sind dementsprechend abzuändern.

Lettre.

Leipzig, le 6 avril 1887.

Cher ami,

Je vous remercie bien de la lettre que vous m'avez envoyée de Paris la semaine dernière. Je l'ai reçue et lue avec beaucoup de plaisir. Vous me racontez les impressions que vous avez eues en arrivant dans la Babylone moderne. Je vous l'assure, tous les sentiments qui ont agité votre âme, je les ai éprouvés également, il y aura bientôt cinq ans, en arrivant, étranger comme vous, dans la capitale de la France. Mais peu à peu on s'habitue à ce bruit assourdissant: ce n'est que dans les premiers huit jours qu'on s'imagine avoir une roue de moulin dans la tête.

La demeure que vous vous êtes choisie me semble un peu chère; mais qui vous a donc conseillé d'habiter le quartier de la Madeleine? Pour la moitié du prix que vous donnez, j'avais un joli petit appartement de garçon dans le quartier latin. Surtout ne perdez aucune occasion de parler français: dans la rue, au restaurant, à la promenade, partout. N'oubliez pas que c'est pour cela que vous êtes à Paris. Mes cousins, que vous avez rencontrés à la brasserie auront la bonté de vous donner quelques conseils pratiques, mais ne fréquentez pas trop cette brasserie, qui est le rendez-vous de tous les Allemands, et où l'on ne parle guère français.

Vous devez avoir reçu la lettre que je vous ai envoyée poste-restante? N'avez-vous pas été étonné de la nouvelle qu'elle vous portait? Elle est pourtant vraie; votre cousine est mariée, elle est déjà en Italie avec son mari. Merci de la peine que vous vous êtes donnée pour moi en m'expédiant les livres demandés; je les ai reçus ce matin.

Adieu, cher ami, portez-vous bien, et à bientôt d'autres nouvelles.

Votre ami dévoué.   N. N.

Alexander der Große in Afrika.

Alexander der Große kam (p. d.) eines Tages in einer reichen Stadt Afrikas an, deren Bewohner ihm Schalen voll goldener Äpfel entgegen brachten (p. d.). „Eßt ihr von diesen Äpfeln?" fragte Alexander, „ich bin hier, um eure Sitten zu studieren, führt mich an den Ort, wo man Recht spricht." Die Bewohner führten ihn zum Marktplatz, wo sich zwei Männer vor dem Richter befanden (imp.), von denen der eine dem andern sein Feld verkauft hatte. Der Käufer hatte einen Schatz darin gefunden. „Dieser Schatz gehört nicht mir," fuhr er fort, „ich habe den Boden gekauft, aber nicht den Schatz, der darin versteckt war!" Der Käufer antwortete ihm: „Ich habe dir das ganze Feld verkauft und folglich ist der Schatz dein?" Nachdem er ihre Worte angehört hatte, wendete sich der König an den Verkäufer: „Hast du nicht eine Tochter?" „Ja doch." „Und du," fuhr der König, sich an den Käufer wendend, fort, „hast du nicht einen Sohn?" „Ja," antwortete ihm dieser. „Lieben sich eure Kinder?" „Sehr." „Wohlan, so verheiratet sie mit einander und gebt ihnen den Schatz als Mitgift," entschied der König.

Leçon 28.

Orthographische Eigentümlichkeiten bei der Konjugation des Zeitwortes.

I. Auf *s* (§ 37) und *ž* (§ 38) auslautende Stämme behalten diesen Laut auch vor a, o, u bei; c wird ç; g wird ge, also: avance (*avas*), avançons (*avasǫ*), recevoir (*r°s°r°ar*), reçois (*r°s°a*), reçumes (*r°süm*), mangez (*mažé*), mangeons (*mažǫ*).

II. Die auf oy und uy auslautenden Stämme verwandeln y in i vor stummem oder mit stummem e beginnenden Endungen; sie behalten y bei vor tönenden Endungen: emploi (*aplᵘa*), emploie (*aplᵘa*), emploirez (*aplᵘaré*), employez (*aplᵘaⁱé*), employons (*aplᵘaⁱǫ*), appui (*apᵘį*), appuies (*apᵘi*), appuyais (*apᵘiè*), appuyâmes (*apᵘiam*), ebenjo fuis (*fᵘi*), fuyons (*fᵘiǫ*) etc.

III. **Stummes** e in der Endsilbe des Stammes bleibt stumm vor tönenden Endungen, wird aber zum offenen (*è*) Laut vor stummen, oder mit stummem e beginnenden Endungen. Der *è*-Laut (§ 13) wird erzeugt:

1. Durch **Verdoppelung**, bei den Konjonanten l, t: appeler — appelle (*apèl*), appellerons (*apèlrǫ*), aber appelais (*aplè*), appelâmes (*aplàm*).

2. Durch **accent grave** vor den Konjonanten: d, g, m, n, v und ausnahmsweise bei geler, celer, harceler und acheter: semer (*sᵉmé*), sème (*sèm*), sèmerai (*sèmré*), semons (*sᵉmǫ*), semais (*sᵉmè*) etc.

IV. **Geschlossenes** e (é) in der Endsilbe des Stammes behält den **accent aigu** vor den Endungen des futur und conditionnel, ersetzt ihn aber durch **accent grave** vor e, es, ent: céder (*sédé*), cède (*sèd*), cédai (*sédé*), céderai (*sédré*): régner (*réñé*), règnent (*rèñᵉ*), régnais (*réñè*), régnerais (*réñᵉrè*).

ne .... que nur, (von der Zeit) erst. ne muß stets durch ein verbe von que getrennt sein; que — (als, außer) steht unmittelbar vor dem Worte, für welches die in ne enthaltene Verneinung **aufgehoben** wird: je n'ai lu que ce livre, ich habe nur dieses Buch gelesen; je n'ai lu ce livre qu'une fois, ich habe dieses Buch nur einmal gelesen.

A. Die im **imparfait** und **passé défini** stehenden verbes der folgenden Aufgabe sind durch das **présent de l'indicatif** zu ersetzen.

Le berger-ministre.

Je suis las, de ne trouver à ma cour que des gens qui me flattent, s'écria un jour un roi de Perse; essayons de voyager un peu dans mes Etats, pour voir ce qui se passe à la campagne. Il ne révéla son dessein qu'à un seul de ses courtisans, et quitta avec lui son château. Après avoir marché longtemps, ils aperçurent dans une prairie un jeune berger qui jouait de la flûte en surveillant ses moutons, rangés autour de lui. A l'approche des étrangers, le berger se leva et appela son chien, qui aboyait et annonçait de mauvaises dispositions à leur égard. Il s'engagea entre le roi et le berger une conversation, qui se prolongea longtemps, et dont le monarque fut charmé, tant les réponses de ce berger étaient justes, et révélaient une grande connaissance des hommes.

Le berger, ignorant que c'était le roi qui l'interrogeait, ne ménageait rien dans ses réponses. Le monarque, étonné et charmé de tant de franchise, appela son courtisan, qui était resté un peu en arrière, pour lui dire: «Que je serais heureux si j'avais un fils aussi aimable, aussi sensé que ce berger!» «Sire, lui répondit le courtisan, emmenez-le à la cour, et élevez-le près de vous.» «Vous avez raison, lui répondit le roi, je l'emmènerai et l'élèverai comme s'il était mon propre fils.» Le roi emmena en effet le berger à sa cour.

Arrivé au château royal, le jeune homme échangea son habit de berger contre une robe de pourpre toute brodée d'or. D'abord il fut un peu ébloui par ce grand changement de fortune, pourtant il n'oublia pas tout à fait sa houlette, ni ses moutons. On l'éleva avec une magnificence royale, et les meilleurs maitres lui enseignèrent les arts et les sciences qui ornent l'esprit.

Un jour le roi l'appela et lui parla ainsi: «Il est temps que je te confie une charge dans mon palais; je t'élève donc au rang de premier ministre, et je te confère la première dignité du royaume en te confiant la garde de mes pierreries». Voilà donc notre ancien berger élevé au rang de ministre. Mais à mesure qu'il s'avançait en âge, il songeait de plus en plus à son ancienne condition, et souvent il la regrettait. Ce souvenir pesait tant sur son cœur qu'il altérait sa santé. Enfin il ne résista plus, il quitta le château pour revoir ses parents et le pays natal.

B. Ju der folgenden Aufgabe find die pronoms personnels conjoints sujets: nous, vous durch je, tu zu ersetzen und die davon abhängigen Formen dem gemäß abzuändern.

Dialogue.

Maitre. Qu'achetez-vous là, mes amis?

Elève. Nous avons acheté un livre.

M. Et qui vous a donné l'argent pour le payer?

E. C'est notre père.

M. Prêtez-moi un peu ce livre. Oh, c'est une grammaire française?

E. Oui, monsieur, nous commençons à apprendre le français dans notre classe.

M. Et combien de leçons avez-vous déjà eues?

E. Oh, très peu, monsieur, deux ou trois seulement.

M. Combien de fois votre professeur de français vous a-t-il déjà interrogés?

Orthographe des verbes en cer, ger, yer.

E. Il nous interrogea avant-hier pour la première fois.

M. Que vous demanda-t-il?

E. Il nous a interrogés sur les verbes dont l'infinitif se termine en: **cer, ger, oyer, uyer, ayer, eyer.**

M. Bien, je vous interrogerai un peu à mon tour; et je vous prierai de me répondre comme si vous étiez en classe. Qu'avez-vous à dire sur les verbes en **cer**?

E. Les verbes en **cer** reçoivent une cédille sous le ç devant les voyelles: a, o, u; ainsi on doit écrire: commençai, commençons, reçu etc.

M. Et pourquoi cela?

E. Parce que, sans cette cédille, le c garderait le son de k qui lui est propre devant les voyelles a, o, u; ce qui serait contre la règle que tout verbe doit conserver, dans toute la conjugaison, la même prononciation du radical.

M. Bien, très bien. Et qu'avez-vous à répondre sur les verbes en **ger**?

E. Pour les verbes en **ger**, nous devons placer un **e** muet après le g; cette voyelle joue le même rôle que la cédille.

M. C'est bien; parlez-moi maintenant des verbes terminés en **oyer** et **uyer**.

E. Les verbes en **oyer** et **uyer** ont un **i** devant toute terminaison muette, un **y** devant les terminaisons sonores; ainsi nous devons écrire: emploie, emploierai, essuie, essuierait, avec **i**, mais employons, employais, essuyions, essuyâmes avec **y**.

M. Qu'avez-vous à dire sur les verbes en **ayer** et **eyer**?

E. Les verbes en **ayer** conservent le plus souvent l'**y**, même devant les syllabes muettes.

M. Vous avez bien appris votre leçon, mes enfants; continuez de même; dans huit jours je vous interrogerai de nouveau.

C. Die substantifs: **renard, loup** sind in der folgenden Aufgabe aus dem singulier in den pluriel umzuwandeln; die davon abhängigen Formen sind dementsprechend umzuändern.

Le renard — les renards.

Le renard est fameux par ses ruses et mérite entièrement sa réputation. Ce que le loup réalise par la force, le renard l'exécute par son adresse, et celui-ci arrive généralement à de meilleurs résultats que celui-là. Il tire habilement parti de son artifice; il trouve

toutes ses ressources en lui-même. Il est aussi rusé que prudent; sa
patience est sans bornes, sa conduite varie selon les circoustances; il
se réserve toujours un moyen de retraite, et veille ingénieusement à
sa conservation. Il est aussi infatigable, mais plus ingénieux que le
loup, il ne se fie pas entièrement à la vitesse de ses jambes, il veille
à sa sûreté en se creusant des asiles, où il se retire au moment du
danger, où il s'établit commodément, et où il élève tranquillement
ses petits. Le renard n'est pas vagabond, il a son domicile fixe, où
il retourne toujours, et qui est situé généralement à la lisière des
bois. De là il entend le chant du coq et le cri de la volaille; là
il savoure de loin sa proie. Quand le moment lui semble favorable,
il choisit habilement son chemin, et, cachant son dessein et sa marche,
il arrive presque toujours à son but.

Der Schäfer als Minister.

Ein persischer König, welcher müde war, nur von Schmeichlern um=
ringt zu sein, verließ eines Tages sein Schloß, begleitet von einem seiner
Höflinge. Nachdem sie lange gewandert waren (part. prés.) bemerkten
die beiden (zwei) Männer einen jungen Schäfer, welcher, die Flöte spie=
lend, seine Schafe überwachte. Der König ließ sich in ein Gespräch mit
dem Schäfer ein und war (p. d.) so entzückt über (de) die Antworten
des jungen Mannes, daß er ihn an seinen Hof führte und ihn wie
seinen Sohn auferzog. Er gab (p. d.) ihm die besten Lehrer, welche ihm
alle die Künste und Wissenschaften lehrten (p. d.), welche den Geist des
Menschen schmücken. Aber der junge Mann vergaß (p. d.) nicht seine
Eltern; endlich widerstand (p. d.) er dem Wunsche nicht länger, sie wieder=
zusehen, und verließ (p. d.) das Schloß seines Wohlthäters.

IV. Französisch=deutsches Wörterverzeichnis.

Leçon 19.

A.

Arabe (*arab*), arabisch,
délicat, e (*délika*), zart,
supporter (*süpòrté*), ertragen,
la facilité (*fasilité*), die Leichtigkeit,
la marche (*marš*), der Marsch,
actif, ve (*aktif*), thätig,
la vitesse (*vites*), die Schnelligkeit,
docile (*dosil*), fügsam,
soigner (*s^uañé*), besorgen,
coucher (*kuše*), schlafen,
la tente (*tat*), das Zelt,
nourrir (*nurir*), ernähren,
le lait (*le*), die Milch,
le chameau (*šamó*), das Kamel,
la soif (*s^uaf*), der Durst,
regarder (*r^egardé*), betrachten,
la créature (*kreatür*), das Geschöpf,
attribuer (*atrib^ué*), zuschreiben,
le sentiment (*satima*), das Gefühl,
noble (*nòbl*), edel,
généreux, se (*ženéró*), großmütig,
le plaisir (*plèzir*), das Vergnügen,
monter (*moté*), reiten.

B.

La bosse (*bòs*), der Buckel,
le dromadaire (*dròmadèr*), das Dromedar,
la hauteur (*òtör*), die Höhe,
le mètre (*mètr^e*), das Meter,
l'épaule (*épòl*), die Schulter,
la jambe (*žamb*) das Bein,
court, e (*kur*), kurz,
l'oreille (*òrèi*), das Ohr,
le cou (*ku*), der Hals,
flexible (*fléksibl*), biegsam,
le pied (*pié*), der Fuß,
plat, e (*pla*), flach,
propre à (*pròpra*), geeignet zu,
traverser (*traversé*), durchschreiten,
le désert (*dézèr*), die Wüste,
manger (*mažé*), fressen,
l'herbe (*èrb*), das Kraut,
la route (*rut*), der Weg,
habiller (*abié*), bekleiden,
le poil (*p^ual*), das Haar,
sauver (*sòvé*), retten,
l'approche (*apròš*), die Annäherung
la vitesse (*vites*), die Schnelligkeit.

Leçon 20.

A.

La Terre-Neuve (*tèrnöv*), Neufundland,
la taille (*tai*), der Wuchs,

la force (*fòrs*), die Stärke
élégant, e (*éléga*), zierlich,
vigoureux, se (*viguró*), kräftig,
léger, ère (*léžé*), leichtfüßig,

difforme (*diform*), mißgestaltet,
le regard (*regar*), der Blick, das Auge,
la douceur (*dusòr*), die Milde,
touffu, e (*tufü*), dicht,
la finesse (*fines*), die Feinheit,
épais, se (*épè*), dicht,
protéger (*protéžé*), schützen,
le froid (*frua*), die Kälte,
le marais (*marè*), der Morast,
l'affection (*aféks'o*), die Zuneigung,
le compagnon (*kopaño*), der Begleiter,
la chasse (*šas*), die Jagd,
rendre (*radrᵒ*), leisten,
le service (*servis*), der Dienst,
l'alarme (*alarm*), der Lärm,
donner (*doné*), schlagen,
la fidélité (*fidélité*), die Treue,
à l'épreuve (*alépròv*), bewährt.

B.
Oublier (*ublié*), vergessen,
les parents (*parą*), die Eltern,
le soin (*sᵘę*), die Sorge,
prodiguer (*pròdigé*), in reichem Maße geben, verschwenden,
sacrifier (*sakrifié*), opfern,
élever (*élvé*), erziehen,
montrer (*montré*), zeigen,
la reconnaissance (*rᵒkónèsąs*), die Dankbarkeit,
travailler (*travaié*), arbeiten,
le zèle (*žèl*), der Eifer,
consacrer (*kosakré*), widmen,
procurer (*pròküré*), verschaffen,
la joie (*žᵘa*), die Freude,
imiter (*imité*), nachahmen,
la vertu (*vertü*), die Tugend,
le camarade (*kamarad*), der Kamerad,
éviter (*évité*), vermeiden,

une habitude (*abitüd*), eine Gewohnheit,
le méchant (*mésą*), der Böse,
penser (*pąsé*), denken,
agir (*ažir*), handeln,
réfléchir (*réflésir*), bedenken,
jouir (*žᵘir*), genießen,
studieux, se (*stüd'ö*), fleißig,
un avantage (*avátaž*), ein Vorteil,
résulter (*rézülté*), entstehen,
la conduite (*kodᵘit*), das Benehmen,
exemplaire (*égząplèr*), musterhaft,

C.
le renne (*rèn*), das Renntier,
se distinguer (*sᵒdistęgé*), sich unterscheiden,
le cerf (*sèrf*), der Hirsch,
tirer profit (*tiréprófi*), Nutzen ziehen,
remplacer (*raplasé*), ersetzen,
la vache (*vaš*), die Kuh,
la brebis (*brᵒbi*), das Schaf,
la chèvre (*šèvrᵒ*), die Ziege,
fournir (*furnir*), liefern,
le fromage (*fròmaž*), der Käse,
le beurre (*bör*), die Butter,
la chair (*šèr*), das Fleisch,
la peau (*pó*), das Fell,
confectionner (*koféks'òné*), machen,
le tendon (*tądo*), die Sehne,
le fil (*fil*), der Faden,
coudre (*kudrᵒ*), nähen,
la corde (*kòrd*), die Saite,
un arc (*ark*), ein Bogen,
un os (*ós*), ein Knochen,
des os (*ó*), Knochen,
transformer (*trąsfòrmé*), verarbeiten,
la cuiller (*kᵃièr*), der Löffel,
le marteau (*martó*), der Hammer,
le traineau (*trèno*), der Schlitten,

une distance (*distas*), eine Entfernung,
par jour (*paržur*), täglich,
laborieux, se (*labòrió*), arbeitsam,

la mousse (*mus*), das Moos,
forcer (*forsé*), zwingen,
sous (*su*), unter,
la neige (*nèž*), der Schnee.

Leçon 21.

A.

La création (*kréasⁱǫ*), die Schöpfung,
le paradis (*paradi*), das Paradies,
la parole (*paròl*), das Wort,
créer (*kréé*), schaffen,
former (*fòrmé*), bilden,
le ciel (*sⁱèl*), der Himmel,
la terre (*tèr*), die Erde,
séparer (*séparé*), trennen,
la lumière (*lūmⁱèr*), das Licht,
les ténèbres (*ténèbr^ö*), die Finsterniß,
rassembler (*rasablé*), sammeln,
ordonner (*òrdòné*), befehlen,
un arbre (*arbr^ö*), ein Baum,
sortir (*sortir*), hervorkommen,
le soleil (*solèl*), die Sonne,
la lune (*lūn*), der Mond,
une étoile (*ét^ual*), ein Stern,
briller (*brité*), glänzen,
voler (*vòlé*), fliegen,
l'air (*èr*), die Luft,
le poisson (*p^uasǫ*), der Fisch,
nager (*nažé*), schwimmen,
tirer (*tiré*), ziehen,
le néant (*né^a*), das Nichts,
terrestre (*tèrèstr^ö*), zur Erde gehörig,
une image (*imaž*), ein Bild,
la ressemblance (*resablas*), die Ähnlichkeit,
se reposer (*s^ör^öpósé*), ausruhen,
sanctifier (*satifⁱé*), heiligen,
signifier (*siñifⁱé*), bedeuten,
délicieux, se (*délisⁱó*), wonnig,

la science (*sⁱas*), die Wissenschaft,
toucher (*tužé*), rühren,
le démon (*démǫ*), der Teufel,
jaloux, se (*žalu*), neidisch,
se cacher (*kašé*), sich verbergen,
le serpent (*sèrpⁱa*), die Schlange,
s'approcher (*supròšé*), sich nähern,
persuader (*pèrs^uadé*), raten,
désobéir (*dézòbéir*), nicht gehorchen,
succomber (*sükǫbé*), unterliegen,
la tentation (*tatasⁱǫ*), die Versuchung,
le mari (*mari*), der Gemahl,
chasser (*šasé*), vertreiben,
retourner (*r^öturné*), zurückkehren.

B.

Le rouge-gorge (*ružgòrž*), das Rothkehlchen,
rigoureux, se (*riguró*), streng,
frapper (*frapé*), klopfen,
le bec (*bèk*), der Schnabel,
le villageois (*vilaž^ua*), der Bauer,
la compassion (*kǫpasⁱǫ*), das Mitleid,
la confiance (*kǫfⁱas*), das Vertrauen,
le plancher (*plašé*), der Fußboden,
la miette (*mièt*), das Krümchen,
le bienfaiteur (*bⁱèfètòr*), der Wohlthäter,
le paysan (*p^eiza*), der Bauer,
caresser (*karèsé*), liebkosen,
laisser (*lèsé*), lassen,
jouer (*žué*), spielen,
le printemps (*prèta*), der Frühling,
au dehors (*ód^öòr*), draußen,

la feuille (fòl), das Blatt,
repouser (r°pusé), wieder treiben,
un hôte (ót), ein Gast,
la forêt (forè), der Wald,
voisin, e (v"aze), benachbart,
bâtir (batir). bauen,
le nid (ni), das Nest,
joyeux, se (žua'ö), lustig,
la chanson (šaso), das Lied,

le commencement (kòmąsmą), der Anfang,
amener (am°né), mitbringen,
la compagne (kopań), die Gefährtin,
la marque (mark), das Zeichen,
rester (rèsté), wohnen,
le retour (r°tur), die Rückkehr,
passer (pasé). zubringen.

Leçon 22.

A.

Eprouver (épruvé), empfinden,
l'indifférence (indiférąs), die Gleichgültigkeit,
sincèrement (sęsèr°ma), aufrichtig,
injustement (ežüst°ma), ungerechterweise,
accuser (akūsé), anklagen,
le crime (krim), das Verbrechen,
prier (prié), bitten,
accompagner (akopańé), begleiten,
le juge (žüž), der Richter,
témoigner (tém"ańé), bezeugen,
en faveur de (ąfavòrd°), zu Gunsten,
s'excuser (sèkskūzé), sich entschuldigen,
une affaire (ąfèr), eine Angelegenheit,
pressante (prèsą), dringend,
la raison (rèzǫ), der Grund,
refuser (r°fūzé), abschlagen,
s'attendrir (satądrir), bemitleiden,
pleurer (plöré), weinen,
le tribunal (tribūnal), das Gericht,
l'accusé (akūzé), der Angeklagte,
au désespoir (odézèsp"ar), in Verzweiflung,
éloquent, e (élóką), beredt,
proclamer (pròklamé), laut verkünden,

l'innocence (inòsąs), die Unschuld,
une action (aksiǫ), eine That,
précéder (présédé), vorangehen,
justifier (žūstifié), rechtfertigen.

B.

Un élève (élèv), ein Schüler,
éviter (évité), meiden,
la compagnie (kopańi), die Gesellschaft,
l'exemple (égząpl°), das Beispiel,
travailler (travalé), arbeiten,
le zèle (zèl), der Eifer,
écouter (ékuté), anhören,
la leçon (l°sǫ), die Lehre,
réfléchir (réflésir), nachdenken,
parler (parlé), sprechen,
la politesse (politès), die Höflichkeit,
détester (détesté), verabscheuen,
regarder comme (r°gardékòm), halten für,
le vice (vis), das Laster,
la famille (famil), die Familie,
doux, ce (du), süß,
le bonheur (bònòr), das Glück,
éveiller (évèlé), erwecken,
déraciner (dérasiné). entwurzeln,
une erreur (èròr), ein Irrtum,

le reste (rëst), der, die, das übrige,
la faim (fẹ), der Hunger,
laborieux, se (labórió), arbeitsam,
franchir (frasir), überschreiten,
le seuil (sòl), die Schwelle.

C.

Adorer (adóré), anbeten,
se prosterner(sᵒprostèrné),niederfallen,
une idole (idòl), ein Götzenbild,
en vain (are), unnützlich,
sanctifier (saktifᵢé), heiligen,
le sabbat (saba), der Sabbath,
travailler (travaté), arbeiten,
béni, e (béni), gesegnet,
honorer (onòré), ehren,
vivre (vivrᵒ), leben,
tuer (tᵘé), töten,
adultère m. (adültèr), Ehebrecher,
dérober (dérobé), stehlen,
porter un témoignage (pòrtèrgté-mᵘañaž), Zeugnis ablegen,
le prochain (pròśę), der Nächste,
convoiter (kov"até), begehren,
esclave m.u.f.(èsklav),Sklave,Sklavin,
la servante (sèrvat), die Magd,
le bœuf (böf), der Ochse,
l'âne (an), der Esel.

D.

Dernier, ère (dèrn'é), der, die letzte,
annoncer (anosé), melden,
le (la) pupille (pṻpil), das Mündel,
tomber malade (tobémalad), krank werden,

Leçon 23.

A.

Le diamant (d'ama), der Diamant,
partager (partažé), teilen,

un avis (avi), eine Meinung,
par jour (paržur), täglich,
une goutte (gut), ein Tropfen,
un élixir (éliksir), ein Liqueur,
être sujet à (ètrᵒsüžèta), unterworfen sein,
la crise (kris), der Anfall,
finir par (finirpar), schließlich,
épuiser (ép"izé), erschöpfen,
se porter (sᵒpòrté), sich befinden,
une dépêche (dépèš), ein Telegramm,
prudent, e (prüdą), klug,
communiquer (kòmüniké), mitteilen,
setourmenter (sᵒturmaté), sichquälen,
sembler (sablé), scheinen,
un mot (mó), ein Wort,
adresser (adrèsé), richten,
supposer (süpózé), vermuten,
se rendre (sᵒradrᵒ), sich begeben,
ignorer (inóré), nicht wissen,
passer par (pasépar), reisen über,
se décider (sᵒdésidé), sich entscheiden,
visiter (vizité), besuchen,
prier (prié), bitten,
s'arrêter (sarèté), sich aufhalten,
rendre service (radrᵒsercis), einen Dienst leisten,
la nouvelle (nuvèl), die Nachricht,
confirmer (kyfirmé), bestätigen,
se tromper (sᵒtropé), sich irren,
avertir de (avertirdᵒ), benachrichtigen,
agréer (agréé), genehmigen,
la salutation, salütasi̭ǫ), der Gruß,
bien à vous (biavu), ganz der ihrige,

les biens (bię), die Güter,
conserver (kosèrvé), bewahren,
précieux, se (présió), kostbar,

destiner (dèstiné), bestimmen,
au bout de (obud⁰), nach Verlauf von,
accomplir (akoplir), erfüllen, vollbringen,
généreux, se (ženéró), großmütig,
être de retour (ètr°d°r⁰tur), zurück sein,
à la maison (alamèzọ), zu (nach) Hause,
demander (dmądé), fragen,
pour (pur), um zu
mériter (mérité), verdienen,
un étranger (étraže), ein Fremder,
confier (kofié), anvertrauen,
exiger (òksiže), verlangen,
la reconnaissance (r°kònèsas), die
répliquer (répliké), versetzen,
le devoir (d°r"ar), die Pflicht,
voyager (v"a'aže), reisen,
se noyer (s°n"aié), ertrinken,
le lac (làk), der See,
profond, e (prófọ), tief,
sauver (sóré), retten,
au risque de (órisk), mit Gefahr,
un homme de bien (òmd°b'é), ein rechtschaffener Mann,
à ta place (ataplas), an deiner Stelle,
passer près de (paséprèd⁰), vorübergehen,
un ennemi mortel (ènēmimòrtèl), ein Todfeind,
endormi, e (adòrmi), eingeschlafen,
sur le bord (sürl°bòr), am Rande,
un abîme (abim), ein Abgrund,
éveiller (évèé), wecken,
empêcher (apèšé), verhindern,
tomber (tọbé), fallen,
vertueux, se (vèrtüó), tugendhaft,
héroïque (éróik), heroisch.

B.

Désobéissant (dézóbéisa), ungehorsam,
examiner (ègzaminé), betrachten,
étranger, ère (étraže), fremd,
déposé (dépózé), gelegt,
un vase (vaz), ein Topf,
un arbuste (arbüst), ein Strauch,
oblong, ue (òblọ), länglich,
la rougeur (ruzòr), die Röthe,
dépasser (dépasé), übertreffen,
le goût (gu), der Geschmack,
regarder (r°gardé), betrachten,
observer (òbsèrvé), ansehen, sehen,
être occupé (òküpé), beschäftigt sein,
saisir (sezir), ergreifen,
la bouche (buš), der Mund,
rejeter (r°z°té), wegwerfen,
brûler (brülé), verbrennen,
la lèvre (lèvr⁰), die Lippe,
verser (versé), vergießen,
la larme (larm), die Thräne,
au secours (ósékur), zu Hilfe,
éprouver (épruvé), empfinden,
se calmer (kalmé), sich legen,
pleurer (plòré), weinen,
avouer (avué), gestehen,
toucher (tušé), anrühren,
dûment (düma), gehörig,
avaler (avalé), verschlingen,
l'apparence (aparąs), der Schein,
pardonner (pardòné), verzeihen,
la faute (fót), der Fehler,
désobéir (dézóbéir), ungehorsam sein,
la couleur (kulòr), die Farbe,
dangereux, se (dažró), gefährlich,
le poivre (p"avr⁰), der Pfeffer,
une image (imaž), ein Bild,
le péché (péšé), die Sünde,

tromper (tropé), täuschen,
la jouissance (žuisas), der Genuß,
entraîner (atrèné), nach sich ziehen,
la douleur (dulòr), der Schmerz,
la mort (mòr), der Tod.

C.

La perte (pert), der Verlust,
considérable (kosidérabl), beträchtlich,
le ménage (ménaž), die Haushaltung,
diminuer (diminüé), sich vermindern,
se rendre (s⁰radr⁰), sich begeben,
demeurer (d⁰m⁰ré), wohnen,
la forêt (fòrè), der Wald,
le village (vilaž), das Dorf,
un état (éta), ein Zustand,
l'affaire (afèr), die Angelegenheit,
demander conseil à qn.(d⁰madékosèt),
    Jemanden um Rat fragen,
demander quelque chose à qn. (d⁰-
    (madékèlk⁰šóz⁰), Jemanden
    nach etwas fragen,
indiquer (ediké), anzeigen,
le moyen (m⁰a⁰ę), das Mittel,
remédier à une chose (r⁰médié), einer
    Sache abhelfen,
le mal (mal), das Übel,
le vieillard (vièlar), der Greis,
sage (saz), klug,
jovial, e (žòvial), lustig,
prier de (prié d⁰), bitten zu,
quitter (kité), verlassen,
plus tard (plütar), später,
rentrer (ratré), wieder hereinkommen,
la cassette (kasèt), die Schatulle,
pendant (pada), während,
la cuisine (kᵘizin), die Küche,
la cave (kav), der Keller,
l'écurie (ékürí), der Stall,

le coin (kuę), der Winkel,
la fin (fę), das Ende,
rapporter (rapòrté), wieder bringen,
le ménage (ménaž), die Wirtschaft,
faire la ronde (fèrlarod), die Runde
    machen (alles durchsuchen),
arriver (arivé), ankommen,
le domestique (dòmèstik), der Diener,
dérober (dérobé), stehlen,
la cruche (krüš), der Krug,
à dix heures (àdizòr), um zehn
    Uhr,
la servante (sèrvat), die Magd,
en train de (atred⁰), beschäftigt mit,
manger (mažé), essen,
le mets (mè), das Gericht,
le garde-manger (gardmažé), die
    Speise-Kammer,
remarquer (r⁰marké), bemerken,
la vache (vaš), die Kuh,
enfoncer (afosé), versinken,
le fumier (fümié), der Dünger,
le foin (fuę), das Heu,
au lieu de (òliód⁰), anstatt,
l'avoine (avᵘan), der Hafer,
journellement (žurnèl⁰ma), täglich,
corriger (kòrižé), beseitigen,
un abus (abü), ein Mißbrauch,
l'année (ané), das Jahr,
retourner (r⁰turné), zurückkehren,
laisser (lèsé), lassen,
avoir raison (avᵘarèzọ), recht haben,
ajouter (ažuté), hinzufügen,
renfermer (rafèrmé), enthalten,
le remède (r⁰mèd), das Heilmittel,
répondre (répodr⁰), antworten,
le morceau (mòrsó), das Stück,
il n'est que (ilnèk⁰), es giebt nur,
surveiller (sürvèlé), bewachen.

IV. Französisch-deutsches Wörterverzeichnis.

D.

La possession (*pŏsės'ǫ*)] das Be-
le bien (*b'ę*) } sitztum,
entre (*atrᵒ*), unter,
partager (*partažé*), verteilen,
le diamant (*d'amǫ*), der Diamant,
précieux, se (*présiö*), kostbar,
garder (*gardé*), zurückbehalten,
destiner (*dėstiné*), bestimmen,
noble (*nŏblö*), edel,
l'action (*aksᶦǫ*), die Handlung,
accomplir (*akǫplir*)] vollziehen,
faire (*fėr*) }
quitter (*kité*), verlassen,
être de retour (*ėtrᵒdᵒrᵒtur*), zurück
   sein,
raconter (*rakǫté*), erzählen,
un étranger (*étražé*), ein Fremder,
la fortune (*fǫrtün*), das Vermögen,
confier (*kǫfié*), anvertrauen,
rendre (*radrᵒ*), zurückgeben,
quelconque (*kėlkǫk*), irgendwelche,

la reconnaissance (*rᵒkǫnėsąs*), die
   Dankbarkeit,
exiger (*ėksižé*), beanspruchen,
en chemin (*ąšmę*)] unterwegs,
en route (*ąrut*) }
le lac (*lák*), der See,
profond, e (*prófǫ*), tief,
se noyer (*sᵒnᵘaᶦé*), ertrinken,
sauver (*sóvé*), retten,
au péril de (*ópériłdᵒ*), mit Gefahr,
l'ennemi mortel (*ėnᵘmimǫrtėl*), der
   Todfeind,
au bord de (*óbǫrdᵒ*), am Rande,
le précipice (*présipis*), der Abgrund,
éveiller (*ėvėlé*), wecken,
se précipiter(*présipité*),hinabstürzen,
empêcher de (*ąpėšédᵒ*), bewahren zu,
ne ... que (*nᵒ ... kᵒ*), nur,
le devoir (*dᵒrᵘar*), die Pflicht,
honnête (*ǫnėt*), rechtschaffen,
agir (*ažir*), handeln,
ainsi (*ęsi*), ebenso,
être à (*ėtrà*), gehören.

Leçon 24.

A.

Perdre (*pėrdrᵒ*), verlieren,
mieux (*miö*), besser,
la pensée (*pąsé*), der Gedanke,
latin, e (*latę*), lateinisch,
Ovide (*ǫvid*), Ovid,
tant que (*tąkᵒ*), so lange als,
quelque part (*kėlkᵒpar*), irgendwo,
douter de (*duté dᵒ*), zweifeln an,
penser (*pąsé*), denken,
en tout cas (*ątuka*), auf alle Fälle,
entendre (*ątądrᵒ*), hören,
être à même (*ėtramėm*), imstande
   sein,

plus d'une fois (*plüdünᵒfᵘa*), mehr
   als einmal,
vérifier (*vérifié*), sich überzeugen,
l'exactitude (*lėysaktitüd*), die Genauigkeit,
qu'est-ce que (*kėsᵒkᵒ*), was,
prouver (*pruvé*), beweisen,
mériter (*mérité*), verdienen,
l'attention (*latąsᶦǫ*), die Aufmerksamkeit,
rare (*rar*), selten,
non pas (*nǫpa*), nicht,
dès que (*dėkᵒ*), sobald als,
crouler (*krulé*), zusammenstürzen,

la racine (rasiu), die Wurzel,
s'évanouir (sévan"ir), verschwinden,
constater (kostaté), feststellen,
l'exemple (lèksapl⁰), das Beispiel,
sincère (sęsèr), aufrichtig,
rapporter (rapòrté), mitteilen,
commun (kòmę), alltäglich,

B.

Le combat (kobà), der Kampf,
le taureau (tóró), der Stier,
le signal (siñal), das Zeichen,
lâcher (lasé), loslassen,
le gardien (gardię), der Wächter,
l'animal (animal), das Tier,
troubler (trublé), verwirren,
la vue (vü), der Anblick,
le spectateur (spèktatòr), der Zuschauer,
furieux, se (fürió), wütend,
le cri (kri), das Geschrei,
la lutte (lüt), der Kampf,
provoquer (pròvòké), herausfordern,
le piqueur (pikòr), der Pikador,
exciter (èksité), erregen,
la colère (kòlèr), der Zorn,
l'étoffe (étòf), der Stoff,
agiter (ažité), bewegen,
à pied (ap'é), zu Fuß,
l'adversaire (advèrsèr), der Gegner,
le flanc (flą), die Weiche, Flanke,
percer (pèrsé), durchstechen,
la lance (ląs), die Lanze,
aigu, ë (égü), spitzig,
par malheur (parmalòr), zum Unglück,
manquer (mąké), verfehlen,
infailliblement (efatibl⁰mą), unfehlbar,
éventrer (évątré), aufschlitzen, zerreißen,
la corne (kòrn), das Horn,

renverser (rąvèrsé), umstürzen,
le choc (šòk), der Anprall,
le sable (sabl⁰), der Sand,
l'arène (arèn), der Kampfplatz,
le spectacle (spèktakl⁰), das Schauspiel,
détourner (déturné), abwenden,
le voile (v"al), der Schleier,
léger, ère (léžé), dünn, leicht,
suspendre (süspądr⁰), hängen,
blesser (blèsé), verwunden,
transporter (trąspòrté), tragen,
ramener (ramné), zurückbringen,
plutôt (plütó), vielmehr,
le martyre (martir), die Pein,
qu'importe (kępòrt), was thuts,
enthousiaste (ątuziast), begeistert,
le sang (są), das Blut,
sanglant, e (sąglą), blutig,
épuiser (ép"izé), erschöpft,
un coup (ęku), ein Schlag,
sec, sèche (sèk), trocken, hart,
vigoureux, se (riguró), stark,
le front (frǫ), die Stirne.

C.

Après que (aprèk⁰), nachdem,
le serpent (sèrpą), die Schlange,
tromper (trǫpé), betrügen,
chasser (šasé), wegjagen,
le paradis (paradi), das Paradies,
condamner (kodané), verurteilen,
la sueur (sᵘèr), der Schweiß,
exterminer (èkstèrminé), ausrotten,
le descendant (dèsądą), der Nachkomme,
le déluge (délüž), die Sündflut,
inonder (inǫdé), überschwemmen,
l'arche (arš), die Arche,

le commandement (*komad°ma*), das
    Gebot,
saint, e (*se*), heilig,
un personnage (*°persŏnaź*), eine
    Persönlichkeit (ein Mann),
récompenser (*rékopasé*), belohnen,
la fidélité (*fidélité*), die Treue,
établir (*établir*), einführen,
le culte (*kült*), der Kultus,
nommer (*nòmé*), nennen,
ismaélite (*ismaélit*), ismaelitisch,
délivrer (*délivré*), befreien,
le joug (*źug*), das Joch,
empêcher (*apèśé*), hindern,
quitter (*kité*), verlassen,
le pays (*péi*), das Land,
la peste (*pèst*), die Pest,
horrible (*òribl°*), abscheulich,
ravager (*ravaźé*), verheeren,
la grêle (*grèl*), der Hagel,
dévaster (*dévasté*), verwüsten,
l'ange exterminateur (*aźèkstèrmi-
    natòr*) der Würgengel,
frapper (*frapé*), schlagen,

le premier-né (*pr°m¹én°*), der Erst-
    geborene,
accorder (*akòrdé*), bewilligen,
élever (*élºvé*), errichten,
un autel (*ŏtèl*), ein Altar,
remercier (*r°mèrsié*), danken,
le Seigneur (*séñòr*), der Herr,
consacrer (*kosakré*), weihen,
grand - prêtre (*graprètr°*), Ober-
    priester,
désigner (*déziné*), bezeichnen,
la tribu (*tribü*), der Stamm,
aider (*édé*), helfen,
la fonction (*foks¹o*), das Amt.

D.

Exprimer (*èksprimé*), ausdrücken,
par (*par*), mit,
pour l'amour de (*purlamurd°*),
    um ... willen,
commun (*kòmŏ*), alltäglich,
siehe die übrigen Vokabeln Lek-
    tion 24, A.

Leçon 25.

A.

Brave (*brav*), tapfer,
le chevalier (*śvalié*), der Ritter,
une offense (*òfas*), eine Beleidigung,
grave (*grav*), schwer,
chagriner (*śagriné*), betrüben,
beaucoup (*bóku*), sehr,
enflammer (*aflamé*), entflammen,
tirer vengeance (*tirévaźas*), Rache
    nehmen,
éclatant, e (*éklata*), glänzend,
passer (*pasé*), zubringen,

le sommeil (*sòmèl*), der Schlaf,
au petit jour (*ópºtiźur*), bei Tages-
    anbruch,
le château (*śató*), das Schloß,
l'adversaire (*advèrsèr*), der Gegner,
s'arrêter (*sarèté*), sich aufhalten,
la chapelle (*śapèl*), die Kapelle,
une image (*imaź*), ein Bild,
décorer (*dékoré*), schmücken,
représenter (*r°présaté*), darstellen,
Jésus - Christ (*źézükri*), Jesus
    Christus,

en bas (*aba*), unten,
une inscription (*eskrips'o*), eine In=
  schrift,
injurier (*ežūri'*), beleidigen,
la flagellation (*ſlažèlas'o*), die Geiße=
  lung,
le crucifiement (*krūsifima*), die
  Kreuzigung,
la prière (*pri'èr*), das Gebet,
pardonner (*pardòné*), verzeihen,
contempler (*kotaplé*), betrachten,
se décider (*s⁰désidé*), sich entscheiden,
rencontrer (*rakotré*), begegnen,
l'écuyer (*ékūi'é*), der Knappe,
désirer (*déziré*), wünschen,
accompagner (*akopañé*), begleiten,
l'ennemi (*ènmi*), der Feind,
la salle (*sal*), der Saal,
s'écrier (*sékri'é*), ausrufen,
offenser (*òfasé*), beleidigen,
tendre (*tadr⁰*), bieten,
s'embrasser (*sabrasé*), sich umarmen,
consoler (*kosólé*), trösten,
cordial, e (*kòrdi'al*), herzlich.

B.

La chèvre (*śèvr⁰*), die Ziege,
vif, ve (*viſ*), lebhaft,
capricieux, se (*kapris'ó*), launisch,
indocile (*edòsil*), ungehorsam,
vagabond, e (*vagabo*), umherziehend,
en troupeau (*atrupó*), scharenweise,
se choisir (*s⁰śʷazir*), sich wählen,
le paturage (*paturaž*), der Weide=
  platz,
s'amuser (*samüzé*), sich die Zeit
  vertreiben,
franchir (*fraśir*), springen über,
se reposer (*s⁰r⁰pózé*), sich ausruhen,
la sécurité (*sékūrité*), die Sicherheit,

le rocher (*róśé*), der Fels,
escarpé (*èskarpé*), steil,
sensible (*sasiblᵉ*), empfindlich,
la brebis (*br⁰bi*), das Schaf,
la caresse (*karès*), die Liebkosung,
la douceur (*dusòr*), die Milde,
s'attacher à (*sataséra*), sich hängen an,
se nourrir (*s⁰nurir*), sich ernähren,
l'herbe (*èrb*), das Gras,
la feuille (*föl*), das Blatt,
le lait (*lè*), die Milch,
gras, se (*grà*), dick, fett,
nourrissant (*nurisa*), ernährend,
s'épaissir (*sépèsir*), sich verdicken,
l'estomac (*èstòma*), der Magen,
principal, e (*presipal*), hauptsächlich,
le montagnard (*motañar*), der Berg=
  Bewohner,
se coucher (*s⁰kuśé*), sich legen,
le lit (*li*), das Bett,
la peau (*pó*), das Fell,
s'habiller (*sabilé*), sich kleiden,
le vêtement (*vètma*), die Kleidung,
le poil (*pᵘal*), das Haar,
transformer (*trasfòrmé*), verwandeln,
le beurre (*bèr*), die Butter,
le fromage (*fròmaž*), der Käse.

C.

Le chat (*śa*), die Katze,
sauvage (*sóvaž*), wild,
la proportion (*pròpòrs'o*), die Größe,
différer (*diféré*), abweichen,
domestique (*dòmèstik*), häuslich,
la patte (*pat*), die Tatze,
la queue (*kó*), der Schwanz,
court, e (*kur*), kurz,
vigoureux, se (*viguré*), kräftig,
complètement (*koplètma*), voll=
  ständig,

11*

développer (dérŏlŏpĕ̆), entwickeln,
le mètre (mètrŏ), das Meter,
le museau (müzŏ), die Schnauze,
l'extrémité (ĕkstrĕmitĕ̆), das äußerste
    Ende,
agile (aẑil), flink,
le bond (bǫ), der Sprung,
la distance (distąs), die Entfernung,
le destructeur (dĕstrüktòr), der Zer-
    störer,
le gibier (ẑibĭĕ̆), das Wildpret,
la forêt (fŏrè̄), der Wald,
le voisinage (v̆u̇azinaẑ), die Nach-
    barschaft,
la ferme (fĕ̄rm), der Meierhof,

la basse-cour (baskur), der Hühnerhof,
épargner (épar̆nĕ̆), sparen, schonen,
la volaille (vŏlal̆), das Geflügel,
la déprédation (déprédasǫ), die
    Verwüstung,
craindre (crę̄drŏ), fürchten,
distinguer (distęgĕ̆), unterscheiden,
la légèreté (lĕẑĕrtĕ̆), die Leichtigkeit,
le mouvement (murma), die Be-
    wegung,
se familiariser (s̆ŏfamil̆arizĕ̆), ver-
    traut werden,
dompter (dǫtĕ̆), zähmen.

D.

siehe die Vokabeln Left. 25, A.

Leçon 26.

A.

Le lion (l̆ǭ), der Löwe,
la démarche (démarś), der Gang,
fier, ère (fĭèr), stolz,
grave (grav), würdevoll,
lent, e (la), langsam,
le mouvement (murma), die Be-
    wegung,
majestueux, se (mażĕ̌st᷂u᷂ĕ̆), majestätisch,
le cri (kri), das Geschrei,
le rugissement (rǖẑisma), das Ge-
    brüll,
prolongé, e (prŏlǫẑĕ̆), anhaltend,
terrible (tèriblŏ), schrecklich,
irrité, e (iritĕ̆), zornig,
se précipiter (s̆ŏprésipitĕ̆), sich stürzen,
la proie (prŭa), die Beute,
la foudre (fudrŏ), der Blitz,
la bête (bèt), das Tier,
saisir (sĕ̆zir), ergreifen,
de devant (dŏdŏva), Vorder-,
déchirer (désirĕ̆), zerreißen,

un ongle (ǫgl), eine Kralle,
dévoré (dévŏrĕ̆), verschlingen,
l'avidité (aviditĕ̆), die Gier,
se nourrir (s̆ŏnurir), sich ernähren,
le produit (prŏdŭi), der Ertrag,
la chasse (śas), die Jagd,
vieux, vieille (vĭó), alt,
s'approcher (saprŏśĕ̆), sich nähern,
le lieu (l̆ó), der Ort,
enlever (al̆ŏvĕ̆), wegnehmen,
remarquer (r̆ŏmarkĕ̆), bemerken,
attaquer (atakĕ̆), angreifen,
effrayer (éfrĕ́ĕ̆), erschrecken,
humain, e (ümę̄), menschlich,
un esclave (èsklav), ein Sklave,
tomber (tǫbĕ̆), fallen,
le détachement (détaśma), die Ab-
    teilung,
condamner (kǫdanĕ̆), verurteilen,
féroce (férǭs), wild,
le supplice (süplis), der Tod,
le signal (siñal), das Zeichen,

énorme (énòrm), ungeheuer,
lâcher (lasé), loslassen,
la victime (viktim), das Opfer,
lécher (lésé), lecken,
évanoui, e (évan^ui), ohnmächtig,
interroger (etèróźé), befragen,
l'empereur (apròr), der Kaiser,
à ce sujet (as^osüźè), darüber,
le désert (dézèr), die Wüste,
une épine (épin), ein Dorn,
enfoncé, e (afosé), eingedrungen,
arracher (arasé), herausreißen,
la blessure (blèsür), die Wunde,
reconnaissant, e (r^ekònèsa), dankbar,
témoigner (tém^uané), bezeugen,
la gratitude (gratitüd), die Dank=
barkeit,
le bienfaiteur (bⁱefètòr), der Wohl=
thäter.

B.
La rencontre (rakotr^o), die Begegnung,
le dialogue (dⁱalog), das Zwiegespräch,
Julie (źüli), Julie,
bonjour (bożur), guten Tag,
sembler (sablé), scheinen,
réjoui, e (réź^ui), erfreut,
le matin (matę), der Morgen,
il y a (ilⁱa), es giebt,
qu'y a-t-il? (kⁱatil), was giebt es?
nouveau (nuvó), neu,
Louise (l^uiz), Louise,
charmer (śarmé), entzücken,
même (mèm), sogar,
appliqué, e (apliké), fleißig,
récompenser (rékopasé), belohnen,
arriver (arivé), ankommen,
féliciter (félisité), gratulieren,
ravi, e (ravi), entzückt,
travailler (travaṭé), arbeiten,

une année (ané), ein Jahr,
fatiguer (fatigé), ermüden,
enchanté, e (aśaté), hocherfreut,
les vacances f. (vakas), die Ferien,
se porter (s^opòrté), sich befinden,
épuiser (ép^uizé), erschöpfen,
respirer (rèspiré), atmen,
l'air frais (lèrfrè), die frische Luft,
regarder (r^egardé), ansehen,
les passants m. (lepasa), die Vorüber=
gehenden,
à peine... que (apènk^u), kaum als,
aîné, e (èné), älteste,
rétabli, e (r^établi), hergestellt,
il y a huit jours (ilⁱa^uiźur), vor
acht Tagen,
la pension (pasⁱo), die Pensions=
Anstalt,
pressé, e (prèsé), eilig,
chez (sé), bei, zu,
l'après-midi m. u. f. (laprèmidi), der
Nachmittag,
jusqu'à (źüska), bis.

C.
Le colibri (kòlibri), der Kolibri,
un être (ètr^o), ein Wesen,
animé, e (animé), lebend, belebt,
élégant, e (éléga), zierlich,
la forme (fòrm), die Form,
la couleur (kulèr), die Farbe,
un oiseau (^uazó), ein Vogel,
combler de (kobléd^o), überhäufen mit,
le don (do), die Gabe,
la contrée (kotré), die Gegend,
habiter (abité), bewohnen,
chaud, e (śó), warm,
confiné (kofiné), eingesperrt,
le tropique (tròpik), der Wendekreis,
le bec (bèk), der Schnabel,

une aiguille (egᵘil), eine Nähnadel,
la langue (laŋ), die Zunge, Sprache,
uniquement (unikᵒmą), einzig und allein,
sucer (süse), aussaugen,
le miel (miɛl), der Honig,
la fibre (fibrᵒ), die Fiber, Faser,
creux, se (krö), hohl,
le canal (kanal), der Kanal,
le suc (sük), der Saft,
hors de (ordᵒ), außer,
plonger (plożé), versinken,
le fond (fǫ), der Grund, die Tiefe,
le calice (kalis), der Kelch,

la vivacité (virasité), die Lebendigkeit,
le courage (kuraž), der Mut,
l'audance (ódas), die Kühnheit,
attaquer (ataké), angreifen,
la crainte (krẹt), die Furcht,
gros, se (gró), dick,
emporter (apòrté), wegtragen,
frapper (frapé), schlagen,
redoublé, e (rᵒdublé), wiederholt,
assouvir (asuvir), besänftigen,
la colère (kòlèr), der Zorn.

D.

siehe die Vokabeln Lekt. 26 A.

Leçon 27.

A.

Un jour (ǫžur), eines Tages,
l'Afrique (afrik), Afrika,
les habitants m. (lezabitą), die Einwohner,
se présenter (sᵒprésaté), erscheinen,
une coupe (kup), eine Schale,
la pomme (pòm), der Apfel,
chez (šé), bei,
admirer (admiré), bewundern,
les mœurs f. (mòrs), die Sitten,
la richesse (rišès), der Reichtum,
le marché (maršé), der Markt,
rendre la justice (radrᵒlažüstis), Gericht halten,
s'avancer (savąsé), vortreten,
ainsi (ęsi), so,
un champ (šą), ein Feld,
fouiller (fulé), durchgraben,
le trésor (trézor), der Schatz,
le terrain (tèrę), der Boden,
cacher (kašé), verbergen,
le vendeur (vądòr), der Verkäufer,

forcer (fòrsé), zwingen,
garder (gardé), behalten,
consciencieux, se (kǫsiasiò), gewissenhaft,
le concitoyen (kǫsituaię), der Mitbürger,
par conséquent (parkǫséką), folglich,
répéter (répété), wiederholen,
ajouter (ažuté), hinzufügen,
Sire (sir), allergnädigster Herr,
s'aimer (sèmé), einander lieben,
marier (marié), verheiraten,
la dot (dòt), die Mitgift,
la décision (désizią), die Entscheidung,
la sentence (sątąs), der Urteilsspruch,
juger (žüžé), richten,
autrement (òtrᵒmą), anders,
le soleil (sòlèi), die Sonne,
briller (brié), scheinen,
innocent, e (inǫsą), unschuldig,
la pluie (plüi), der Regen.

B.

La visite (*vizit*), der Besuch,
avouer (*avᵘé*), gestehen,
exact, e (*eksakt*), pünktlich,
malheureusement (*malòrózmạ*), unglücklicherweise,
je suis fâché (*žᵒsᵃifašé*), es thut mir leid,
se lever (*sᵒlᵊvé*), aufstehen,
se coucher (*sᵒkušé*), zu Bette gehen,
de bonne heure (*dᵒbònᵊr*), früh,
très tard (*trètar*), sehr spät,
là (*là*), dort,
charmant (*šarmạ*), wunderschön,
enfermer (*ạfèrmé*), einschließen,
la poussière (*pus'èr*), der Staub,
gâter (*gaté*), verderben,
la boite à musique (*bᵘatamüzik*), die Spieldose,
égarer (*égaré*), verlieren,
remonter (*rᵊmọté*), aufziehen,
le quart (*kar*), das Viertel,
la clef (*klé*), der Schlüssel.

C.

Remercier (*rᵊmèrs'é*), danken,
la semaine (*sᵊmèn*), die Woche,
une impression (*eprès'ọ*), ein Eindruck,
moderne (*mòdèrn*), neu,
le sentiment (*sạtimạ*), das Gefühl,
agiter (*ažité*), bewegen,
éprouver (*éprucé*), fühlen,
également (*égalᵊmạ*), gleich,
étranger, ère (*étrạžé*), fremd,
peu à peu (*péapé*), nach und nach,

s'habituer à (*sabitᵘéa*), sich gewöhnen an,
assourdissant, e (*asurdisạ*), betäubend,
une roue (*ru*), ein Rad,
le moulin (*mulẹ*), die Mühle,
la demeure (*dᵊmòr*), die Wohnung,
choisir (*šᵘazir*), wählen,
conseiller (*kosèlé*), raten,
le quartier (*kart'é*), das Viertel,
la moitié (*mᵘaté*), die Hälfte,
le prix (*pri*), der Preis,
un appartement (*apartᵊmạ*), eine Wohnung,
la brasserie (*brasri*), die Brauerei,
pratique (*pratik*), praktisch,
fréquenter (*frékạté*), besuchen,
le rendez-vous (*radévu*), der Sammelplatz,
ne ... guère (*nᵊgèr*), nicht viel,
poste-restante (*pòstrèstạtᵊ*), postlagernd,
être étonné (*ètrᵊtoné*), staunen,
la nouvelle (*nuvèl*), die Nachricht,
pourtant (*purtạ*), doch,
la cousine (*kuzin*), die Base,
le mari (*mari*), der Mann,
merci (*mèrsi*), schönen Dank,
la peine (*pèn*), die Mühe,
expédier (*èkspédié*), senden, schicken,
demandé (*dᵊmạdé*), verlangt,
autres (*òtrᵊ*), andere,
dévoué, e (*dévᵘé*), ergeben.

D.

siehe die Vokabeln, Lekt. 27 A.

Leçon 28.

A.

las, se (*la*) müde,
la cour (*kur*), der Hof,

les gens (*žạ*), die Leute,
flatter qn (*flaté*), schmeicheln,
s'écrier (*sékrié*), ausrufen,

la Perse (pèrs), Perſien,
essayer (èsèʻé), verſuchen,
voyager (vᵘaʻaźé), reiſen,
voir (vᵘar), ſehen,
se passer (sᵉpaseʻ), geſchehen,
à la campagne (alakapañᵉ), auf dem Lande,
révéler (rérèlé), offenbaren,
le dessein (dèsę̊), die Abſicht,
le courtisan (kurtisa), der Höfling,
marcher (marsé), marſchieren,
la prairie (prèri), die Wieſe,
le berger (bèrźé), der Schäfer,
jouer (źué), ſpielen,
la flûte (flüt), die Flöte,
surveiller (sürvèlé), bewachen,
le mouton (muto), das Schaf,
autour de (óturdᵉ), um,
l'approche f. (apròs), die Annäherung,
aboyer (abᵘaʻé), bellen,
à l'égard de (alégardᵉ), gegenüber,
s'engager (sagaźé), ſich entſpinnen,
se prolonger (sᵉpròloźé), ſich verlängern,
ignorer (iñòré), nicht wiſſen,
ménager (ménaźé), ſchonen, ſparen,
la franchise (fraśiz), die Offenheit,
en arrière (aarʻèr), zurück,
sensé, e (sasé), vernünftig,
emmener (amᵒné), mitnehmen,
élever (élèvé), erziehen, erheben,
propre (pròprᵉ), eigen,
en effet (anéfè), in der That,
royal, e (vᵘaʻal), königlich,
échanger (éśaźé), vertauſchen,
une robe (ròb), ein Kleid,
la pourpre (purprᵉ), der Purpur,
broder (bròdé), ſticken,
d'abord (dabòr), zuerſt,

éblouir (éblᵘir), betäuben, blenden,
la houlette (ulèt), der Schäferſtab,
enseigner (asèñé), lehren,
un art (ar), eine Kunſt,
une science (sias), eine Wiſſenſchaft,
orner (òrné), ſchmücken,
l'esprit (èspri), der Geiſt,
parler (parlé), ſprechen,
une charge (śarź), ein Amt,
conférer (kośéré), übertragen,
le royaume (vᵘaʻóm), das Königreich,
les pierreries f. (piˈèrᵉri), das Geſchmeide,
ancien, ne (asʻę̊), ehemalig,
s'avancer en âge (savasʻraaź), alt werden,
songer (soźé), denken, grübeln,
de plus en plus (dᵉplüzaplü), immer mehr,
regretter (vᵉgrètè), bedauern,
le souvenir (surᵒnir), die Erinnerung,
peser (pᵉzé), ſchwer ſein,
altérer (altéré), untergraben,
la santé (saté), die Geſundheit,
résister (rézisté), widerſtehen,
le pays natal (pʻinatal), die Heimat.

B.

prêter (prèté), leihen,
apprendre (apradrᵉ), lernen,
la classe (klas), die Klaſſe,
seulement (sòlmą̊), bloß, nur,
combien de fois (kobʻędᵉjᵘa), wie oft,
interroger (ętèròźé), fragen,
avant-hier (avatʻèr), vorgeſtern,
se terminer (sᵉtèrminé), endigen,
à mon tour (amǫtur), meinerſeits,
la cédille (séditᵉ), die Cedille,
écrire (ékrir), ſchreiben,
pourquoi (purkᵘa), warum,

le son (*sǫ*), der Laut,
conserver (*kǫsèrvé*), behalten,
la prononciation (*prònǫs¹as¹ǫ*), die Aussprache,
le radical (*radikal*), der Stamm,
placer (*plasé*), stellen, setzen,
muet, te (*muè*), stumm,
la terminaison (*tèrminèsǫ*), die Endung,
sonore (*sònòr*), tönend,
continuer (*kǫtinüé*), fortfahren,
de nouveau (*nuvó*), von neuem.

C.

Le renard (*rönar*), der Fuchs,
fameux, se (*famé*), berühmt,
la ruse (*rüz*), die List,
la réputation (*répütas¹ǫ*), der Ruf,
le loup (*lu*), der Wolf,
réaliser (*réalizé*), erreichen,
exécuter (*èkséküté*), vollbringen,
l'adresse (*adrès*), die Geschicklichkeit,
le résultat (*rézülta*), der Erfolg,
tirer parti (*tiréparti*), Vorteil ziehen,
l'artifice (*artifis*), die List,
la ressource (*rösurs*), das Hilfsmittel,
la borne (*bòrn*), die Grenze,
la conduite (*kǫdüit*), das Benehmen,
varier (*varié*), sich ändern,
la circonstance (*sirkǫstas*), der Umstand,

se réserver (*sörézèrvé*), sich vorbehalten,
le moyen (*muaiè*), das Mittel,
la retraite (*rötrèt*), der Rückzug,
ingénieux, se (*èzéniö*), geschickt,
la conservation (*kǫsèrvas¹ǫ*), die Erhaltung, Rettung,
infatigable (*èfatigablö*), unermüdlich,
la vitesse (*ritès*). die Schnelligkeit,
la jambe (*žąb*), das Bein,
la sûreté (*sürté*), die Sicherheit,
creusé, e (*krözé*), ausgegraben,
un asile (*azil*), ein Zufluchtsort,
le danger (*dąžé*), die Gefahr,
s'établir (*sétablir*), sich niederlassen,
les petits (*pöti*), die Jungen,
fixe (*fiks*), fest,
généralement (*žénéralmą*), gewöhnlich,
la lisière (*liz¹èr*), der Rand, Saum,
le chant (*šą*), das Krähen, der Schrei,
savourer (*savuré*), sich weiden an,
la proie (*prua*), die Beute,
favorable (*favòrablö*), günstig,
la marche (*marš*), der Gang,
presque (*prèskö*), fast,
le but (*bü*), das Ziel.

D.

siehe die Vokabeln, Lektion 28 A.

V. Alphabetisches Wörterverzeichnis.

A.

abeille *f* die Biene
abîme *m* der Abgrund
abord (d') zuerst
aboyer bellen
abus *m* der Mißbrauch
accompagner begleiten
accomplir erfüllen
accorder gewähren
accusé *m* der Angeklagte
accuser anklagen
acheter kaufen
acheteur *m* der Käufer
actif thätig
action *f* die That, Handlung
admirer bewundern
adorer anbeten
adresse *f* die Geschicklichkeit
adresser à richten an
adroit geschickt
adultère *m* der Ehebrecher
adversaire *m* der Gegner
affaire *f* die Angelegenheit, das Geschäft
affection *f* die Liebe, die Zuneigung
Afrique *f* Afrika
agile gewandt
agir handeln
agiter bewegen
agréable angenehm
agréer genehmigen
aider helfen
aigle *m* der Adler
aigu, ë spitzig, heftig
aiguille *f* die Nähnadel
aimer (s') sich lieben
aîné, e der, die älteste
ainsi so, auf diese Weise
air *m* die Luft
ajouter hinzufügen
alarme *m* Lärm
altérer verändern
amener mitbringen
ami *m* der Freund
amie *f* die Freundin
amitié *f* die Freundschaft
amuser (s') sich belustigen
an *m* das Jahr
ancien alt, ehemalig
âne *m* der Esel
ange *m* der Engel
animal *m* das Tier
animé belebt, munter
année *f* das Jahr
annoncer ankündigen
août *m* August
apôtre *m* der Apostel
apparence *f* der Schein
appartement *m* die Wohnung
appliqué fleißig
apporter bringen
apprendre lernen
apprenti *m* der Lehrling
approche *f* die Annäherung
approcher (s') sich nähern
après nach
après-demain übermorgen
après-midi *f* der Nachmittag
après que nachdem
arbre *m* der Baum
arbuste *m* der Strauch
arc *m* der Bogen
arche *f* die Arche

arène *f* die Arena, der Kampfplatz
argent *m* das Geld
armoire *f* der Schrank
art *m* die Kunst
artifice *m* die List
arracher entreißen, ausrotten
arrêter (s') sich aufhalten, festnehmen
arrière (en) zurück
arrivé angekommen
arriver ankommen
asile *m* der Zufluchtsort
assourdissant betäubend
assouvir besänftigen, sättigen
attacher (s') anhänglich sein
attaquer angreifen
attendrir (s') gerührt werden
attention *f* die Aufmerksamkeit
attiré angezogen, gelockt
attribuer zuschreiben
audace *f* die Kühnheit
aujourd'hui heute
aussi auch
autel *m* der Altar
autour de um
autrement anders
autres (d') andere
avaler verschlingen
avancer (s') vorrücken
avancer (s') en âge älter werden
avant vor
avant-hier vorgestern
avare geizig
avec mit
avertir de benachrichtigen von
avidité *f* die Habgier
avis *m* die Nachricht, Mitteilung
avoine *f* der Hafer
avouer gestehen
avril der April.

B.

balcon *m* der Balkon
banc *m* die Bank, Ruhebank
banque *f* die Bank, das Bankhaus
bas niedrig
bas (en) unten
basse-cour *f* der Hühnerhof

bâtir bauen
battu geschlagen
beau schön, hübsch
beaucoup viel, sehr
bec *m* der Schnabel
belle schön, hübsch
béni gesegnet
bête *f* das Tier
beurre *m* die Butter
bien à vous ganz der Ihrige
bienfaiteur *m* der Wohlthäter
bien-portant *m* gesund
biens *m pl* die Güter, das Besitztum
bière *f* das Bier
billet de banque *m* die Banknote, der Schein
bijoutier *m* der Juwelier
blé *m* das Getreide
blesser verwunden
blessure *f* die Wunde
bœuf *m* der Ochse, das Rindfleisch
boîte à musique *f* die Spieldose
bon gut
bond *m* der Sprung
bonheur *m* das Glück
bonjour guten Tag
bord (sur le) am Rande
borne *f* der Grenzstein
bosse *f* der Buckel
botte *f* der Stiefel
bottier *m* der Stiefelmacher, Schuhmacher
bouche *f* der Mund
bouchon *m* der Pfropfen
boulanger *m* der Bäcker
bourse *f* die Börse
(au) bout (de) nach Verlauf von
bouteille *f* die Flasche
boutique *f* der Laden
bras *m* der Arm
brasserie *f* die Brauerei
brave tapfer
brebis *f* das Schaf
briller scheinen, glänzen
broder sticken
brouillard *m* der Nebel
brûler verbrennen
bu getrunken
but *m* das Ziel.

C.

cacher verbergen
cacher (se) sich verbergen
café *m* der Kaffee
cahier *m* das Heft
caleçon *m* die Unterhose
calice *m* der Kelch
calmer beruhigen
camarade *m* der Kamerad
campagnard *m* der Bauer, Landbewohner
campagne *f* das Land
canal *m* der Kanal
canapé *m* das Kanapee
canif *m* das Federmesser
capital *m* das Kapital
capitale *f* die Hauptstadt
capricieux eigensinnig
caresse *f* die Liebkosung
caresser liebkosen
cas (en tout) auf jeden Fall
casquette *f* die Mütze
cassette *f* die Schatulle
cave *f* der Keller
cédille *f* die Cedille
célèbre berühmt
cent hundert
cerf *m* der Hirsch
cerise *f* die Kirsche
ce sont es sind
c'est es ist, das ist
chagriner betrüben
chair *f* das Fleisch
chaise *f* der Stuhl
chambre *f* das Zimmer
chameau *m* das Kamel
champ *m* das Feld
chanson *f* das Lied
chant *m* der Gesang
chapeau *m* der Hut
chapelier *m* der Hutmacher
chapelle *f* die Kapelle
charcutier *m* der Schweineschlächter
charge *f* das Amt
charmant, allerliebst, reizend
charmer entzücken
chasse *f* die Jagd
chasser jagen, auf die Jagd gehen

chat *m* die Katze
château *m* das Schloß
chaud warm
chef *m* der Führer
chemin *m* der Weg
cheminée *f* der Kamin
chemise *f* das Hemd
chercher suchen
cheval *m* das Pferd
chevalier *m* der Ritter
cheveu *m* das Haar
chèvre *f* die Ziege
chez bei, zu Hause
chien *m* der Hund
choc *m* der Stoß
chœur *m* der Chor
choisir wählen
chrétien christlich
ciel *m* der Himmel
cigogne *f* der Storch
cinq fünf
cinquante fünfzig
cinquième der fünfte
circonstance *f* der Umstand
classe *f* die Klasse
clef *f* der Schlüssel
cœur *m* das Herz
coiffeur *m* der Friseur
coin *m* der Winkel
col *m* der Hals, der Kragen
colère *f* der Zorn
colibri *m* der Kolibri
combat *m* der Kampf
combien wieviel
combler de überhäufen mit
commandement *m* der Befehl
commencement *m* der Anfang
commerçant *m* der Händler, Kaufmann
commerce *m* der Handel
commis *m* der Kommis
commun gewöhnlich, gemein
communiquer mitteilen
compagne *f* die Gefährtin
compagnie *f* die Gesellschaft
compagnon *m* der Begleiter, Gefährte
compassion *f* das Mitleid
complètement vollständig

concitoyen *m* der Mitbürger
condamner verurteilen
conduite *f* das Benehmen
confectionner machen
conférer verleihen
confiance *f* das Vertrauen
confier anvertrauen
confiné beschränkt, eingesperrt
confirmer bestätigen
consacrer widmen, weihen
consciencieux gewissenhaft
conseiller raten
conséquent (par) folglich
conservation *f* die Erhaltung
conserver aufbewahren
considérable beträchtlich
consoler trösten
constater bestätigen, feststellen,
contempler betrachten, beschauen,
content zufrieden
continuer fortfahren, fortsetzen
contrée *f* die Gegend
convoiter begehren, wünschen
corde *f* das Seil
cordial herzlich
cordonnier *m* der Schuhmacher
corne *f* das Horn
corriger verbessern
cou *m* der Hals
coudre nähen
couleur *f* die Farbe
coup *m* der Schlag
coupe *f* der Becher
couper schneiden, abschneiden
cour *f* der Hof
courage *m* der Mut
court kurz
courtisan *m* der Höfling
cousin *m* der Vetter
cousine *f* die Base, die Cousine
couteau *m* das Messer
coutelier *m* der Messerschmied
couverture *f* die Decke, Schlafdecke
couvreur *m* der Dachdecker
craindre fürchten
crainte *f* die Furcht, Angst
cravate *f* die Halsbinde

crayon *m* der Bleistift
création *f* die Schöpfung
créature *f* das Geschöpf
créer schaffen
creux hohl
cri *m* der Schrei
crime *m* das Verbrechen
crise *f* die Krise, der Wendepunkt
crouler zusammenstürzen
cruche *f* der Krug
crucifiement *m* die Kreuzigung
cueillir pflücken
cuiller *f* der Löffel
cuir *m* das Leder
cuisine *f* die Küche
cuivre *m* das Kupfer
culte *m* der Kultus, Gottesdienst, Verehrung
cygne *m* der Schwan

D.

dame *f* die Dame
danger *m* die Gefahr
dangereux *m* gefährlich
dans in
dé *m* der Fingerhut
décembre *m* Dezember
déchirer zerreißen
décider (se) sich entscheiden
décision *f* die Entscheidung
décorer schmücken
de devant Vorder-, von vorne
dehors (au) draußen
déjà schon
déjeuner *m* das Frühstück
délicat zart, zärtlich
délicieux köstlich, wunderschön
délivrer befreien
déluge *m* die Sündflut
demain morgen
demander fragen, verlangen
demander conseil à qn. Jemanden um Rat fragen
démarche *f* der Gang, der Schritt
demeure *f* die Wohnung
demeurer wohnen
demoiselle *f* das Fräulein
démon *m* der Teufel
dent *f* der Zahn

dépasser überschreiten
dépêche f das Telegramm
déposer niederlegen, deponieren
déprédation f die Plünderung, Verheerung
déraciner entwurzeln
dernier, ière der, die letzte
dérober stehlen
désagréable unangenehm
descendant m der Nachkomme
désert m die Wüste
désespoir m die Verzweiflung,
désigner bezeichnen, anzeigen
désir m der Wunsch
désirer wünschen
désobéir nicht gehorsam sein
désobéissance f der Ungehorsam
désobéissant ungehorsam
dès que sobald als
dessein m der Plan, die Absicht
dessert m der Nachtisch
destiner bestimmen
destruction f die Zerstörung
détachement m die Abteilung, Entsagung
détester verabscheuen, hassen
détourner abwenden
détruit zerstört
deux zwei
deuxième der zweite
dévaster verwüsten
développer ausbreiten
devoir m die Pflicht
dévorer verschlingen, essen, fressen
dévoué ergeben
dialogue m das Zwiegespräch
diamant m der Diamant
différent verschieden
différer verschieden sein
difficile schwer, schwierig
difforme mißgestaltet, häßlich
dimanche m der Sonntag
diminuer vermindern, abnehmen
diner m das Mittagessen
dire sagen
distance f die Entfernung
distinguer (se) sich auszeichnen
dix zehn

dixième der zehnte
docile gelehrig, gehorsam
doigt m der Finger
domestique m der Diener
domestique häuslich
dompter bezähmen, bezwingen
don m die Gabe
donner geben
dot f die Mitgift
douceur f die Milde
douleur f der Schmerz
douter de zweifeln an
doux mild, süß
douze zwölf
douzième der zwölfte
drap m das Tuch
drapier m der Tuchhändler
dûment gehörig.

E.

eau f das Wasser
éblouir verblenden
échanger tauschen, wechseln
écho m das Echo
éclatant glänzend
école f die Schule
écouter anhören, zuhören
écrier (s') ausrufen
écrire schreiben
écurie f der Stall
écuyer m der Knappe
éditeur m der Herausgeber
édition f die Ausgabe
effet (en) in der That
effrayer erschrecken
également gleich
égard (à l') in Rücksicht auf
égarer verlieren
église f die Kirche
élégant fein, elegant
élève m der Schüler
élever erziehen
élixir m das Elixir
éloquent beredt
embrasser (s') sich umarmen
emmener mitbringen, mitnehmen
empêcher verhindern

empereur *m* der Kaiser
emporter wegnehmen
enchanté entzückt, erfreut
encre *f* die Tinte
encrier *m* das Tintenfaß
endormi eingeschlafen
enfant *m* das Kind
enfermer einschließen, einsperren
enflammé entflammt
enfoncer vertiefen, einschlagen
engager (s') sich verpflichten
enlever wegnehmen
ennemi *m* der Feind
ennemi mortel der Todfeind
énorme ungeheuer
enseigner lehren, unterrichten
entendre hören
entraîner wegschleppen, hinreißen
entré eingetreten,
envoyé geschickt, gesandt
épais dick
épaissir (s') sich verdicken
épargner schonen, sparen
épaule *f* die Schulter
épée *f* der Degen
épicier *m* der Spezereihändler
épine *f* der Dorn
épreuve *f* die Prüfung
éprouver erproben, empfinden
épuiser erschöpfen
erreur *f* der Irrtum
escalier *m* die Treppe
escarpé steil
esclave *m* u. *f* der Sklave, die Sklavin
esprit *m* der Geist
essayer versuchen
estimable schätzenswert, achtungswürdig
estomac *m* der Magen
établir (s') sich niederlassen
étage *m* der Stock, die Etage
étain *m* das Zinn
état *m* der Zustand, der Staat
été *m* der Sommer
étoffe *f* der Stoff
étoile der Stern
étranger *m* der Fremde
être werden sein; *m* das Wesen

être à même de imstande sein zu
être de retour zurück sein
être étonné staunen, erstaunt sein
évanoui besinnungslos, in Ohnmacht gefallen
évanouir (s') ohnmächtig werden
éveiller wecken
éventrer den Bauch zerreißen
éviter vermeiden
exact genau
exactitude *f* die Genauigkeit
exciter erregen
excuser entschuldigen
exemplaire musterhaft
exemple *m* das Beispiel
exiger verlangen
expédier senden, spedieren
expliquer erklären
exterminateur *m* vernichtend
exterminer erwürgen, ausrotten
extrémité *f* das äußerste Ende.

F.

fable *f* die Fabel
fabricant *m* der Fabrikant
fabrique *f* die Fabrik
façade *f* die Außenseite, die Fronte
fâché (je suis) es thut mir leid (ärgerlich sein)
facile leicht
facilité *f* die Leichtigkeit
faim *f* der Hunger
fameux berühmt
famille *f* die Familie
fatigue *f* die Müdigkeit
fatiguer ermüden, müde werden
faute *f* der Fehler
fauteuil *m* der Lehnstuhl
faux-col *m* der Kragen
favorable günstig
faveur (en ... de) zu Gunsten
féliciter glückwünschen
femme *f* die Frau
fenêtre *f* das Fenster
fenin *m* der Pfennig
fer *m* das Eisen
ferme *f* der Meierhof
ferme fest
féroce wild, gierig

feuille f das Blatt
février m der Februar
fier stolz
fidèle treu
fidélité f die Treue
figure f das Gesicht
fil m der Faden
fille f das Mädchen, die Tochter
fils m der Sohn
fin f das Ende
finesse f die Feinheit, die Schlauheit
finir par faire schließlich thun
fixe fest
flagellation f die Geißelung
flanc m die Seite
flatter schmeicheln
fleur f die Blume
fleuve m der Fluß
flexible biegsam
flûte f die Flöte
foire f die Messe, der Jahrmarkt
fois f das Mal
fois (combien de) wieviel, wie oft
fois (plus d'une) mehr als einmal
fonction f das Amt
fond m der Grund
fonds m das Kapital
force f die Stärke
forcer zwingen
forêt f der Wald
forme f die Form, die Gestalt
former bilden, gestalten
foudre f der Blitz
fouiller (die Taschen) untersuchen
fourneau m der Backofen
fournir liefern, geben
frais frisch
franchir überschreiten
franchise f die Freimütigkeit, Offen=
herzigkeit
frapper schlagen, klopfen
fréquenter besuchen, verkehren
frère m der Bruder
froid m die Kälte
front m die Stirne
fumier m der Dünger
furieux wütend

G.

gant m der Handschuh
garçon m der Knabe
garçon m der Laufbursche
garde f die Wache, der Wächter
garde-manger m die Speisekammer
garder behüten, bewahren
gardien m der Hüter
gâter verderben
généralement gewöhnlich
généreux großmütig
genou m das Knie
gens m pl die Leute
gibier m das Wildpret
gilet m die Weste
glace f der Spiegel, das Eis
goût m der Geschmack
goûter m das Vesperbrot
goutte f der Tropfen
gouvernante f die Erzieherin
gramme m das Gramm
grand groß, lang
grandeur f die Größe
gras fett, dick
gratitude f die Dankbarkeit
grave ernst, schwer
grêle f der Hagel
gros dick
guère (ne) nicht viel, wenig
guerre f der Krieg
guide m der Führer.

H.

habile geschickt
habiller (s') sich kleiden, ankleiden
habit m das Kleid
habitant m der Bewohner
habiter bewohnen
habitude f die Gewohnheit
habituer (s') sich gewöhnen
'hache f die Axt
'haine f der Haß
haleine f der Atem
'halle f die Halle
'hanneton m der Maikäfer
'hardi kühn
'hareng m der Häring

'harpe f die Harfe
'hauteur f die Höhe
'hasard m der Zufall, das Schicksal
'héraut m der Herold
herbe f das Kraut, Gras
héritage m die Erbschaft
hériter erben
héroïque heroisch, heldenmütig
'héros m der Held
heure f die Stunde
heure (de bonne) früh
hier gestern
hirondelle f die Schwalbe
hiver m der Winter
hyène m die Hyäne
homme m der Mensch, Mann
homme de bien der rechtschaffene Mann
honneur m die Ehre
honorer ehren
horloger m der Uhrmacher
horrible schrecklich
hors de außer
hôte m der Gast
'houille f die Kohle
'houlette f der Hirtenstab
huile f das Öl
huit acht
huitième der achte
humain menschlich.

I.

ici hier
idole f das Götzenbild
ignorer nicht wissen
il y a es giebt
il y a vor
image f das Bild
imiter nachahmen
impatience f die Ungeduld
impression f der Ausdruck
imprimerie f die Druckerei
imprimeur m der Drucker
indifférence f die Gleichgültigkeit
indiquer anzeigen
indocile ungelehrig, ungehorsam
infailliblement unfehlbar
infatigable unermüdlich
ingénieux geistreich

inimitié f die Feindschaft
injurier beleidigen
injustement ungerechterweise
innocence f die Unschuld
innocent unschuldig
inonder überschwemmen
inscription f die Inschrift
instituteur m der Lehrer, Erzieher
institution f das Institut, die Einrichtung
institutrice f die Erzieherin
interroger fragen
inutile unnütz
inventeur m der Erfinder
invention f die Erfindung
irrité erzürnt
ismaelite ismaelitisch.

J.

jaloux eifersüchtig
jambe f das Bein
jambon m der Schinken
janvier m der Januar
jardin m der Garten
jardinier m der Gärtner
jardinière f die Gärtnerin
Jésus-Christ Jesus Christ
jeudi m Donnerstag
jeune jung
joie f die Freude
joyeux fröhlich, freudig
joli niedlich, hübsch
jouer schielen
joug m das Joch
jouir de genießen
jouissance f der Genuß
jour m der Tag
jour (un) eines Tages
jour (par) täglich
journellement jeden Tag, täglich
jovial fröhlich, munter
juge m der Richter
juger richten, urteilen
juillet m der Juli
juin m der Juni
Julie Julie
jusqu'à bis
justice (rendre la) Gewicht halten
justifier rechtfertigen.

K.

kilo *m* das Kilo
kilogramme *m* das Kilogramm

L.

là dort
laborieux arbeitsam, fleißig
lac *m* der See
lâcher loslassen
laid häßlich
laisser lassen
lait *m* die Milch
lampe *f* die Lampe
lance *f* die Lanze
langue *f* die Zunge, Sprache
lanterne *f* die Laterne
large breit
larme *f* die Thräne
las müde
lécher lecken
leçon *f* die Lektion, Lehre
léger leicht, flink
légèreté *f* die Leichtigkeit, der Leichtsinn
légume *m* das Gemüse
lent langsam
lettre *f* der Brief
lever (se) aufstehen
lèvre *f* die Lippe
libraire *m* der Buchhändler
librairie *f* die Buchhandlung
lieu *m* der Ort
lieu (au ... de) anstatt
lion *m* der Löwe
lisière *f* der Rand
lit *m* das Bett
litre *m* das Liter
livre *m* das Buch
livre *f* das Pfund
logement *m* die Wohnung
long lang
longueur *f* die Länge
Louise Luise
loup *m* der Wolf
lumière *f* das Licht
lundi *m* Montag
lune *f* der Mond
lutte *f* der Kampf.

M.

maçon *m* der Maurer
magasin *m* der Laden
mai *m* Mai
main *f* die Hand
mais aber
maison *f* das Haus
maison (à la) zu Hause
maître *m* der Lehrer, Herr
maîtresse *f* die Lehrerin, Herrin
majestueux majestätisch
mal *m* das Übel
malade krank
malade tomber krank werden
maladie *f* die Krankheit
maladroit ungeschickt
malgré trotz, ungeachtet
malheur (par) *m* zum Unglück
malheureusement unglücklicherweise
manger essen, fressen
manquer fehlen
manteau *m* der Mantel
marais *m* der Morast
marc *m* die Mark
marchand *m* der Kaufmann
marchandise *f* die Ware
marche *f* der Marsch
marché *m* der Markt
marcher marschieren, gehen
mardi *m* Dienstag
mari *m* der Mann, Gemahl
marier verheiraten
mars *m* März
marteau *m* der Hammer
martyre *m* die Todesqual
matelas *m* die Matratze
matin *m* der Morgen
mauvais schlecht, böse
méchant *m* der Böse
méchant *adj* böse
mécontent unzufrieden
médecin *m* der Arzt
médecine *f* die Arznei
même selbst, sogar
ménage *m* die Haushaltung
ménager schonen, haushalten
menuisier *m* der Tischler

merci schönen Dank, ich danke
mercredi Mittwoch
mériter verdienen
métal m das Metall
mètre m das Meter
mets m das Gericht
meubles pl m die Möbel
miel m der Honig
miette f die Krume
mieux besser
mille tausend
minute f die Minute
miroir m der Spiegel
moderne modern, neu
modeste bescheiden
modestie f die Bescheidenheit
mœurs pl die Sitten
mois m der Monat
moitié f die Hälfte
moyen m das Mittel
monnaie f die Münze, das Kleingeld
monsieur m der Herr
montagnard m der Bergbewohner
monter steigen, reiten
montre f die Uhr
montrer zeigen
morceau m das Stück
mort f der Tod
mot m das Wort
mou weich
moulin m die Mühle
mousse f das Moos
mouton m der Hammel
mouton (du) m Hammelfleisch
mouvement m die Bewegung
muet stumm
mur m die Mauer
museau m die Schnauze
musée m das Museum
musique f die Musik.

N.

nager schwimmen
naturel natürlich, echt, unverfälscht
néant m das Nichts
négoce m der Handel
négociant der Handelsmann
neige f der Schnee

ne ... jamais nie, niemals
ne ... pas nicht
ne ... point nicht
ne ... que nur, erst
neuf neu
neuf neun
neuvième der neunte
neveu m der Neffe
nid m das Nest
nièce f die Nichte
nikel m der Nikel
noble edel, großmütig
noix f die Nuß
noisette f die Haselnuß
noyer (se) ertrinken
nommer nennen
non nein
non plus auch nicht
nourrir ernähren
nourrir (se) sich ernähren
nourrissant ernährend
nourriture f die Nahrung
nouveau (de) von neuem, nochmals
nouveauté f Modeware, Novität
novembre m November

O.

obéir gehorchen
oblong länglich
observer beobachten
occupé (être) beschäftigt sein
octobre m Oktober
offense f die Beleidigung
offenser beleidigen
oiseau m der Vogel
oncle m der Onkel, Oheim
ongle m der Nagel
onze elf
onzième (le) der elfte
or m das Gold
ordonner befehlen
oreille f das Ohr
oreiller m das Kopfkissen
orfèvre m der Goldschmied
orner schmücken
os m der Knochen
ou oder
où wo

oublier vergessen
oui ja
ouvert offen, geöffnet
ouvrage m das Werk
ouvrier m der Arbeiter

P.

pain m das Brot
palais m der Palast
palier m die Flur
pantalon m die Hose
pantoufle f der Pantoffel
papier m das Papier
papillon m der Schmetterling
par von, durch
paradis m das Paradies
pardonner verzeihen
parents pl die Eltern, Verwandten
paresseux faul, träge
parler sprechen
parole f das Wort
partager teilen
parti m (tirer) Nutzen ziehen
pas encore noch nicht
passant m der Vorübergehende
passer (se) geschehen, sich zutragen
passer par reisen über
passer près de nahe bei … gehen
patience f die Geduld
patron m der Prinzipal
patte f die Tatze
pâturage m der Weideplatz
pauvre arm
payer bezahlen
pays m das Land
paysan m der Bauer
pays natal m die Heimat
peau f das Fell
péché m die Sünde
peine f die Mühe
peine (à … que) kaum … als
pendant während
pendule f die Stutzuhr
penser denken
pension f das Pensionat, die Anstalt, die Pension
pensionnat m die Pensionsanstalt

percer durchlöchern, durchbohren
perdre verlieren
perdu verloren
père m der Vater
Perse f Persien
personnage m die Persönlichkeit
perte f der Verlust
peser wiegen, wägen
peste f die Pest
petit klein
petits (les) die Jungen
peu wenig, wenige
peu à peu nach und nach
peureux furchtsam
pharmacie f die Apotheke
pharmacien m der Apotheker
piano m das Klavier
pied m der Fuß
pied à zu Fuß
pierreries f das Geschmeide, die Edelsteine
piqueur m der Vorreiter, Pikador
place f der Platz, die Stelle
place (à la) an der Stelle
placer stellen, legen
plaisir m das Vergnügen
plancher m der Fußboden
plat m die Schüssel, das Gericht
pleurer weinen
plomb m das Blei
plonger durchbohren, versenken
pluie f der Regen
plume f die Feder
plus mehr
plus en plus (de) immer mehr
plutôt vielmehr, eher, lieber
poêle m der Ofen
poète m der Dichter
poil m das Haar
poire f die Birne
poisson m der Fisch
poivre m der Pfeffer
politesse f die Höflichkeit
pomme f der Apfel
porc m Schweinefleisch
port m der Hafen
porte f die Thür, das Thor
porter (se) sich befinden

V. Alphabetisches Wörterverzeichnis.

poussière f der Staub
poste f die Post
poste restante postlagernd
pour für
pourpre f der Purpur
pourquoi warum
pourtant doch, jedoch
prairie f die Wiese
pratique praktisch
précéder vorangehen
précepteur der Hauslehrer
précieux kostbar
précipiter (se) sich stürzen, eilen
premier der erste
premier-né m der Erstgeborene
présenter (se) sich vorstellen
presque fast
pressant dringend
pressé eilig, dringend
prêter leihen
prêtre (grand) m der Hohepriester
prier bitten
prière f die Bitte
principal adj hauptsächlich
printemps m das Frühjahr, der Frühling
prix m der Preis
prochain m der nächste
proclamer ausrufen
procurer verschaffen
prodiguer verschwenden
produit m der Ertrag, der Erlös
professeur m der Professor
profession f das Amt, der Stand
profond tief
proie f die Beute
prolongé verlängert
prolonger (se) sich verlängern
prononciation f die Aussprache
proportion f das Verhältnis
propre eigen
propre à geeignet zu
prosterner (se) niederknien
protéger schützen
prouver beweisen
provoquer herausfordern
prudent klug, weise
prune f die Pflaume

public öffentlich
pupille m das Mündel.

Q.

qualité f die Eigenschaft
quand wann
quantité f die Menge, Quantität
quarante vierzig
quart m das Viertel
quartier m das Viertel
quatorze vierzehn
quatorzième der vierzehnte
quatre vier
quatre-vingt achtzig
quatrième der vierte
quelque part irgendwo, irgendwohin
qu'est-ce que? was?
queue f der Schwanz
qu'importe? was thut es?
quintal m der Zentner
quinze fünfzehn
quinzième der fünfzehnte
quitter verlassen
qu'y a-t-il? was giebt's?

R.

racine f die Wurzel
radical m der Stamm
raison f das Recht, die Vernunft, der Grund
raison (avoir) Recht haben
ramener wieder führen, bringen
rapporter berichten, wieder tragen
rare selten
rassembler vereinigen, zusammenbringen
ravager verwüsten
ravi entzückt
réaliser zu Stande bringen, verwirklichen
récompenser belohnen
reconnaissance f die Dankbarkeit
reconnaissant f dankbar
reçu erhalten
redingote f der Rock
redoublé wiederholt
réfléchir nachdenken, überlegen
refuser abschlagen, verweigern
regard m der Blick
regarder ansehen, betrachten
regarder (comme) halten für
règle f die Regel, das Lineal

regretter bedauern
reine f die Königin
rejeter wegwerfen, verwerfen, abschlagen
réjoui entzückt, erfreut
remarquer merken, bemerken
remède m das Heilmittel
remédier Remedur schaffen
remercier danken
remonter wieder anziehen
remplacer ersetzen
renard m der Fuchs
rencontre f die Begegnung
rencontrer begegnen, treffen
rendez-vous m das Stelldichein, Rendezvous
rendre zurückgeben
rendre (se) sich begeben
rendu zurückerstattet, wiedergegeben
renfermer einschließen, einsperren
renne m das Renntier
rentrer wieder eintreten
renverser umwerfen, umstürzen
répéter wiederholen
répliquer versetzen
répondre antworten
répondu geantwortet
reposer (se) ausruhen, sich erholen
repousser zurücklassen, abschlagen
représenter darstellen
réputation f der Ruf, die Ehre
réserver (se) sich vorbehalten
résister à widerstehen
respirer atmen
ressemblance f die Ähnlichkeit
ressource f das Hülfsmittel
reste m der Rest, das Übrige
rester bleiben, wohnen
résultat m das Ergebnis
rétabli hergestellt
retour m die Rückkehr
retourner zurückkehren
retraite f der Zufluchtsort
révéler offenbaren
riche reich
richesse f der Reichtum
rideau m der Vorhang
rigoureux streng
risque (au .... de) mit Gefahr

rive f das Ufer
robe f das Kleid
rocher m der Felsen
roi m der König
ronde (faire la) alles genau durchsuchen
rose f die Rose
roue f das Rad
rougeur f die Röte
route f der Weg
royal königlich
royaume m das Königreich
rue f die Straße
rugissement m das Gebrüll
ruse m die List.

S.

sabbat m der Tag des Herrn
sable m der Sand
sacrifier opfern
sage weise, artig
saint heilig
saisir ergreifen
salle f der Saal
salon m der Gesellschaftssaal
salutation f die Begrüßung, der Gruß
samedi m Sonnabend
sanctifier heiligen
sang m das Blut
sanglant blutig
santé f die Gesundheit
sauvage m der Wilde
sauver gestehen
savourer sich weiden
science f die Wissenschaft
sec trocken
second (e) der zweite
secours m die Hülfe
secours (ou) zu Hülfe, um Hülfe
secret m das Geheimnis
secrétaire m der Schreiber
sécurité f die Sicherheit
Seigneur m der Herr
seize sechzehn
semaine f die Woche
sembler scheinen
sensé vernünftig
sensible empfindlich
sentence f der Spruch

sentiment *m* das Gefühl
séparer trennen
sept sieben
septembre September
septième der siebente
serpent *m* die Schlange
servante *f* die Magd
service *m* der Dienst
service (rendre) einen Dienst leisten
seuil *m* die Schwelle
seulement allein
si wenn, ob
siège *m* der Sitz, der Stuhl
signal *m* das Zeichen
signifier bedeuten
sincère aufrichtig
sincèrement aufrichtig
Sire o König
six sechs
sixième der sechste
synagogue *f* die Synagoge
sœur *f* die Schwester
soierie *f* die Seidenware
soif *f* der Durst
soigner besorgen, pflegen
soin *m* die Sorge
soixante sechzig
soldat *m* der Soldat
soleil *m* die Sonne
solide fest, stark
sommeil *m* der Schlaf
son *m* der Schall
songer denken, träumen
sonore tönend
sopha *m* das Kanapee
sortir ausgehen
soulier *m* der Schuh
souper zu Abend essen
sous unter
souvenir *m* die Erinnerung
souvent oft
spectacle *m* das Schauspiel
spectateur *m* der Zuschauer
studieux fleißig
suc *m* der Saft
succomber unterliegen
sucer saugen

sueur *f* der Schweiß
sujet (à ce) in dieser Beziehung
supplice *m* die Qual
supporter ertragen
supposer vermuten, den Fall setzen
sur auf, über
sûreté die Sicherheit
surveiller bewachen
suspendre hängen.

T.

tabac *m* der Tabak
table *f* der Tisch
taburet *m* die Fußbank
taille *f* der Wuchs, der Schnitt
tailleur *m* der Schneider
tant so viel, so sehr
tante *f* die Tante
tant que so lange als
tapis *m* der Teppich
tard spät
tasse *f* die Tasse
taureau *m* der Stier
témoignage (porter un) Zeugnis ablegen
témoigner bezeugen
ténèbres *pl* die Dunkelheit
tendre *adj* zart
tentation *f* die Versuchung
tente *f* das Zelt
tendon *m* die Sehne
terminaison *f* die Endung
terminer (se) endigen
terrain *m* der Boden
terre *f* die Erde, das Feld
Terre-neuve *m* ein Neufundländer
terrestre irdisch
terrible schrecklich
tête *f* der Kopf
thé *m* der Thee
théâtre *m* das Theater
Tibre *m* der Tiber
tilleul *m* die Linde
timide furchtsam
tirer profit Nutzen ziehen
toit *m* das Dach
tomber fallen
ton dein
toucher anrühren

touffu dicht
toujours immer
tour (à mon) meinerseits
tourmenter quälen
tous alle
train (en … de) beschäftigt mit
traineau m der Schlitten
transformer umwandeln
transporter wegschaffen, verlegen
travailler arbeiten
traverser überschreiten
treize dreizehn
treizième der dreizehnte
trente dreißig
très sehr
trésor m der Schatz
tribu f die Zunft
triste traurig
trois drei
troisième der dritte
tromper betrügen
tromper (se) sich irren
trop zu viel
tropique tropisch
trou m das Loch
troubler stören
troupeau m die Herde
trouvé gefunden
tuer töten
turc türkisch.

U.
un (e) ein, eine
uniquement einzig und allein
utile nützlich.

V.
vacances f pl die Ferien
vache f die Kuh
vagabond herumziehend
vain (en) vergebens, umsonst
varier abwechseln, abweichen
vase m das Gefäß
vaste groß
vendeur m der Verkäufer
vendredi m Freitag
vendu verkauft
vengeance (tirer) sich rächen

venu gekommen
vérifier prüfen, untersuchen
vérité f die Wahrheit
verre m das Glas
verser (le sang) Blut vergießen
vertu f die Tugend
vertueux tugendhaft
vestibule m die Hausflur
vêtement m die Kleidung
viande f das Fleisch
vice m das Laster
vide leer
vieillard m der Greis
vieux alt
vif lebhaft, munter
vigoureux stark, kräftig
village m das Dorf
villageois m der Dorfbewohner
ville f die Stadt
vingt zwanzig
visite f der Besuch
visiter besuchen
vitesse f die Schnelligkeit
vitre f das Fensterglas
vitrier m der Glaser
vivacité f die Lebhaftigkeit
vivre leben
vivres m pl die Lebensmittel
voici hier ist
voilà hier ist
voile m der Schleier
voir sehen
voisin adj benachbart
voisinage m die Nachbarschaft
voix f die Stimme
volaille f das Geflügel
voler stehlen
voyage m die Reise
voyager reisen
vu gesehen
vue f das Gesicht.

Y.
yeux m pl die Augen.

Z.
zèle m der Eifer.

www.ingramcontent.com/pod-product-compliance
Lightning Source LLC
Chambersburg PA
CBHW032136160426
43197CB00008B/666